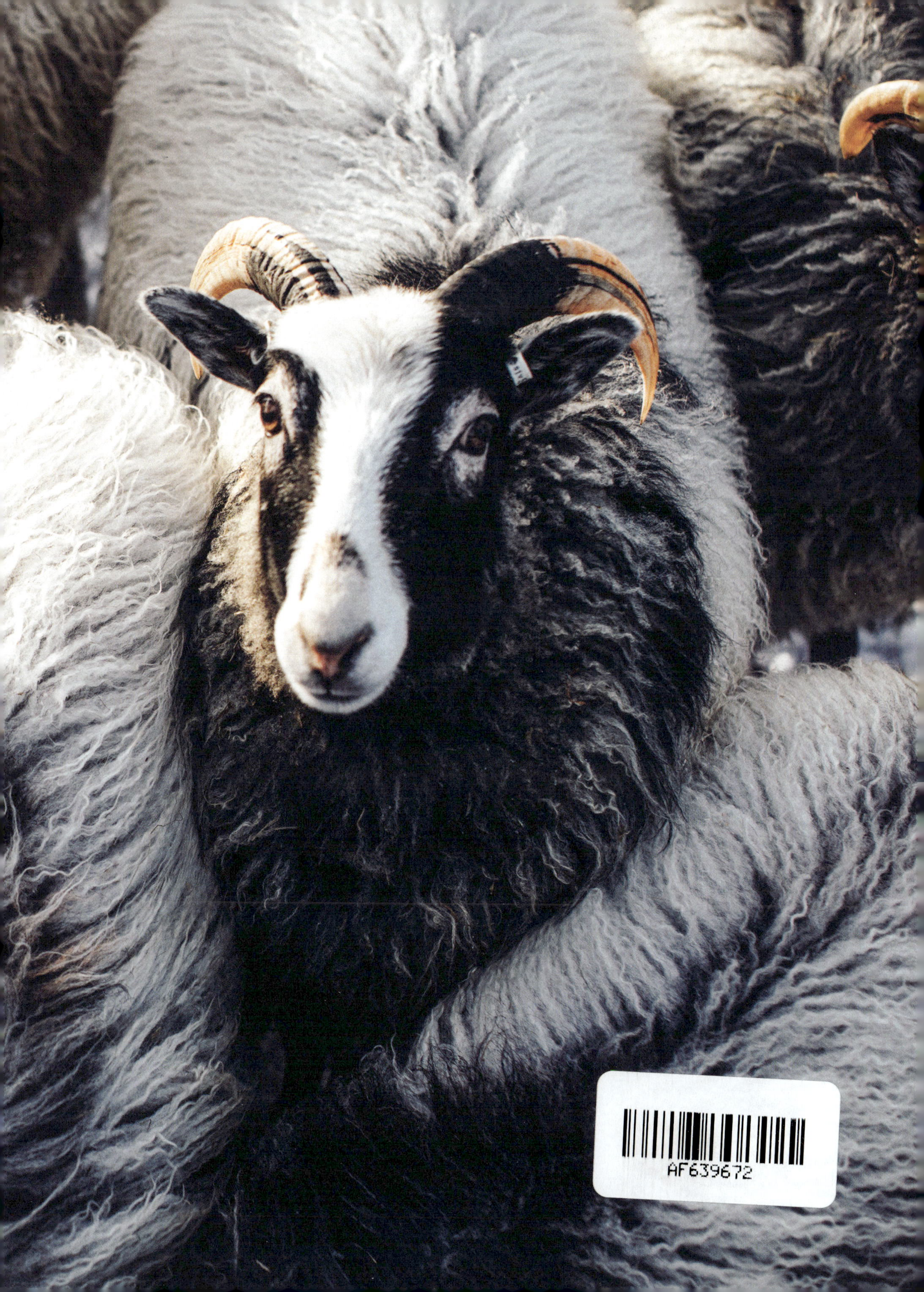

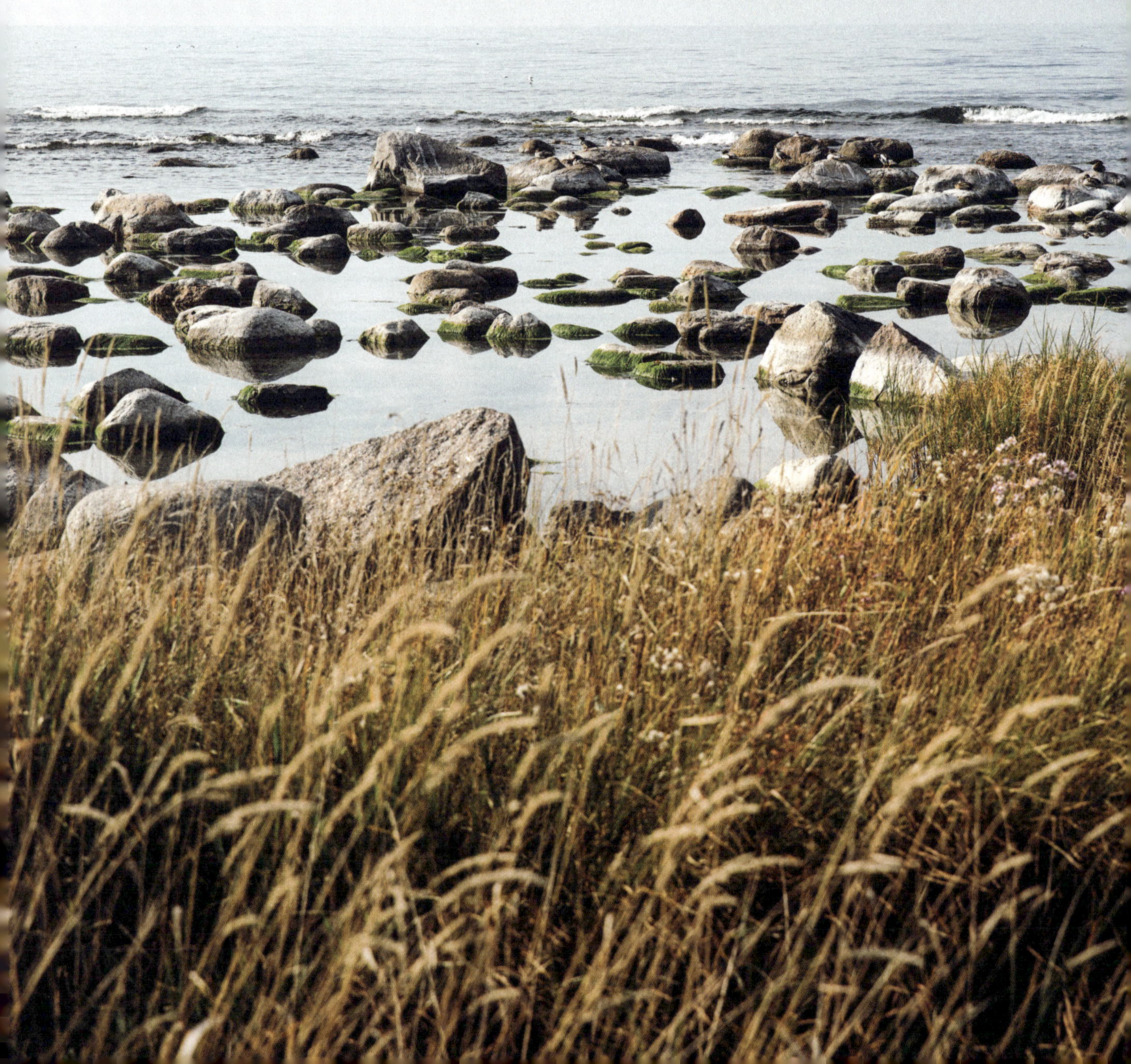

ERIKA ÅBERG

Küstenmaschen

Eine Strickreise
zu den Inseln Schottlands
und Schwedens

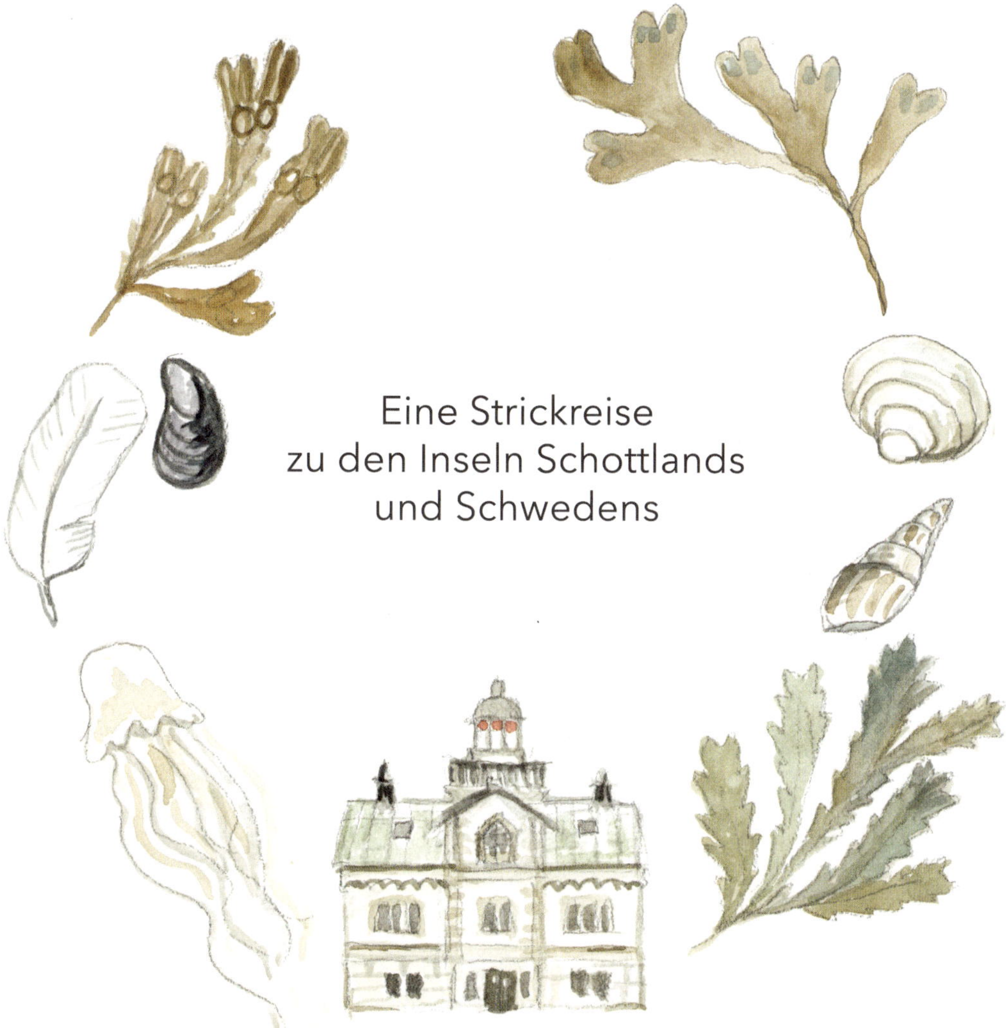

FÜR HELMI UND VALDAR, MEINE BÄRENJUNGEN

Möget ihr die sieben Meere befahren!
In Süß-, Salz- und Brackwasser schwimmen.
Im Auge des Sturmes und in ruhigen Gewässern.
Taucht eure Zehen ein in Bäche, Flüsse und Wellen.
Möget ihr stromaufwärts und stromabwärts in den Gewässern des Lebens schwimmen.
Taucht ein – ich bin der Fels neben euch.

/Mama

stiebner

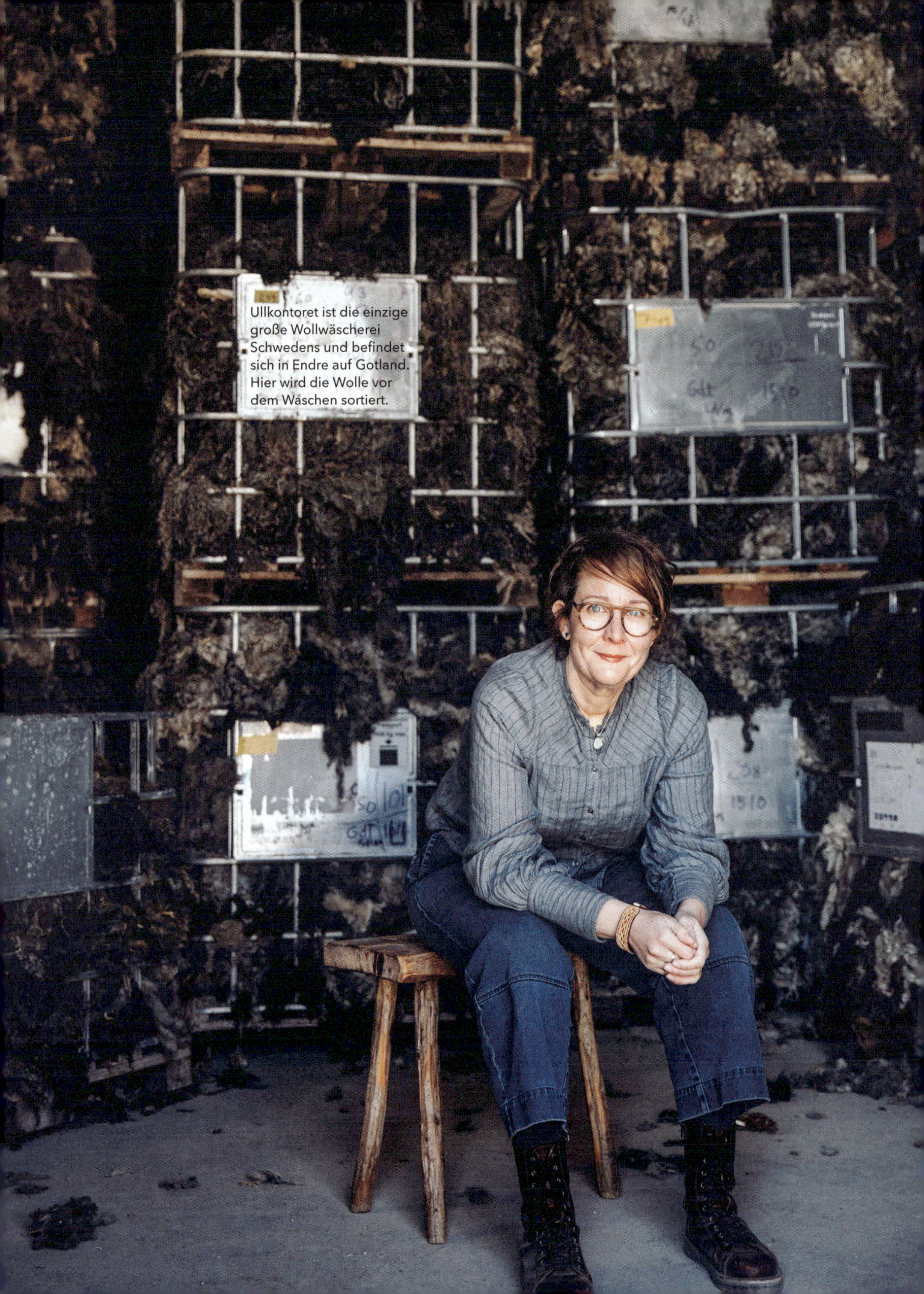

Ullkontoret ist die einzige große Wollwäscherei Schwedens und befindet sich in Endre auf Gotland. Hier wird die Wolle vor dem Waschen sortiert.

Vorwort

Kann man eine Landschaft stricken, einen Duft oder ein Gestein? Eine ruhige Melodie, eine Kaffeestunde oder das Gefühl des weiten Meeres vor uns? Die Hände tief im Fell eines lieben Schafs und die Füße fest auf einer Klippe hoch über dem Meer, nur begleitet von Vögeln und Wind.

Ich wollte das herausfinden, und wie ich Orte erlebe – Natur, Farben und Geräusche. Landschaft, Tradition und Ursprung. Wie sie das Heute beeinflussen, meines und Ihres – wie das Jetzt allem entspringt, was da ist und was ich in mir trage, wenn ich darauf treffe.

Etwas Flüchtiges und Kurzes, schnell und leidenschaftlich – eine erste Begegnung mit einer Moorlandschaft. Vielleicht verliebt in eine stille Bucht, nur um am nächsten Tag im Sturm hinten auf einer Fähre zu stehen und meine Kleinheit und die Größe von allem anderen zu spüren. Mich an der Reling festhalten und den Kopf von allem leeren, außer dem Meer, dem Wind und dem Moment. Wie alles, was ich erlebe – alles, was mich und meine Erinnerung ausmacht, was mich geformt und herausgefordert hat – ein wesentlicher Teil dessen ist, was ich erschaffe.

Eigentlich selbstverständlich, dass sich alles, was ich kann, weiß, will und erlebe, in dem findet, was ich tue. In diesem Buch möchte ich Sie an vier Orte mitnehmen, die mir viel bedeuten. Vieles unterscheidet sie – Entfernung, Geschichte, Längen- und Breitengrad. Farben, Flora und Fauna.

Doch noch mehr verbindet sie – vor allem: Es sind alles Küstenlandschaften – Inseln. Die Nähe zum Meer, das Ausgeliefertsein, die ständige Erinnerung daran, wie klein der Mensch ist, macht sicher etwas mit einer Gesellschaft und einem Menschen.

Mit seinem Leben, seinem Alltag und seinen Träumen. Außerdem gibt es in der Geschichte und den Lebensumständen große Ähnlichkeiten. Alles, was wir heute als abgelegen oder abgeschieden ansehen, war während der Blütezeit der Seefahrerei nah und verbunden. Die zentrale Einsamkeit.

Ich nehme Sie mit nach Shetland, auf die Äußeren Hebriden – und dort vor allem nach Berneray im Harrissund. Auf meine jetzige Heimatinsel Gotland sowie meine Herkunftsinsel in Roslagen – Blidö.

Eine Insel ist klar in ihrer Form, begrenzt und kompromisslos. Ich habe aus diesen Orten vier Kollektionen gemacht, deren Kleidungsstücke sowohl den Ort und die Landschaft spiegeln als auch unser Aufeinandertreffen. Das vom Ort und mir. Strukturen, Material und Farben. Muster, Erinnerungen und Sehnsucht. All das möchte ich mit Ihnen teilen.

/Erika

Alle Projekte aus dem Buch findet man unter #stickatfrånkusttillkust. Meine Arbeit an diesem und früheren Büchern finden Sie unter #bokmakeri, und unter #wynjasfärger und #wynjaspaletter lade ich zur Farbinspiration ein. Geteilte Freude ist immer doppelte Freude!

Über das Buch

In der Einleitung jedes Kapitels stelle ich Ihnen Shetland, die Äußeren Hebriden, Gotland und Blidö aus meiner Perspektive vor. Sehen Sie darin kleine Ansichtskarten, und sollten Sie neugierig werden, lesen Sie weiter! Es gibt schließlich so viel zu erzählen - und diese Orte haben viel gemeinsam in Geschichte, Mythen, Politik und Religion. Vielleicht gehört das zum Spannendsten, wenn man neue Orte, Menschen und Traditionen kennenlernt?

Zu Beginn finden Sie immer ein paar Fakten zur Größe und Bevölkerungsdichte. Dann betrachten wir die Landschaft und die textilen Traditionen, bevor ich von meiner Beziehung zur Insel erzähle. Die Kollektionen sind nicht unbedingt in der jeweiligen lokalen Stricktradition verankert - sondern meine Interpretation. Im Kleidungsstück steckt etwas vom Duft, Wind und Wetter.

Das will ich weitergeben. Die Poesie der Landschaft, das Grandiose und die Farbskala. Über die Jahre habe ich gelernt, dass die Landschaft und all die grundlegenden Voraussetzungen sehr wichtig dafür sind, wie ich einen Ort visuell wahrnehme, wie er mich inspiriert und wie er sich entwickeln konnte.

Man kann jedenfalls sagen, dass es für mich bei all diesen Orten Liebe auf den ersten Atemzug war. Sofort und anhaltend. Hier ist der Ort, und hier sind die Bewohner, wie Kette und Schuss. Ich hoffe, dass sich das in den Kleidungsstücken spiegelt.

In jedem Kapitel gibt es fünf unterschiedliche Kleidungsstücke, die aus dem jeweiligen Ort hervorgehen. Sie unterscheiden sich und haben doch einen gemeinsamen Nenner. Genauso wie die Orte - gleich und ungleich.

ABKÜRZUNGEN

M: Masche	**RandM:** Randmasche	**zus:** zusammen stricken	**U:** Umschlag	**HinR:** Hinreihe
re: rechts	**Rd:** Runde/n	**verschr:** verschränkt	**HF:** Hintergrundfarbe	**RückR:** Rückreihe
li: links	**wdh:** Wiederholung/ wiederholen	**R:** Reihe/n	**MF:** Musterfarbe	

2 M re zus: 2 M rechts zusammenstricken. 1 M abgenommen (rechts neigend).

3 M re zus: 3 M re zusammenstricken. 2 M abgenommen (rechts neigend).

2 M li zus: 2 M links zusammenstricken. 1 M abgenommen.

aaz: abh, abh, re zus. 1 M wie zum rechts Stricken abheben, die nächste Masche genauso abheben. Beide zurück auf die linke Nadel schieben und rechts verschränkt (d.h. ins hintere Maschenglied) zusammenstricken: 1 M abgenommen (links neigend). Englisch auch ssk.

aaaz: abh, abh, abh, re zus. Wie oben aaz, aber 3 M abheben und dann zusammenstricken. 2 M abgenommen (links neigend).

2 M überz zus: Überzogen zusammenstricken. 1 M re abh, 1 M re, die abgehobene M über die gestrickte ziehen. 1 M abgenommen (links neigend).

3 M überz zus: Überzogen zusammenstricken. 1 M re abh, 2 M re zus, die abgehobene M über die zusammengestrickten ziehen. 2 M abgenommen (links neigend).

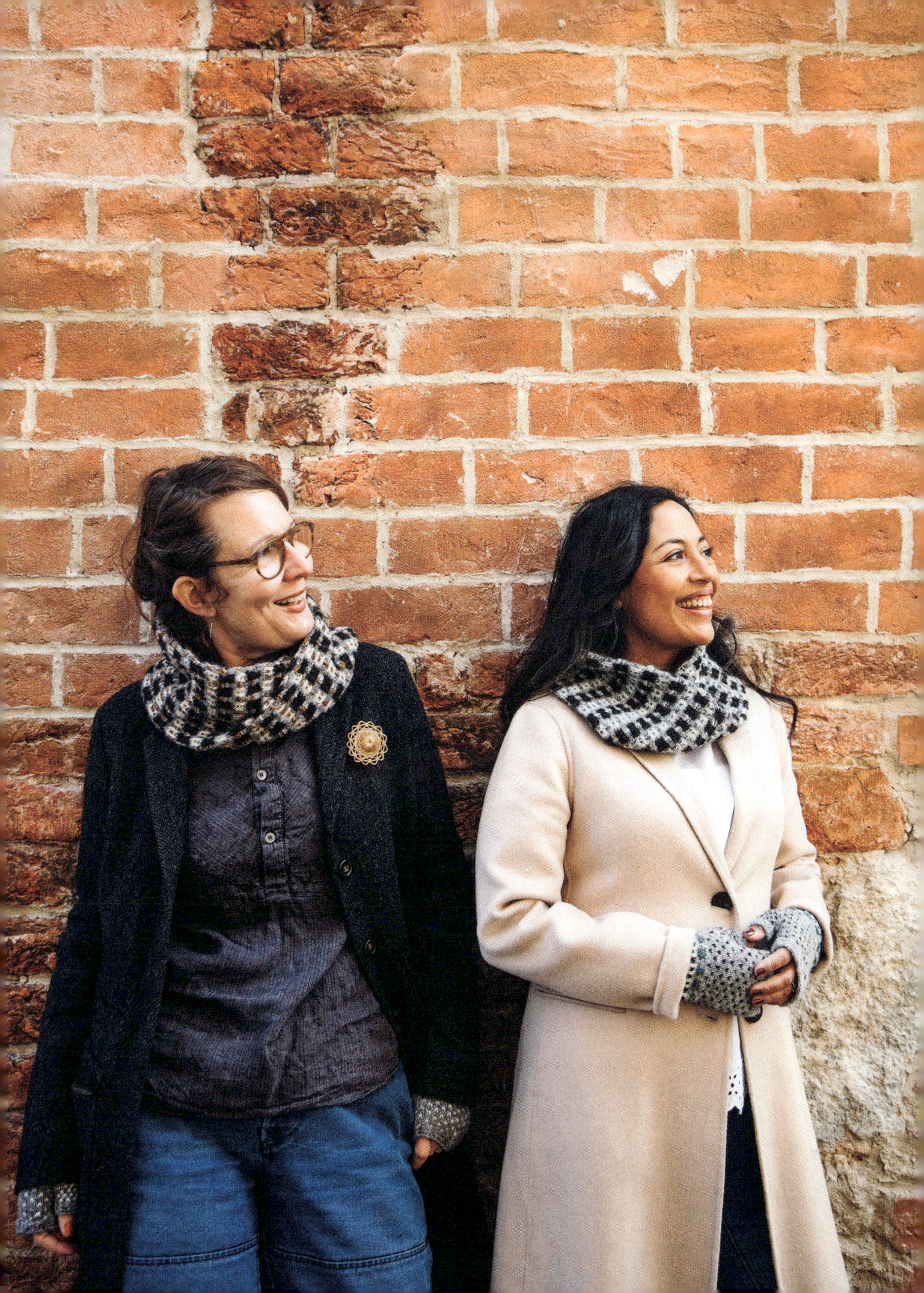

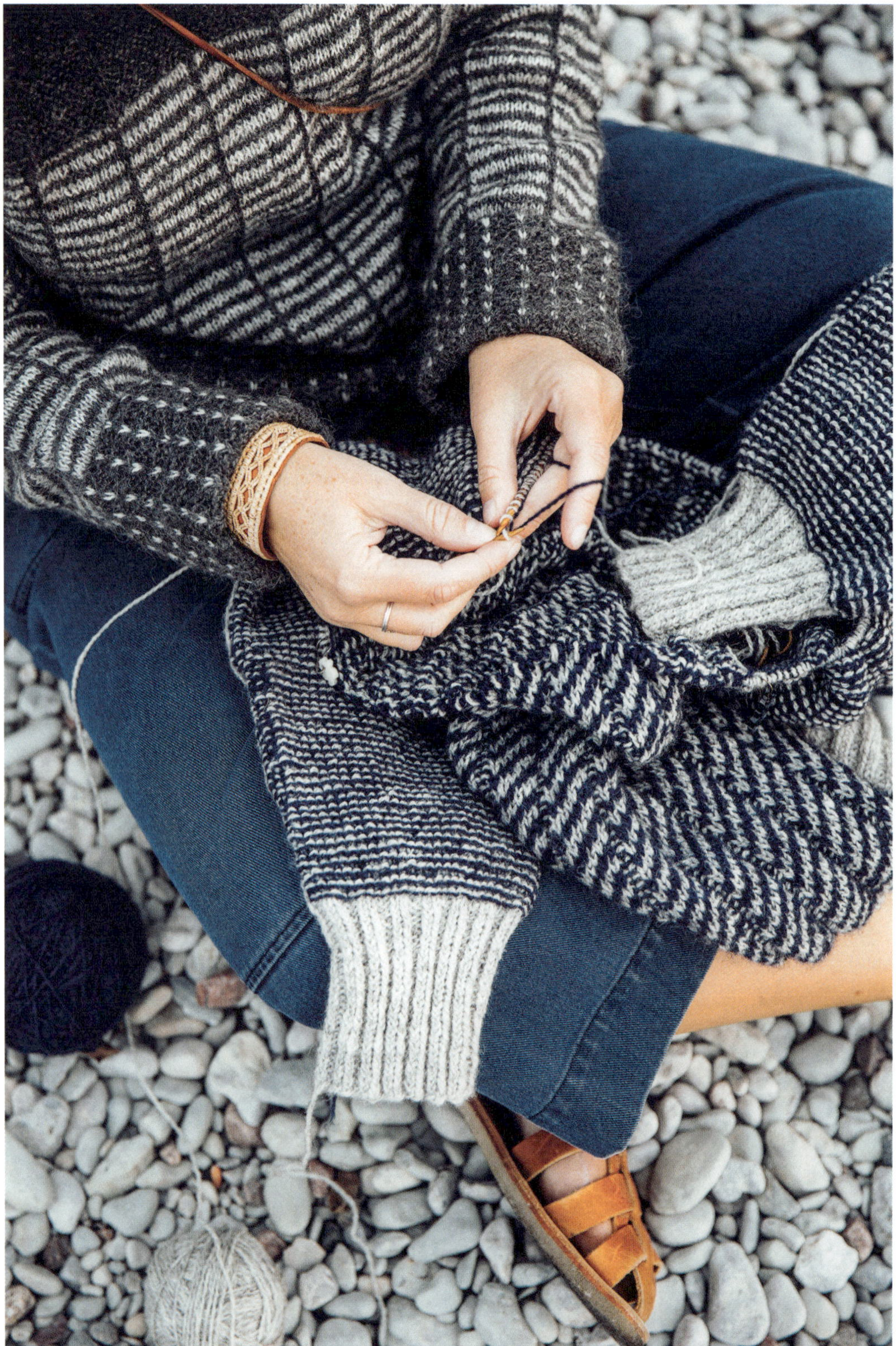

Technik und Tipps
- ein kleines ABC

Ich habe nur sehr wenige Strickregeln. Denn mit jedem Strickstück lernen wir etwas Neues, und mit jeder Runde wissen wir mehr, wie wir am besten arbeiten. Hier nun etwas darüber, wie ich denke und stricke. Vielleicht passt das Ihnen auch? Vergessen Sie nicht: Übung macht den Meister!

STRICKSCHRIFT

Beim Musterstricken ist eine Strickschrift praktisch. Sie zeigt das Strickstück von der rechten Seite, wenn nicht anders angegeben, und man beginnt in der unteren, rechten Ecke. Man liest also von rechts nach links und von unten nach oben.

EINSTRICKMUSTER

Dabei strickt man in einer Reihe mit verschiedenen Farben, so dass ein Muster entsteht. Meist habe ich beide Farben in der linken Hand, aber manchmal auch eine rechts und eine links. Machen Sie es, wie es passt, aber bleiben Sie konsequent, so dass die Fäden sich immer an derselben Stelle befinden. Zum Beispiel die Musterfarbe näher und die Hintergrundfarbe weiter weg von der Nadel.

Das Wichtigste ist, niemals den Platz der Fäden zu verändern - ansonsten kann es sein, dass es mal wie blaue Streifen auf Weiß und mal wie weiße Streifen auf Blau aussieht. Probieren Sie das ruhig mal aus! Wie man die Fäden hält, kann auch vom Muster abhängen. Wenn mehr als 3-5 Maschen in einer Farbe gestrickt werden, ist es sinnvoll, die langen Spannfäden auf der Rückseite zu verschränken oder sie einzustricken, indem man unter den Spannfaden der vorigen Reihe geht und ihn mitnimmt. Dabei muss man aber locker stricken.

FÄDEN VER- UND ZUSAMMENNÄHEN

Dazu eine dicke, stumpfe Nadel, gern eine Stopfnadel, benutzen, weil eine dickere Nadel gut zwischen die Maschen und um die Fäden gleitet, ohne sie zu teilen. Das ist wichtig, um die Naht einfacher öffnen zu können, um das Stück nachträglich zu verlängern, zu verkürzen oder aufzuziehen. Fäden auf der Rückseite so unsichtbar wie möglich diagonal über mehrere Maschen vernähen. Den Faden abschneiden und dabei ein Stück stehen lassen, sonst rutscht er leicht auf die rechte Seite.

GLEICHMÄSSIG VERTEILT

In manchen Anleitungen muss man Maschen in einer Reihe gleichmäßig verteilt zu- oder abnehmen. Wenn z. B. 8 M über 120 M gleichmäßig verteilt zugenommen werden sollen, teilt man die Gesamtmaschenzahl mit der Anzahl Maschen, die zugenommen werden sollen, 120 geteilt durch 8 = 15. Das ist das passende Intervall. Man nimmt also nach jeder 15. M 1 M zu. Manchmal geht es nicht glatt auf, und das Ergebnis ist z. B. 5,5. Dann rate ich dazu, abwechselnd nach jeder 5. bzw. 6. M zuzunehmen. Fürs Abnehmen entsprechend rechnen.

HEBEMASCHEN

Ich finde, Muster mit Hebemaschen machen Spaß, weil man auf ganz andere Art als üblich mehrfarbige Muster erzielt. Der Trick dabei ist, dass man immer nur mit einer Farbe strickt und die Maschen anderer Farbe abhebt, und zwar ohne sie zu verdrehen, es sei denn, es wird verlangt.

Am Rundenbeginn die Fäden vorsichtig verschränken und nicht zu fest ziehen, sonst wird der Rand zu eng und kann das Strickstück verziehen.

Liegt der Rundenbeginn z. B. unter dem Fuß, verschränke ich die Fäden, ohne an ihnen zu ziehen, damit keine Lücken entstehen. Die Technik bietet große Variationsmöglichkeiten und passt gut bei einer einfarbigen HF und mehrfarbigen MF. Die HF sorgt für einen ruhigen Rahmen – super schön!

ELASTISCH ABKETTEN

2 M zusammenstricken und die M zurück auf die linke Nadel heben, bis RdEnde wdh. Das funktioniert mit rechten wie linken Maschen.

MASCHENSTICH

Meine Lieblingsmethode, einen Loop oder zwei Strickstücke zusammenzufügen, ist der genähte oder gestrickte Maschenstich. Bei meinen Strickstücken will ich so wenige klassische Nähte wie möglich. Strumpf- und Handschuhspitzen und Armlöcher näht oder strickt man am besten im Maschenstich zusammen. Und bei einem Loop den gesamten Schal! Es kann ein bisschen fummelig sein, aber es lohnt sich wirklich.

Der Maschenstich – egal ob gestrickt oder genäht – bildet eine unsichtbare Naht, die elastisch bleibt. Bei einem Loop und bei Armlöchern macht man einen provisorischen Anschlag (siehe Seite 14), der zum Zusammenfügen aufgemacht wird. Bei Armlöchern – die Armlochmaschen stilllegen und dann die neuen Maschen provisorisch anschlagen. Vor dem Zusammennähen entfernt man vorsichtig den Faden und schiebt die Maschen jeweils auf eine Nadel. Danach wie in der rechten Spalte beschrieben zusammenfügen.

Für einen Loop macht man auf einem richtig langen Baumwollfaden einen provisorischen Anschlag. Wenn man fertig ist, entfernt man den Faden und schiebt die Maschen nacheinander auf eine Rundnadel. Vergessen Sie nicht, den Loop einmal zu verdrehen, bevor Sie ihn zusammenfügen, dann sitzt er besser.

An der Strumpfspitze hat man oben und an der Sohle Maschen übrig, die man auf zwei Nadeln verteilt. Den Faden abschneiden, dabei mindestens 20 cm stehen lassen und einfädeln. Die Stricknadeln parallel vor sich halten, die Spitzen in dieselbe Richtung und die Spitze mit Maschenstich schließen.

GESTRICKTER MASCHENSTICH

1. Die erste Masche auf der vorderen Nadel, näher an Ihnen, rechts stricken (mit einer Nadelspielnadel und einem Wollrest). Den Faden durchziehen, aber die Masche auf der Nadel lassen.
2. Die erste Masche der hinteren Nadel links stricken. Den Faden durchziehen, aber die Masche auf der Nadel lassen.
3. Die erste Masche der vorderen Nadel links stricken. Masche von der Nadel fallen lassen, Den Faden durchziehen und etwas anziehen.
4. Die erste Masche auf der vorderen Nadel rechts stricken und auf der Nadel lassen. Den Faden durchziehen und etwas anziehen.
5. Die erste Masche der hinteren Nadel rechts stricken. Masche von der Nadel fallen lassen, den Faden durchziehen und etwas anziehen.
6. Die erste Masche auf der hinteren Nadel links stricken und auf der Nadel lassen. Den Faden durchziehen und etwas anziehen.

Die Schritte 3–6 so oft wiederholen, bis noch 2 Maschen übrig sind. Jetzt die Masche der vorderen Nadel links stricken, von der Nadel gleiten lassen und den Faden durchziehen. Dann die letzte Masche auf der hinteren Nadel rechts stricken, von der Nadel gleiten lassen, Faden durchziehen. Den Faden auf die linke Seite durchziehen und vernähen.

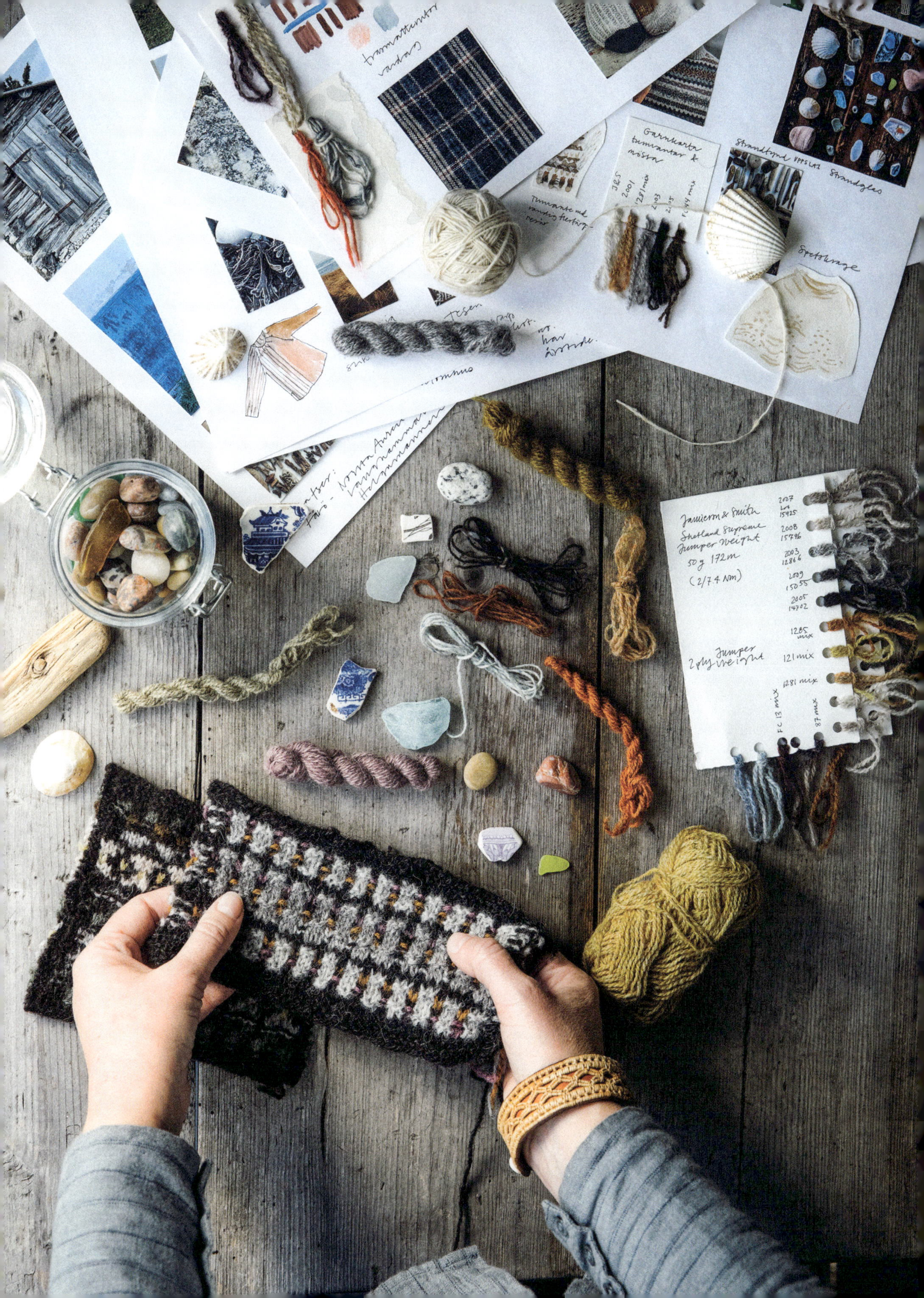

GENÄHTER MASCHENSTICH

1. Die Nadel mit eingefädeltem Faden wie zum links Stricken in die Masche auf der vorderen Nadel, also näher an Ihnen, stechen. Den Faden durchziehen, aber die Masche auf der Nadel lassen.
2. Die Nadel wie zum rechts Stricken in die erste Masche der hinteren Nadel stechen. Faden durchziehen, aber die Masche auf der Nadel lassen.
3. Die Nadel wie zum rechts Stricken in die erste Masche der vorderen Nadel einstechen und die Masche von der Nadel gleiten lassen. Faden etwas anziehen.
4. Die Nadel wie zum links Stricken in die erste Masche der vorderen Nadel einstechen. Faden durchziehen, aber die Masche auf der Nadel lassen.
5. Die Nadel wie zum links Stricken in die erste Masche der hinteren Nadel stechen. Masche von der Nadel fallen lassen und Faden etwas anziehen.
6. Die Nadel wie zum rechts Stricken in die erste Masche der hinteren Nadel einstechen, Faden durchziehen und die Masche auf der Nadel lassen.

Die Schritte 3–6 so oft wiederholen, bis noch 2 Maschen übrig sind. Jetzt die Nadel wie zum rechts Stricken in die Masche auf der vorderen Nadel stechen. Die Masche von der Nadel gleiten lassen. Dann die Nadel wie zum rechts Stricken in die Masche auf der hinteren Nadel stechen. Den Faden auf die linke Seite durchziehen und vernähen.

MASCHENPROBE

Ein Strickanleitung ist wie ein Serviervorschlag. Doch die meisten Strickerinnen, die ich kenne, machen, was sie wollen - denn das Tolle beim Selberstricken ist, dass man das Kleidungsstück genau an den Träger anpassen kann. Wir sehen ja (Gott sei Dank) alle anders aus, haben unterschiedliche Maße und Vorlieben. Alle Körper sind gut - und Sie können etwas stricken, das gut passt und sich gut anfühlt.

Stricken Sie eine Maschenprobe mit der empfohlenen Nadelstärke und Wolle. Zählen Sie die Maschen und schauen sie sich das Maschenbild an, damit es so wird, wie es Ihnen gefällt – messen Sie, waschen Sie und messen Sie erneut. Entscheiden Sie, ob die Nadelstärke korrekt ist und alles zum geplanten Stück passt. Es liegt mehr an der Maschendichte als an der Nadelgröße, dass alles wird wie gewünscht. Wenn die Nadelstärke so gewählt ist, dass Sie die angegebene Maschenprobe erreichen, wird das Kleidungsstück die geplanten Maße und Proportionen haben.

MAßE

Die im Buch angegebenen Maße erreicht man mit der angegebenen Maschenprobe. In den Schnittzeichnungen sieht man, wie gemessen wird.

KRAUS RECHTS

Hin- und Rückreihe werden rechts gestrickt. Zwei Reihen ergeben eine krause Rippe, ein deutliches Muster. In der Runde strickt man abwechselnd eine Runde linke und eine Runde rechte Maschen für denselben Effekt.

GLATT RECHTS

In Reihen strickt man die Hinreihe rechts und die Rückreihe links, in Runden nur rechte Maschen. Eine Fersenwand am Strumpf strickt man z. B. in der Hinreihe rechts und der Rückreihe links.

PROVISORISCHER ANSCHLAG

Dafür braucht man neben Wolle und Stricknadeln noch einen Wollrest - gern aus einem ganz anderen Material. Dann mit diesem Wollrest über dem Daumen einen normalen Kreuzanschlag machen. Man kann auch eine Schlaufe aus den beiden Fäden knüpfen und auf die Nadel schieben, diese zählt aber nicht zur Maschenzahl und wird vor der ersten Reihe von der Nadel gehoben.

NADELN

Ich stricke eigentlich immer auf Rundnadeln oder einem Nadelspiel, nie auf einer kurzen Rundnadel oder langen Nadeln. Stricken Sie so, wie Sie es am liebsten machen. Mit oder ohne Magic Loop. In der Anleitung im Abschnitt »Konstruktion« sieht man, wie gestrickt wird, und kann danach die passenden Nadeln auswählen.

WÄSCHE UND PFLEGE

Wenn man lernt, wie man Wollsachen richtig wäscht und pflegt, halten sie länger. Lüften Sie sie oft und waschen Sie nur, wenn nötig.

Sollte ein Strickstück einen Fleck bekommen, dann behandeln Sie ihn sofort. Zunächst lokal z. B. mit Seife, Oliven- oder Gallseife. Eine gute Faustregel ist, bei 30 Grad zu bleiben. Zu abrupte Temperaturänderung zwischen warmem und kaltem Wasser vergrößern das Risiko, dass das Kleidungsstück filzt oder einläuft. Nicht schrubben, wringen oder reiben. Die Fasern sind empfindlich, wenn sie nass sind, und es passiert leicht, dass man sie unabsichtlich beschädigt oder das Strickstück aus der Form bringt.

Handgestricktes wäscht man am besten von Hand. Aber wenn Ihre Waschmaschine ein gutes Wollprogramm hat, geht das auch. Doch die erste Wäsche sollte immer von Hand erfolgen. Man kann Wolle auch schleudern, aber bitte nicht in den Trockner tun.

Aus dem gut ausgespülten Strickstück alles Wasser herausdrücken – nicht wringen. Dann auf ein Handtuch legen. Wollsachen sind in nassem Zustand sehr empfindlich, aber auch sehr dehn- und formbar. Das Handtuch aufrollen und zwar von oben nach unten, nicht seitlich, nicht auf das Handtuch drücken oder wringen, stattdessen soll es ganz langsam alles Wasser aufsaugen. Wenn das Strickstück fast trocken ist, kann man das Handtuch öffnen und das Stück auf ein neues, trockenes, sauberes Handtuch legen. Dann das Strickstück in Form bringen und liegend auf dem Handtuch trocknen lassen.

Kurz gesagt:

› Flecken sofort lokal behandeln, dann muss nicht das ganze Strickstück so oft gewaschen werden. Nicht zu viel Waschmittel benutzen.

› Nur Wollwaschmittel oder mildes Shampoo verwenden.

› Wollsachen immer vorsichtig in lauwarmem Wasser waschen und spülen.

› Beim letzten Ausspülen etwas Essig dazugeben, das bringt die Fasern zum Glänzen.

› Das Strickstück flach im Liegen trocknen lassen, damit es die Form hält – nicht aufhängen.

› Das Strickstück oft lüften.

› Wollsachen geht es am besten, wenn sie benutzt werden.

› Die Stricksachen nicht lange hängen lassen, das verschleißt die Fasern, und das Stück kann die Form verlieren.

› Wollsachen dunkel liegend z. B. in einem Stoffbeutel mit einem Lavendelbeutel oder Zedernholz aufbewahren. Das hält Motten ab.

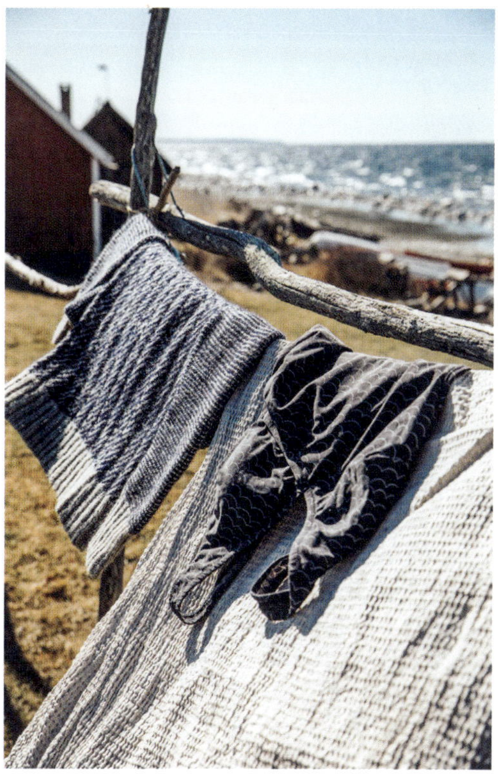

ZU- UND ABNEHMEN

Man kann auf verschiedene Arten Maschen zu- und abnehmen, je nachdem, wie es aussehen soll. Fast alle Stricker:innen haben ihre Lieblingsmethoden. Man sollte für beides je eine links und eine rechts neigende Variante haben. Oft sieht es gut aus, wenn Ab- oder Zunahmen auf der anderen Seite gegengleich erfolgen – wie bei den Handschuhen, Raglanpullis und Strümpfen in diesem Buch. Hier meine Vorschläge:

Rechts neigende Abnahme: 2 M rechts zusammenstricken, oder auch 3 M rechts zusammen (1 oder 2 M abgenommen) neigen sich nach rechts.

Links neigende Abnahme: Dafür gibt es zwei Möglichkeiten. Entweder strickt man die Maschen rechts verschränkt zusammen oder als aaz (englisch ssk) – »abheben, abheben, zusammenstricken«.

Dafür hebt man mit der rechten Nadel eine Masche wie zum rechts Stricken ab, dann noch eine genauso, beide schiebt man zurück auf die linke Nadel und strickt sie verschränkt ab. Aaaz bedeutet also: »Abh, abh, abh, re zus«, dabei nimmt man eine Masche mehr ab.

Man kann Maschen auch überzogen zusammenstricken (üzus), z. B. oben am Fäustling. 1 Masche wie zum rechts Stricken abheben, 1 M rechts, dann die abgehobene M darüber ziehen. Genauso kann man auch 2 Maschen abnehmen.

MASCHEN AUF- ODER ZUNEHMEN

Viele Strickerinnen haben ihre Lieblingsmethode zum Zunehmen. Wenn ich zum Beispiel einen Handschuh mit Daumenkeil stricke, bei dem beidseitig einer Mittelmasche zugenommen wird, möchte ich, dass das so unsichtbar wie möglich geschieht. Dann nehme ich eine Masche aus dem Querfaden zu. Sie muss verschränkt gestrickt werden, damit kein Loch entsteht. Stricken Sie die zugenommene Masche in der nächsten Runde besonders sorgfältig.

Wenn Sie Maschen aufnehmen – zum Beispiel seitlich aus der Fersenwand eines Strumpfs –, werden diese beim ersten Mal rechts verschränkt, also in das hintere Maschenglied, gestrickt. Dadurch entsteht kein Loch, und alles sieht ordentlicher aus.

Die Richtung, aus der Sie die Masche aufnehmen und verschränken, beeinflusst, in welche Richtung sie sich neigt. Wie bei den Abnahmen oben wirkt sich dies auf das Endergebnis aus.

Rechts neigend zunehmen: Den Querfaden zwischen 2 M mit der linken Nadel von hinten aufnehmen und rechts stricken.

Links neigend zunehmen: Den Querfaden zwischen 2 M mit der linken Nadel von vorn aufnehmen und rechts verschränkt stricken.

Variante rechts neigend zunehmen: Rückwärtiger Umschlag (der Faden läuft von hinten nach vorn über die Nadel), der in der nächsten Runde rechts gestrickt wird, die nächste Masche normal stricken.

Variante links neigend zunehmen: Umschlag (der Faden läuft von vorn nach hinten über die Nadel), in der nächsten Runde rechts verschränkt stricken, die nächste Masche normal stricken.

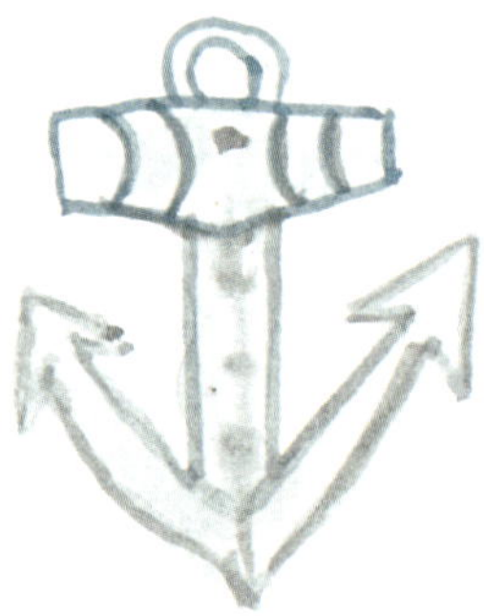

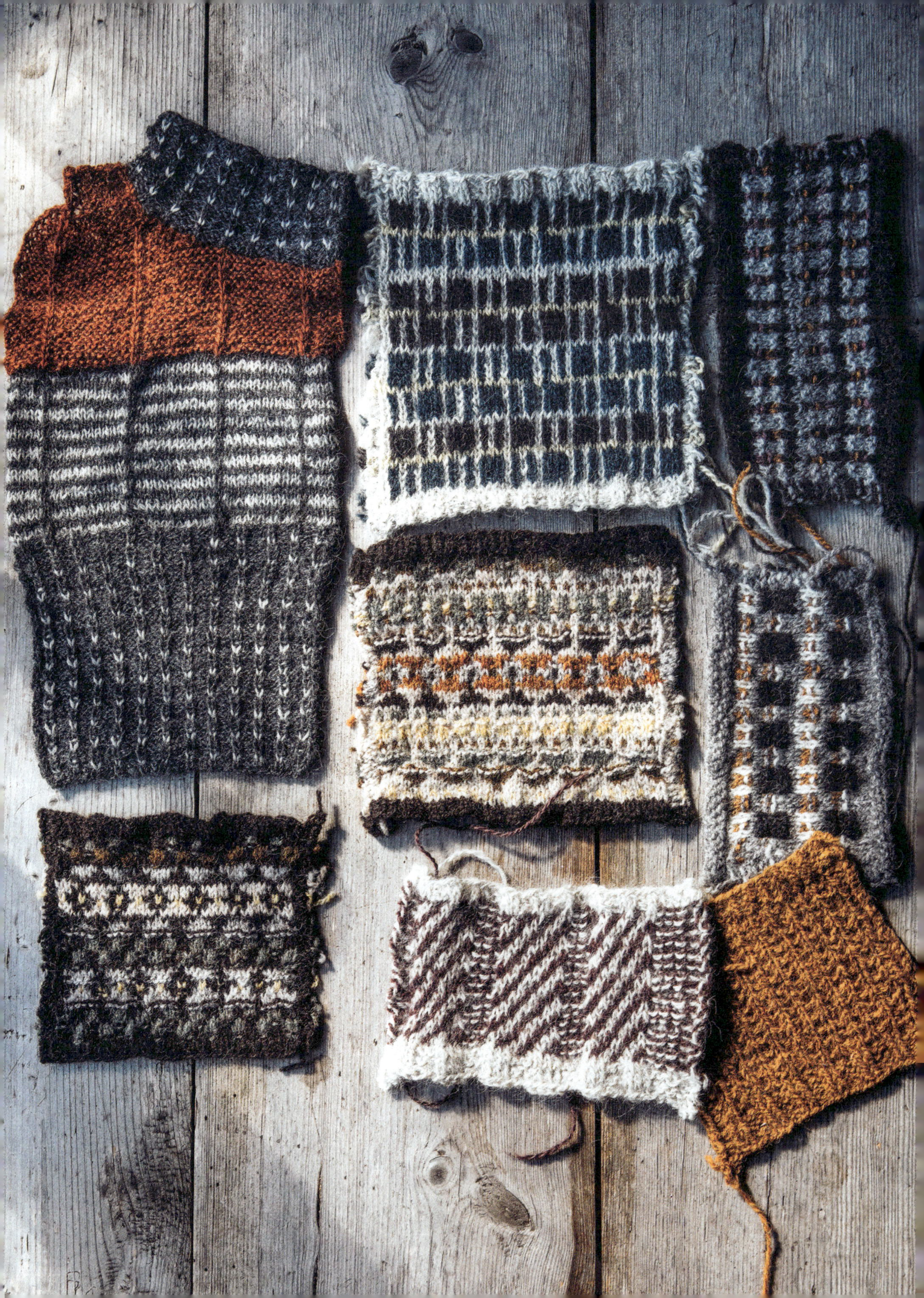

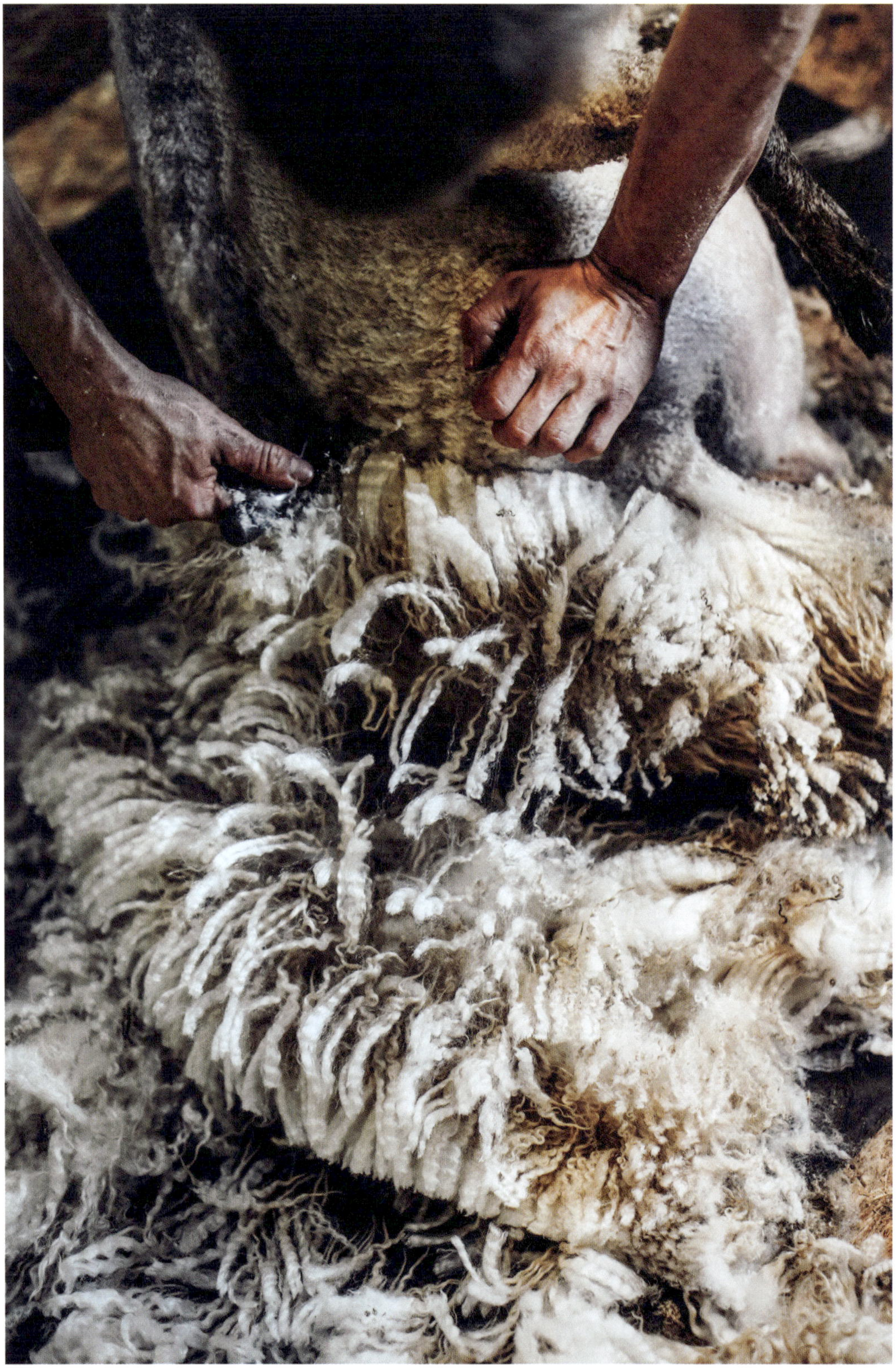

Johan Myr betreibt den Byssegårde in Hogrän auf Gotland. Auf dem Hof leben ca. 220 Mutterschafe und Lämmer einer Finn-Texel-Kreuzung. Wir durften dem Scherer Simon Ronström bei einer der zweijährlichen Schuren zusehen. Johan leitet den Hof seit 2005 und liefert Wolle ans Ullkontoret, wo sie unter anderem zu Outdoorkleidung verarbeitet wird.

Die Wolle

Alle Kleidungsstücke im Buch sind aus Wolle – manche Strumpfwolle hat noch ein bisschen synthetische Beimischung. Ich ziehe Wolle vor, weil ich sie gut kenne und sie sich auf der Haut gut anfühlt.

Für welches Material man sich entscheidet, hängt auch davon ab, was man von seinen handgestrickten Stücken oder von Kleidung allgemein erwartet. Ich möchte, dass sie halten – Form und Farbe – und schonend für Mensch, Tier und Natur hergestellt werden. Es ist toll, dass man das jeweils passende Material wählen kann: unterschiedlich versponnene Wolle und Mischungen.

Vergleichen Sie am besten verschiedene Woll- und Spinnarten. Vielleicht versuchen Sie selbst, zu spinnen?

Schafwolle wärmt auch, wenn sie feucht ist, und ist elastisch, besonders im nassen Zustand. Deswegen darf man Wollsachen nie zum Trocknen aufhängen, sondern legt sie hin – sonst verlieren sie die Form. Wolle nimmt Feuchtigkeit doppelt so gut auf wie Baumwolle. Ein Grund, warum sie sich so gut auf der Haut anfühlt, ist, dass sie atmen kann. So entsteht ein gutes Mikroklima.

Unbehandelte Wolle kann filzen – Fluch und Segen zugleich. Mit etwas Wissen kann man das geschickt nutzen. Sie können die Maschen ein wenig anfilzen, das Kleidungsstück in Form bringen und es nach Ihren Wünschen anpassen.

Es folgt eine kurze Beschreibung der Schafrassen, deren Wolle ich genutzt habe. Ich habe sie nach Art, Schnitt und Eigenschaften des Kleidungsstücks ausgewählt. Tun Sie das auch – Es ist eine spannende Entdeckungsreise!

SCHAFRASSEN

Jede Schafrasse – besonders Landrassen – hat ihre eigene Wollzusammensetzung und damit Wolle mit bestimmten Eigenschaften. Das Vlies setzt sich aus zwei Wollarten zusammen: Deckhaar und Unterwolle. In manchen Fällen auch noch aus Grann- oder Stachelhaaren.

Die Zusammensetzung entscheidet, welche Wolle sich wozu eignet. Die Unterwolle ist warm, füllig, weich, kurz und kraus. Sie liegt auf der Schafshaut und wärmt, widersteht aber kaum Nässe. Das tut das gröbere und welligere Deckhaar, das mehr Spannkraft hat. Es glänzt und ist wasserabweisend.

Grann- oder Stachelhaare haben nur noch die ganz ursprünglichen Schafrassen. Diese Fasern sind hohl, grob und brechen leicht. An einem Kleidungsstück zerschleißen sie mit der Zeit. Aber sie können sehr schön sein, wenn man z. B. ein Garn mit etwas Grannhaar färbt, weil es die Farbe anders annimmt. Das Wollfett Lanolin sorgt für die wasserabweisende Eigenschaft und verleiht der Wolle den typischen Duft und noch mehr Positives.

Viele der hier vorgestellten Rassen nennt man Landrassen. Sie haben unterschiedliche Eigenschaften und Charaktere und wurden über lange Zeit durch die örtlichen Gegebenheiten geprägt, von Wetter und Wind, der Weidelandschaft und der Haltung im Freien. Von diesen Schafrassen zählen Finnschaf, Guteschaf, Gotlandschaf, Shetlandschaf, Hebridian und Spælsau zu den nordischen Kurzschwanzschafen, die übrigen bilden eigene Gruppen mit einem Reichtum an Persönlichkeit und Variationen, die so faszinierend wie nützlich sind.

Und Schafe und Menschen haben eine lange, gemeinsame Geschichte, mindestens 12.000 Jahre, die im Mittleren Osten beginnt. Eine spannende Zeitperspektive.

FINNSCHAF Das aus Finnland stammende Schaf gilt nach langer Zucht seit 1997 als schwedische Rasse. Typisch ist, dass Kopf, Beine und der untere Teil des Schwanzes wollfrei sind.

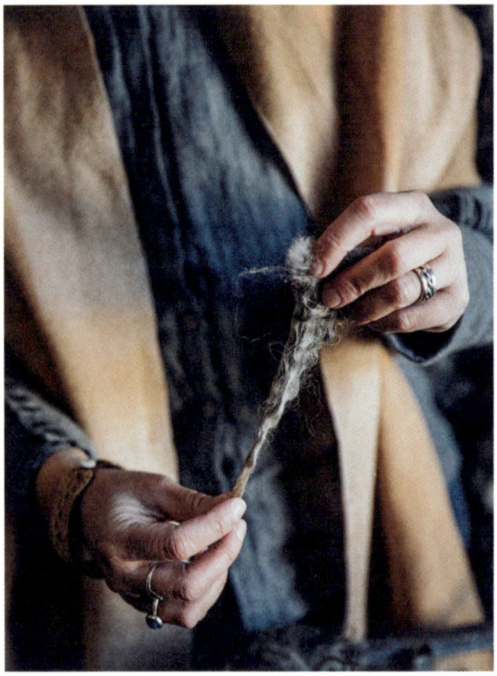

Locke eines Gotlandschafs.

Die Mutterschafe bekommen relativ viele Lämmer, was für die Fleischproduktion lohnend ist, aber während der Lammsaison für die Mutter wie auch den Schäfer anstrengend sein kann. Die Wolle - vor allem Unterwolle - ist weich und freingekräuselt in Weiß, Schwarz oder Braun. Besonders begehrt sind die dunklen Farben. Die Fasern sind 6 bis 8 cm lang und gut für Kleidungsstücke, die auf der Haut getragen werden, weil sie so weich sind. Die fehlenden Oberhaare machen sie weich und leicht zu färben, aber dadurch ist die Wolle auch nicht so strapazierfähig wie die anderer Landschafe.

GUTESCHAF - Diese Rasse stammt aus Gotland und gilt als unsere ursprünglichste, G steht für Gotland, ute für draußen. Beide Geschlechter tragen geriffelte, leicht gedrehte Hörner. Es sind ausgeprägte Herdentiere, meist von einem älteren Mutterschaf geführt. Die Wolle besteht aus Unterwolle, Deckhaar und Grannenhaar in verschiedenen Grautönen - aber auch weiß und braun.

Guteschafe verlieren die Wolle oft von selbst, sie sind sogenannte Wollverlierer. Wenn die Wolle nicht geschoren, sondern abgezogen wird, ist die Faser weicher, weil es keinen scharfkantigen Schnitt gibt. Stattdessen verengt sich die Faser, bevor sie von der Haut gelöst wird. Die meisten Schafe werden jedoch wie andere Schafe auch geschoren, und zwar zweimal im Jahr. Kopf, Ohren, Beine und die untere Hälfte des Schwanzes sind nicht mit Wolle, sondern mit kurzen, geraden und struppigen Grannen- oder Stachelhaaren bedeckt. Diese machen das Wollvlies luftig und flauschig, schützen es vor Wind und Wasser und verleihen ihm eine lebendige Oberfläche mit spannender Farbe. An einem Kleidungsstück nutzen sie sich oft mit dem Gebrauch ab. Gutewolle kann für vieles verwandt werden - gesponnen wie gefilzt. Daraus werden haltbare, leichte Produkte wie Decken und Kleiderstoffe (siehe Seite 14).

GOTLANDSCHAFE sind wegen ihrer Vielfältigkeit sehr beliebt, sie geben Fell, Fleisch und Wolle. Hörner tragen sie nicht, die Lämmer werden schwarz geboren, ausgewachsene Tiere sind grau mit schwarzen Beinen und Kopf, die beide wollfrei sind. Die Wollfarbe reicht von hellem Weißgrau bis zu ganz Dunkelgrau, die Fasern sind 8 bis 18 cm lang und seidigglänzend und werden vor allem für feine Felle von gleichbleibender Qualität, was Glanz und Farbe angeht, gezüchtet. Deswegen wurde die Unterwolle auch durch Züchtung weniger. Dies bereitet manchen Spinnereien Probleme, da deren Maschinen nicht gut mit den seidigen, schweren Fasern umgehen können, die leicht durch die Kardier- und Spinnmaschinen fallen und schwer zu spinnen sind. So entsteht viel Abfall. Deswegen wird Gotlandwolle beim Kardieren oft ein Drittel Finnwolle beigemischt. Es gibt aber auch Spinnereien, die reine Gotlandwolle spinnen (siehe S. 110).

LEICESTER ist eine britische Schafrasse, deren Wolle langfasrig, weiß und glänzend ist und stark an Gotlandwolle erinnert.

Die Faserlänge beträgt 10 bis 15 cm. Deswegen wird es nicht selten in Gotlandschafherden eingekreuzt. Oft wird die Wolle auch für hellere Garne mit Gotlandwolle gemischt. Leicester ist ein strapazierfähiges, seidiges und glänzendes Garn, das gut Farbe annimmt. Schwedische Leicesterschafe unterscheiden sich deutlich von denen aus Großbritannien.

HEBRIDIAN - Die heutigen Hebridenschafe stammen von der ursprünglichen Schafrasse ab, die vor über 1.000 Jahren aus Norwegen eingeführt wurde. Natürlich ist über diese lange Zeit viel passiert - sowohl durch Zucht als auch durch Anpassung. Sie tragen Hörner und sind dunkelbraun (siehe Meg Rodgers Hebridian auf Seite 30).

Die Wolle ist glänzend und besteht aus Unterwolle und Deckhaar. Die Faserlänge variiert von 5 bis 15 cm. Die Wolle ist üblicherweise dunkelbraun oder naturschwarz und bleicht in der Sonne etwas aus. Gesicht und Beine tragen keine Wolle.

Genau wie das Guteschaf verliert es die Wolle natürlich im Frühjahr. Beide Geschlechter tragen Hörner, aber nicht immer. Wie alle Landrassen ist es eine geduldige Rasse, die sich an eine teils harte und herausfordernde Umwelt angepasst hat und auf Gras und Heide am Meer weidet.

SHETLANDSCHAFE stammen unter anderem von den Schafen ab, die Wikinger als Proviant auf ihren Schiffen dabei hatten. Natürlich hat sich die Rasse durch Zucht und Anpassung weiterentwickelt. Das Tier zählt zu den Nordischen Kurzschwanzschafen. Genau wie andere Landschafe wird es für Fleisch und Wolle geschätzt sowie als Landschaftspfleger, weil es mild, aber effektiv weidet.

Es ist eine relativ kleine Rasse, genau wie die Hebridenschafe - und die Wolle wächst vergleichsweise langsam. Sie sind winterhart, anpassungsfähig, gesund und kommen auch mit recht wenig Weide klar und gedeihen, sobald die Umstände besser sind.

Shetlandschafe weiden auf den Hügeln der Inseln und an Stränden, wo sie wenn nötig auch Pflanzen aller Art und Tang fressen. Die Schafe sind rund ums Jahr draußen, bei Sonne, Regen, Hagel und Schnee. Die harte Umwelt spiegelt sich in der Wärme, Weichheit und Strapazierfähigkeit der Shetlandwolle.

Es gibt bei der Rasse elf Farbnuancen und 30 Markierungen - oder Fellmuster. Shetlandschafe können mehrfarbig sein, so dass man mehrere Farben von einem Tier bekommen kann. Wie alles, was wichtig für eine Tradition ist, gibt es viele interessante dialektale Wörter und Ausdrücke rund um die Schafe, einige findet man im Shetlandkapitel auf Seite 83.

Die Faserlänge variiert von 5 bis 18 cm. Die Wolle ist weich und etwas wattig. Sie ist füllig und lässt sich leicht färben (siehe Seite 85).

CHEVIOT - Der Name dieser Schafrasse stammt von einer Bergkette zwischen Northumberland und Schottland. Die Rasse gibt es heute vor allem auf den Britischen Inseln, aber auch in kleinem Umfang in anderen Teilen der Welt.

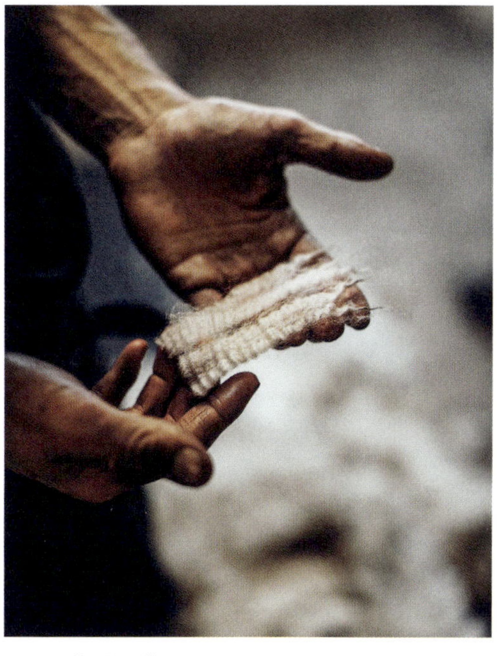

Finnwolle-Texelkreuzung

Während des 18. Jahrhunderts wurde das Cheviotschaf fast vorherrschend, da die Wolle als ideal zum Tweedweben galt. Heute gilt es als Zweinutzungsrasse für Wolle und Fleisch. Cheviots sind auch der Ursprung vieler heutiger Schafrassen. Die Faserlänge beträgt 8 bis 13 cm. Die Wolle nimmt sehr gut Farbe an und ist weich und etwas wattig. Je nach Sortierung eignet sie sich gut für Kleidungsstücke, die auf der Haut getragen werden, oder ist robuster und wetterfester. Cheviot-Wolle ist, wie die vom Finnschaf, fein gekräuselt, was ihr Eigenschaften verleiht, die sie ideal für die Verarbeitung machen - sie ergibt ein weiches, geschmeidiges und haltbares Produkt.

SPELSAU - Diese norwegische Landschafrasse ist eine meiner Lieblinge! Es ist eine ursprüngliche und robuste Schafrasse, die sich mindestens 3.000 Jahre zurückverfolgen lässt. Auch wenn sie im 20. Jahrhundert schon bedroht war, hat sie sich erholt, und heute gibt es sie, wie viele Landrassen, sowohl in ursprünglicheren als auch in »moderneren« Herden mit verschiedenen Kreuzungen. Daher gibt es auch große Unterschiede in der Qualität und Verteilung der Wollarten.

Sie bestehen sowohl aus echter Unterwolle als auch aus Grannenhaar in einer reichen Farbpalette - von weiß und grau bis schwarz und braun. Die beiden Wollsorten können getrennt versponnen werden, aber auch zusammen, um ein haltbares, glänzendes und geschmeidiges Garn zu erhalten. Spelsau war die Schafrasse, aus deren Wolle die Wikingersegel bestanden, was nachgewiesen wurde - etwa bei der Schiffsrekonstruktion Ottar im Wikingermuseum in Roskilde, Dänemark.

Die glänzenden, welligen Fasern sind 15 bis 20 cm lang, wodurch sich die Wolle gut für gewebte Bilder und Gobelins eignet, wofür sie immer noch genutzt wird. Die Wolle ist sowohl weich als auch glänzend, ähnlich der des Gotlandschafs, und sie ist formfest, haltbar und leicht.

MERINOSCHAFE sind eine Rasse, die ursprünglich aus Spanien stammt, und heute die weltweit häufigste Schafrasse zur Wollproduktion ist. Ende des 18. Jahrhunderts kam sie nach Australien, wo heute über 60 Prozent aller Merinoschafe leben. Neuseeland, Südafrika, Argentinien und Uruguay sind ebenfalls große Produzenten von Merinowolle.

Ein Merinoschaf produziert viel größere Wollmengen pro Jahr als die Landschafrassen, bis zu 15 kg. Das Guteschaf dagegen 2 bis 3 kg. Die Merinowolle ist fein, gekräuselt und sehr weich. Sie kennen sie wahrscheinlich von Wollunterwäsche und Stricksachen in Geschäften.

Für schwedische Stricker:innen und Wollproduzenten wurde es im Zuge der Entwicklung der Jämtlandschafe interessant, einer modernen Landrasse, die unter anderem vom dänischen Merino (eine Unterlinie von Merinoschafen) abstammt. Das Vlies der Merinoschafe ist zwischen 5 und 13 cm lang. Die Schafe kommen in großen weißen Herden vor, aber es gibt auch kleinere Herden mit braunen, kastanienbraunen und grauen Merinoschafen. Merinowolle von den Falklandinseln, bekannt als Falkland Merino, wird garantiert ohne Mulesing produziert.

WEITERLESEN: ***Sticka efter gamla nordiska monster*** von Vibike Lind (ICA Bokförlag) ***Spelsau og samspill*** von Annemor Sundbøø (Bokbyen Förlag) ***The Fleece & Fiber Sourcebook*** von Carol Ekarius und Deborah Robson (Storey Publishing LLC) ***Ull: hemligheter, möjligheter, färdigheter*** von Kerstin Gustafsson und Alan Waller (Stockholm LT)

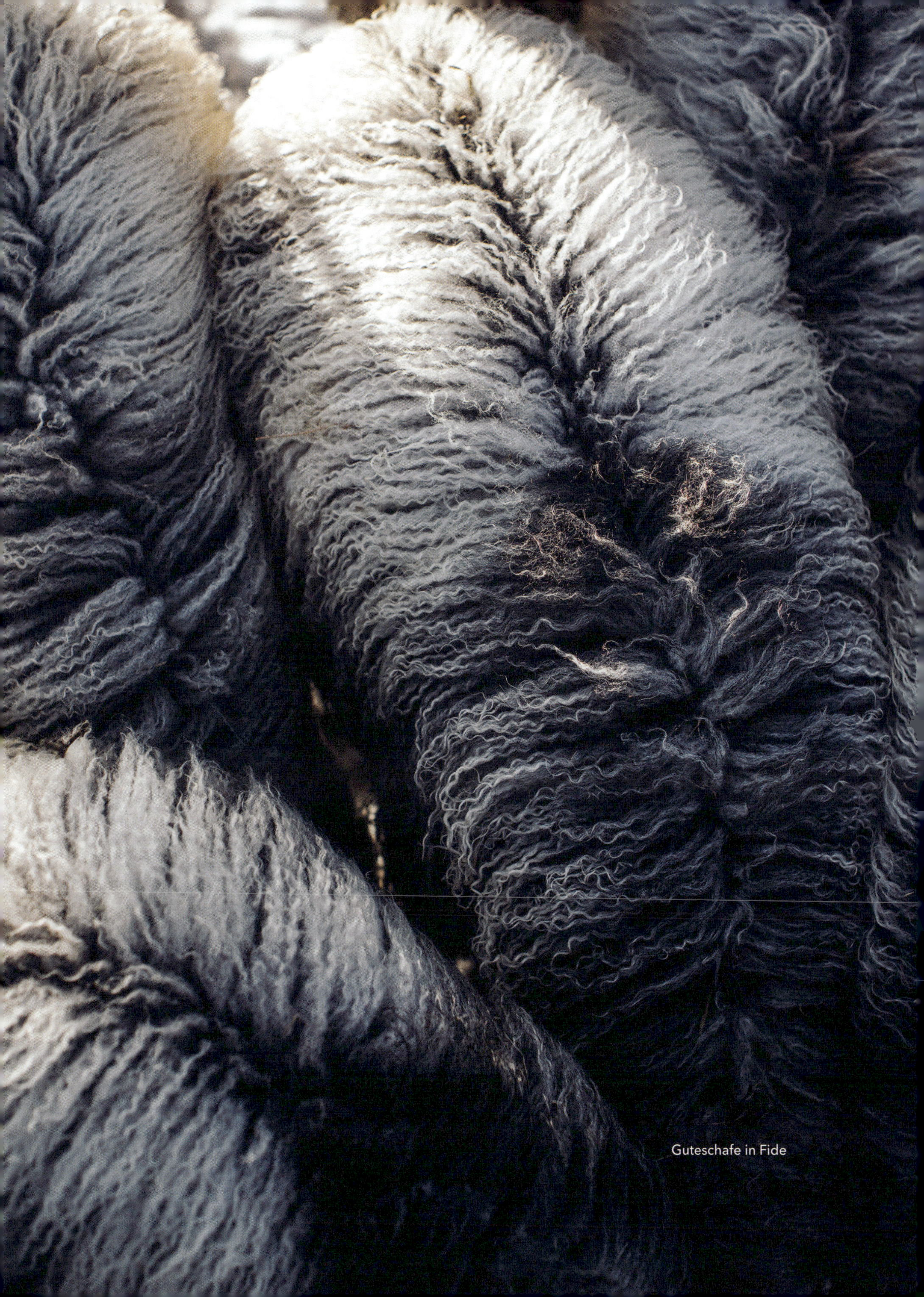

Guteschafe in Fide

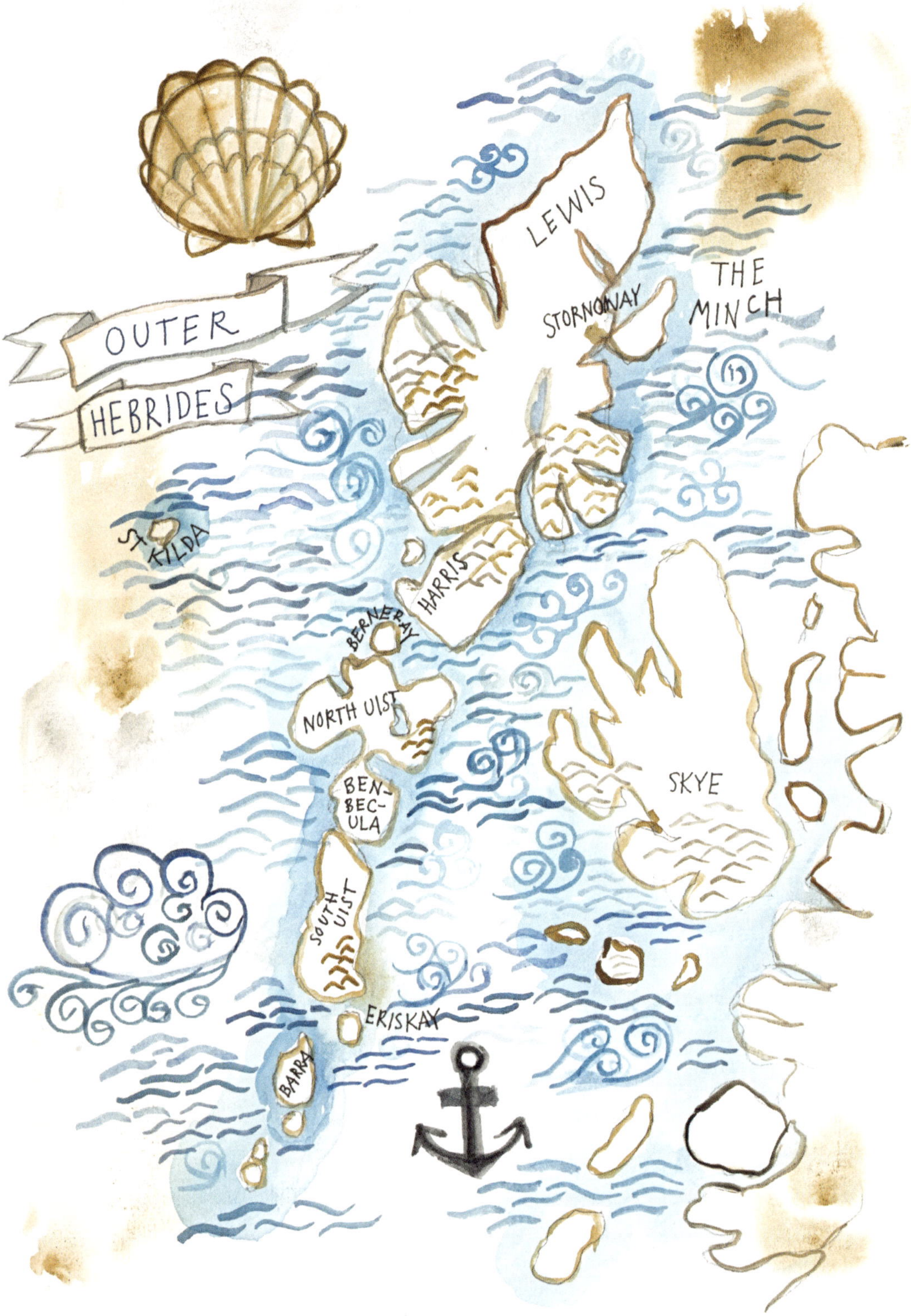

Äußere Hebriden

[Na h-Eileanan Siar] *Schottisch-Gälisch*
[Western Isles] *Englisch*
[Outer Hebrides] *Englisch*

LAND: Großbritannien **LANDESTEIL:** Schottland **HAUPTORT:** Stornoway **FLÄCHE:** 3.070,94 km²
EINWOHNER: 26.830 (2020) **BEVÖLKERUNGSDICHTE:** 9 Einwohner/km²
GESTEIN: Lewis-Gneis – eines der ältesten Gesteine weltweit
SPRACHE UND DIALEKT: Englisch und Schottisch-Gälisch

Äußere Hebriden

– Poesie, Geschichte und Mythen zeigen sich in der Landschaft

Die Äußeren Hebriden bilden zusammen mit den Inneren Hebriden die Inselgruppe der Hebriden. Wegen des durch den Golfstrom milden Klimas und der abwechslungsreichen Landschaft über und unter Wasser gibt es eine reiche Flora und Fauna – und nicht zuletzt ein üppiges, marines Leben. Fast ein Drittel aller weltweiten Walarten lebt rund um die Inselgruppe. Sie besteht aus vielen Inseln wie etwa North Uist, Benbecula, South Uist, Barra und Lewis and Harris als größte. Man erreicht die Äußeren Hebriden mit dem Schiff oder Flugzeug vom schottischen Festland aus.

Die Inseln sind weltweit das Hauptgebiet der schottisch-gälischen Sprache. Sie wird gesprochen, geschrieben und gelehrt. Die Inseln gehörten bis Mitte des 13. Jahrhunderts zu Norwegen und hießen damals Südinseln. Im Norden sind die Menschen eher protestantisch und im Süden katholisch, was natürlich zu kulturellen Unterschieden führt.

Die Inseln sind reich an Landschaft, Geschichte und Traditionen. So viele unterschiedliche Schafrassen auf einer relativ kleinen Insel habe ich sonst noch nie gesehen.

LANDSCHAFT, FLORA UND FAUNA

Das Machair, also die Strandwiesen, ist unter anderem für mehrere Orchideen- und Grasarten bekannt. Die weiten, Erika bewachsenen Moorflächen standen Pate für den Namen Eilean an Fhraoich, gälisch für die Erikainsel, und verleihen der Heide ihre Farbe.

Lewis and Harris war mal ganz mit Wald bedeckt – doch heute gibt es nur noch Reste davon auf Klippen im Innern und auf Inseln im Meer, geschützt vor Feuer und weidenden Schafen.

Die Äußeren Hebriden sind ein Rastplatz für Zugvögel auf dem Weg zu und von ihren arktischen Brutplätzen. Es gibt Wat- und Greifvögel sowie große und kleine Seevögel. Am Meeresarm The Minch gibt es Vogelberge, auf denen Tordalk, Trottellummen und Papageientaucher brüten.

BERNERAY

Durch die kleinbäuerliche Landwirtschaft ist auf der Insel eine reiche Vogelwelt entstanden. An Frühsommerabenden

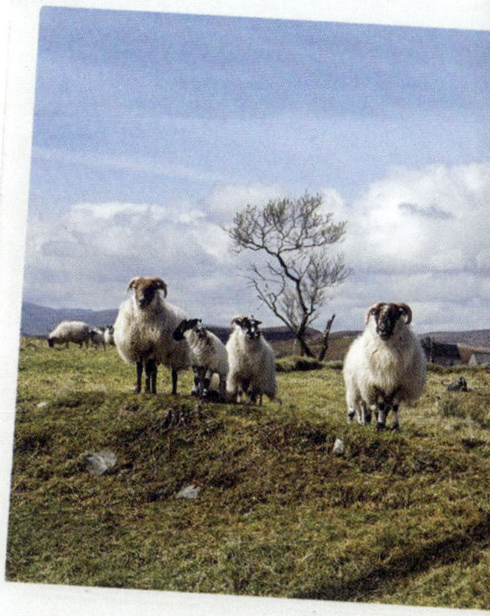

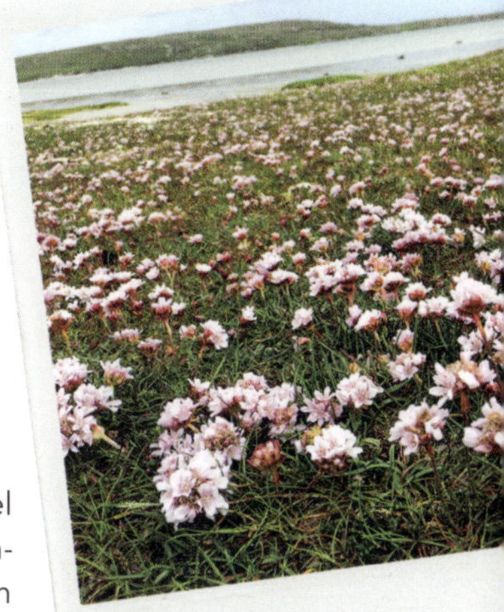

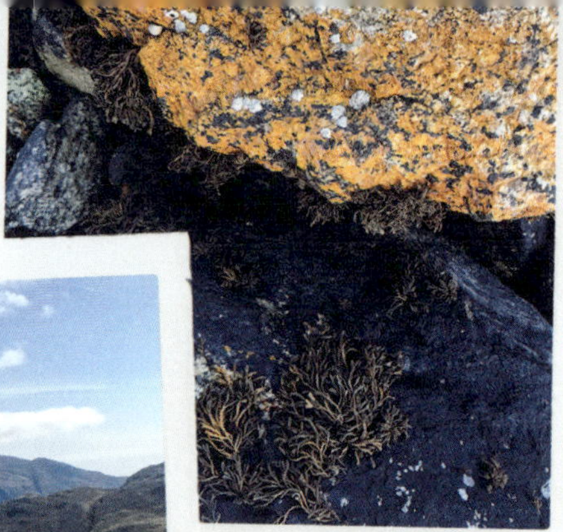

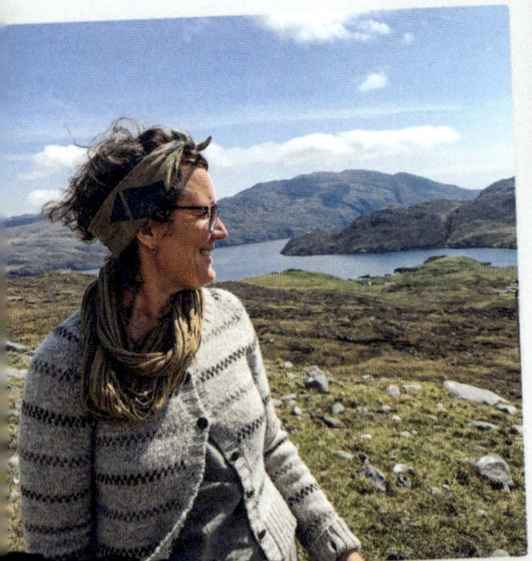

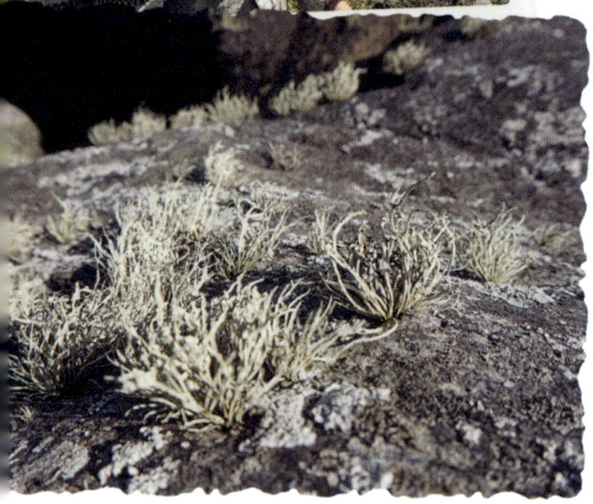

kann man das Meckern von Bekassinen hören und das Rascheln des Wachtelkönigs. Höckerschwäne, Graugänse, Raben und Bussarde sind häufig anzutreffen. Im Winter gesellen sich Nonnengänse zu ihnen. An den Stränden waten Rotschenkel, Flussuferläufer, Rotkehlchen, Austernfischer, Alpenstrandläufer, Großer Brachvogel, Regenbrachvogel, Flussuferläufer und Fischreiher. An der Küste kann man Seehunde sehen und mit etwas Glück Delfine, Schweinswale, Haie und sogar den ein oder anderen Wal.

Es gibt eigentlich nur ein einziges einheimisches Landsäugetier, den Otter. Rotwild, Kaninchen, Igel, Nerz und Wiesel sind vom Menschen eingeführt worden. Otter sind so häufig, dass es sogar Warnschilder an Straßen gibt.

Auf der Inselgruppe St. Kilda gab es bis zur Evakuierung der Insel 1930 bis zu 2.000 Soayschafe. Eine Herde von gut 100 Tieren wurde auf eine andere Insel gebracht und lebt dort praktisch wild. Soayschafe sind eine alte Rasse, die nicht geschoren werden muss. Zwischen 600 und 1.700 gibt es auf Hirta (der größten Insel), 200 auf Soay. Sie sind klein und robust mit einem besonderen Aussehen – aber nicht dieselbe Rasse wie die Hebridian (siehe Seite 21).

HARRIS-TWEED

Harris-Tweed gehört sicher zu den bekanntesten Marken weltweit und ist einer der bekanntesten Wollstoffe – sowie einfach ein Lebensstil. Es ist wohl der einzige Wollstoff mit eigenem Gesetz, dem Harris-Tweed Act von 1993. Damit er sich Harris Tweed nennen darf, muss er von Hand auf den Äußeren Hebriden gewebt worden sein und zwar aus reiner, auf den Inseln gesponnener und gefärbter Wolle. Dann wird der Stoff kontrolliert und erhält den klassischen Reichsapfel The Orb als Siegel. Es gibt auch freie Tweedweber, die eigene Muster und Farbkombinationen aus Harris-Tweedgarnen weben, um ihren Tweed danach kennzeichnen zu lassen. Sie haben ihn sicher schon gesehen – hübsche Wollstoffe mit Fischgrät- oder Karomuster oder einfarbig diagonal. Robust, klassisch und haltbar.

Der Tweed ist heute auf den Inseln sehr präsent, seine Herstellung ist Teil der lokalen Identität und des lebendigen Kulturerbes. Für Interessierte gibt es viel über Tweed und vor allem Harris-Tweed zu lernen, am besten vor Ort.

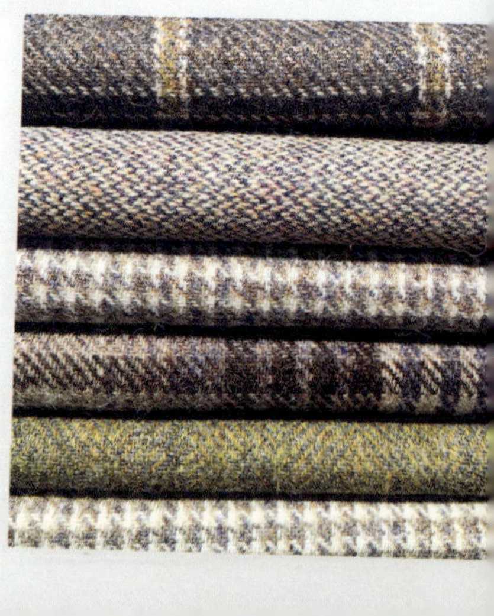

STRICKTRADITIONEN

Auch wenn die Inseln vor allem fürs Weben bekannt sind, gibt es hier auch Stricktraditionen. Der klassische Seemannspullover, Gansey, aus Eriskay ist einfarbig mit Mustern aus linken und rechten Maschen. Diese sind sehr prägnant – Bäume, Sterne und geometrische Muster. Was sie von anderen Ganseys unterscheidet, sind die oft markante Passe und die Längsstreifen mit sich wiederholenden Mustern unten am Pullover. Die Meeresschaumsocken auf Seite 45 sind eine bescheidene Verbeugung vor dieser Tradition. Nach einem Besuch auf der Insel ist es nicht verwunderlich, dass man gern mit Strukturmustern arbeitet, denn die Landschaft scheint dies ebenfalls zu tun.

DIE ÄUSSEREN HEBRIDEN UND ICH

Bereits außerhalb von Stornoway erwartete mich eine atemberaubend schöne und sehr abwechslungsreiche Landschaft. Diese kleine, aber sehr lebendige Stadt zu erkunden, war spannend, weil ich genau wie zu Hause auf Gotland das Gefühl hatte, dass Vergangenheit, Gegenwart und Zukunft so nah waren.

Wie wahrscheinlich die meisten reisten wir von Norden nach Süden über die Inseln. Es war einfach und sehr interessant, Weber zu besuchen und die Spinnerei auf North Uist, Uist Wool und Meg Rodger auf ihrem Bauernhof auf Berneray.

Ich war beeindruckt von den Farben der Landschaft und der Tatsache, dass mein Tweedmantel offensichtlich ein Stück Moorlandschaft war, in dem ich herumlief – poetisch, nicht wahr? Wir badeten im Atlantik bei Luskentyre – einem der schönsten Sandstrände der Welt, überhaupt lockten die Sandwiesen und Strände sehr. Das Seegras und das lebendige Meer. Schweinswale und Muscheln in allen Größen.

Ich habe mich auf den Äußeren Hebriden sehr willkommen gefühlt – von der Landschaft und den Menschen. Das ist doch das Schönste. Nicht umsonst sehne ich mich zurück zu den atemberaubenden Höhen, den weiten Stränden, zum salzigen Meer und dem Seetang.

STRICKSTÜCKE

Schon als ich Meg Rodger zum ersten Mal auf Berneray besuchte, hatte ich ein Muster mit Struktur und Farben skizziert, das zur Wolle passte und die Landschaft spiegelte. Das erste Strickstück war der Hedlands-Loop, dann die Hedlands-Handschuhe auf den Seiten 29 und 35, deren Farben und Struktur die gleichzeitig harmonische und abwechslungsreiche Landschaft zeigen.

Dann wollte ich noch etwas über Torf machen. Das Torfstechen ist auf Shetland und den Äußeren Hebriden eng mit Wärme, Leben und Überleben verbunden. Ausgehend von der satten, dunkelbraunen Farbe des Torfs habe ich den Torf-Pullunder auf Seite 49 gestrickt. Dort trifft der Torf auf Wollgras und Strand-Grasnelke. Außerdem ist der Pullunder auch etwas elegant, was die Inseln ebenfalls sind, wie ich finde. Aufrecht, elegant und beständig.

WEITERLESEN: ***Der keltische Ring von*** Björn Larsson (Unionsverlag), die ***Lewis-Trilogie von*** Peter May (Zsolnay) ***Sea Room*** von Adam Nicholson (Picador USA) ***Am Stück gestrickt: Ganseys*** von Beth Brown-Reinsel (Stiebner Verlag) ***Eilean – The Island Photography of Margaret Fay Shaw*** von Fiona J. Mackenzie (Birlinn) ***Patterns for Guernseys, Jerseys and Arans*** von Gladys Thompson

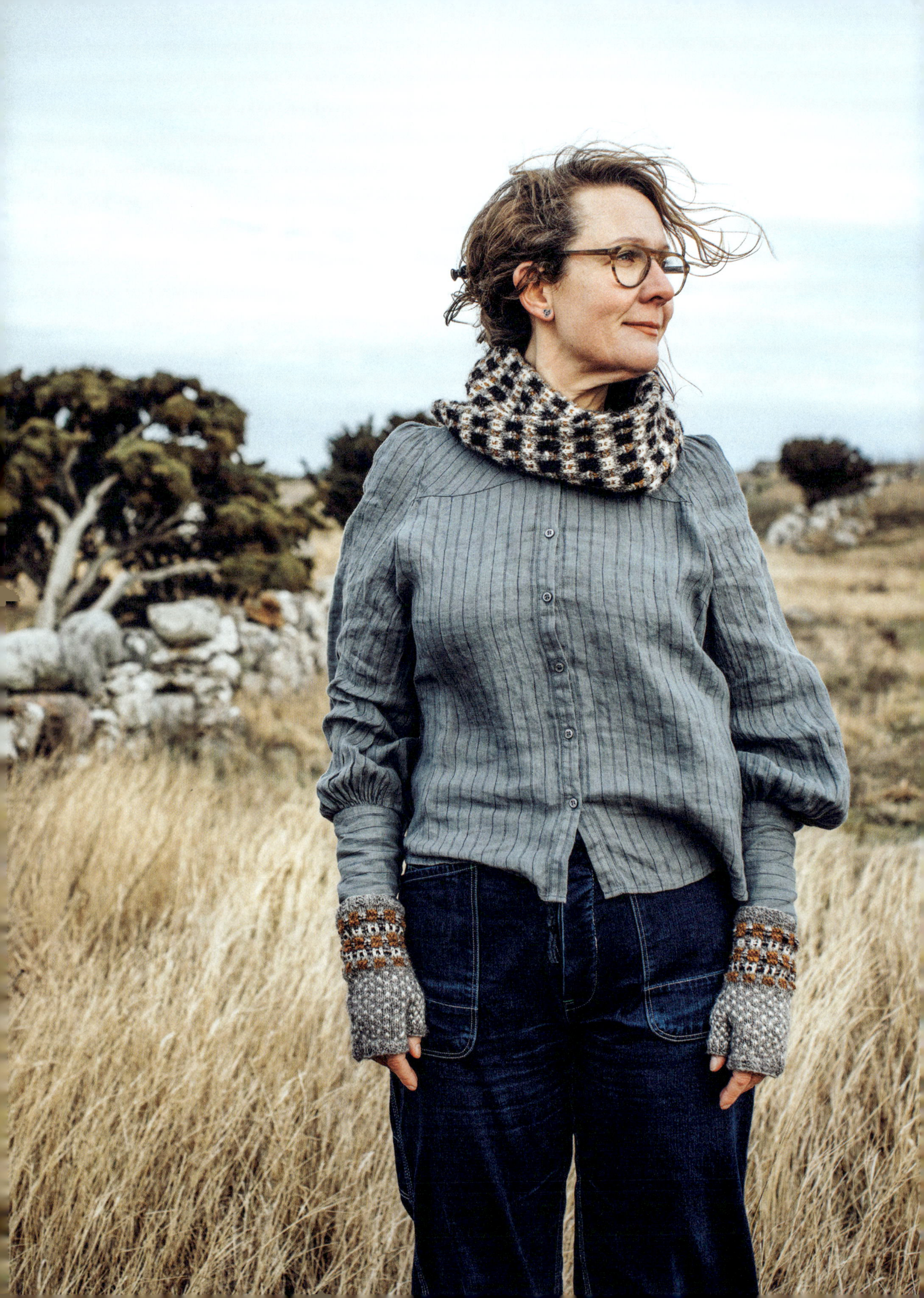

Loop Hedland

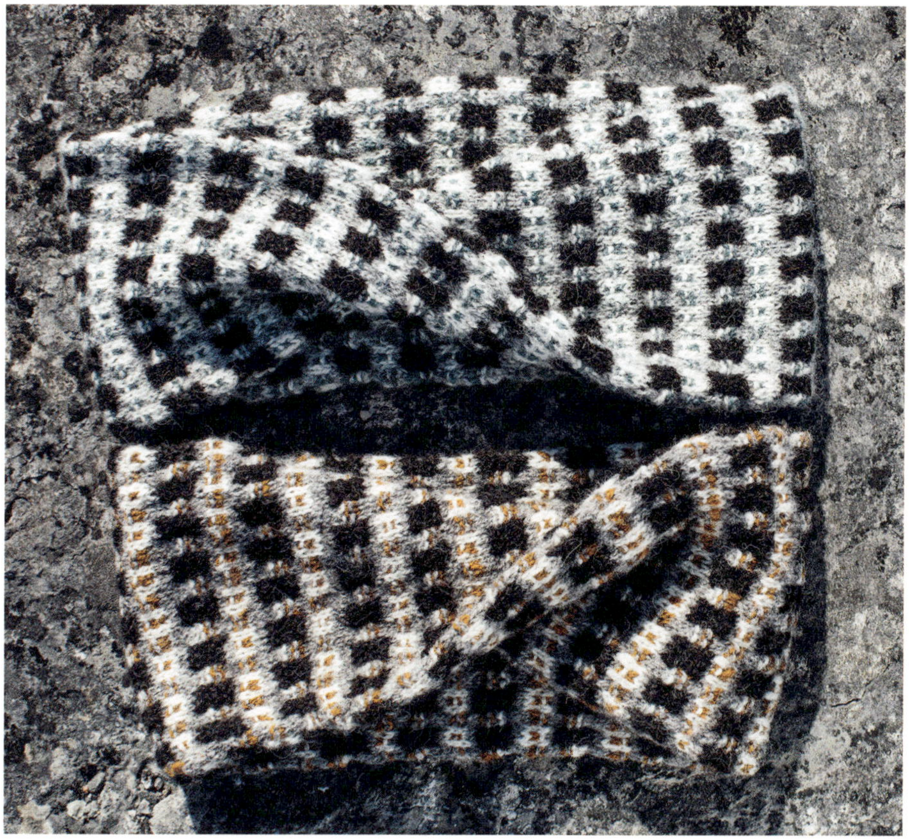

Äußere Hebriden Nr. 1

Ein vielseitiges, tragbares und praktisches Accessoire, das leicht zu variieren ist, beim Stricken Spaß macht und sich gut mit anderen Kleidungsstücken kombinieren lässt. Der Loop eignet sich, um das mehrfarbige Stricken zu üben. Der Trick ist ein provisorischer Anschlag, dann strickt man einen Schlauch, verdreht die Arbeit und fügt sie schließlich im Maschenstich zusammen. Den Loop gibt es in zwei Farbkombinationen: Farben aus der Heidelandschaft mit Wollgras, Torf und Gras sowie vom Strand mit Meer, Nebel, Seetang und Himmel. Für mich duftet er nach Torffeuer, Meersalz und steckt voller Sehnsucht.

GRÖSSE: ERWACHSENE

Maße: 15 cm breit (halber Umfang), ca. 74 cm lang

Material: 4 Ply Hebridean & Natural Colours von The Birlinn Yarn Company

Wolle: 50 g (HF), 34 g (MF1), 25 g (MF2), 16 g (MF3)

Version Hedland: Storm Grey (HF), Peaty Brown (MF 1), Bog Cotton (MF 2), Moor (MF 3)
Version Strand: Sea Mist (HF), Peaty Brown (MF 1), Bog Cotton (MF 2), Shillay (MF 3)

Nadeln: Rundnadel 4,5 mm

Maschenprobe: 22 M × 30 Rd im Muster auf Nadeln 4,5 mm = 10 × 10 cm

Zubehör: Maschenmarkierer, Faden für den provisorischen Anschlag, Stopfnadel zum Fädenvernähen, eine extra Rund- und eine Nadelspielnadel für den Maschenstich

Konstruktion: Der Loop wird wie ein Zylinder gestrickt und erhält eine halbe Drehung, bevor man den Anschlag mit der letzten Runde verbindet. Deswegen wird provisorisch angeschlagen und dann im Maschenstich zusammengenäht.

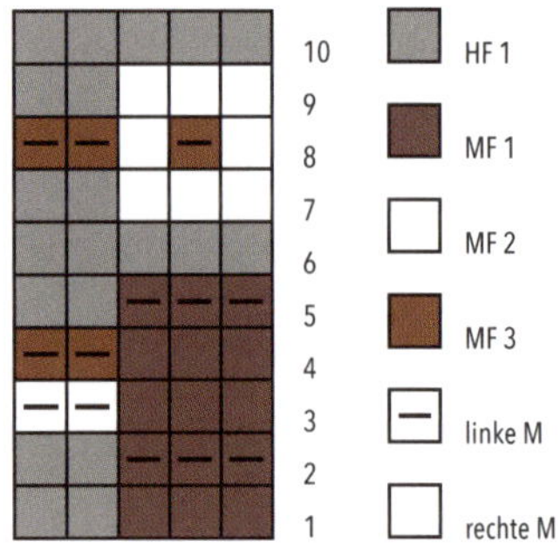

80 M in der Hintergrundfarbe (HF) auf 4,5-mm-Rundnadeln provisorisch anschlagen und den Rundenbeginn markieren. Dann laut Strickschrift arbeiten bis der Loop ca. 74 cm oder die gewünschte Länge misst. Mit einer Reihe 9 der Strickschrift enden.

AUSARBEITEN

Den Loop auf links wenden und alle Fäden vernähen, aber nicht zu kurz abschneiden. Wieder auf rechts wenden und zur Hälfte verdrehen. Jetzt für die Naht vorbereiten, dabei darauf achten, dass man das Muster um 2 M anpassen muss, damit es durchgängig verläuft! Die Naht im Maschenstich mit der HF schließen, entspricht Rd 10 der Strickschrift. Die Rd beenden und den letzten Faden vernähen.

Den Loop vorsichtig mit Wollwaschmittel waschen und liegend trocknen lassen, dabei kann man ihn mit den Händen in Form und auf Maß ziehen.

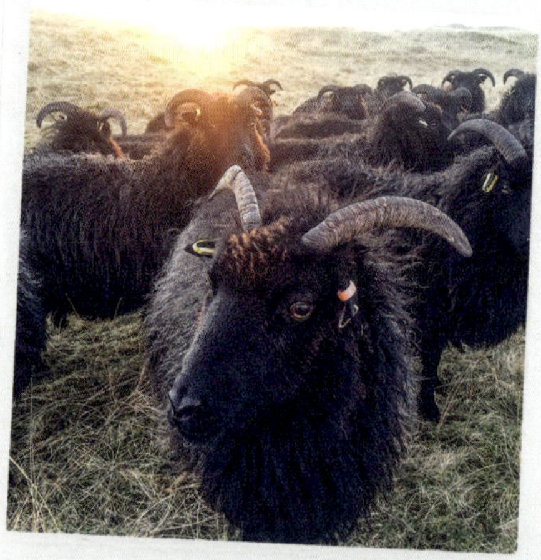

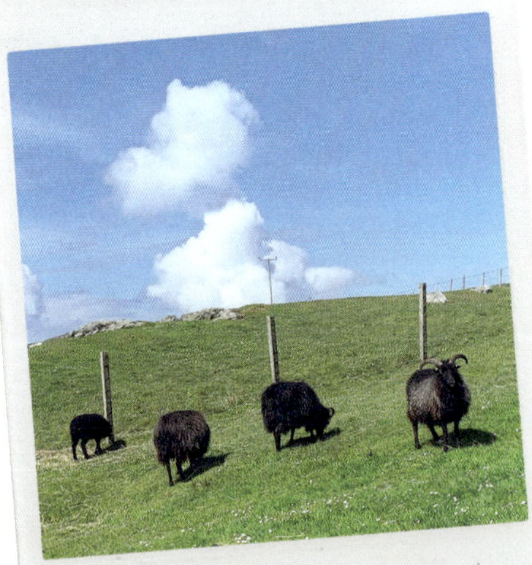

Als ich das erste Mal auf den Äußeren Hebriden war, besuchte ich Meg Rodger auf Berneray, ihre Arbeit mit Wolle und Schafen und ihre Kunst haben mich inspiriert.
Die tollen Wollmischungen haben fantastische Farben und sind eng mit der Landschaft, dem Wetter und dem Wind verbunden. Wissen, Leidenschaft und Poesie. Genau wie das Leben selbst.

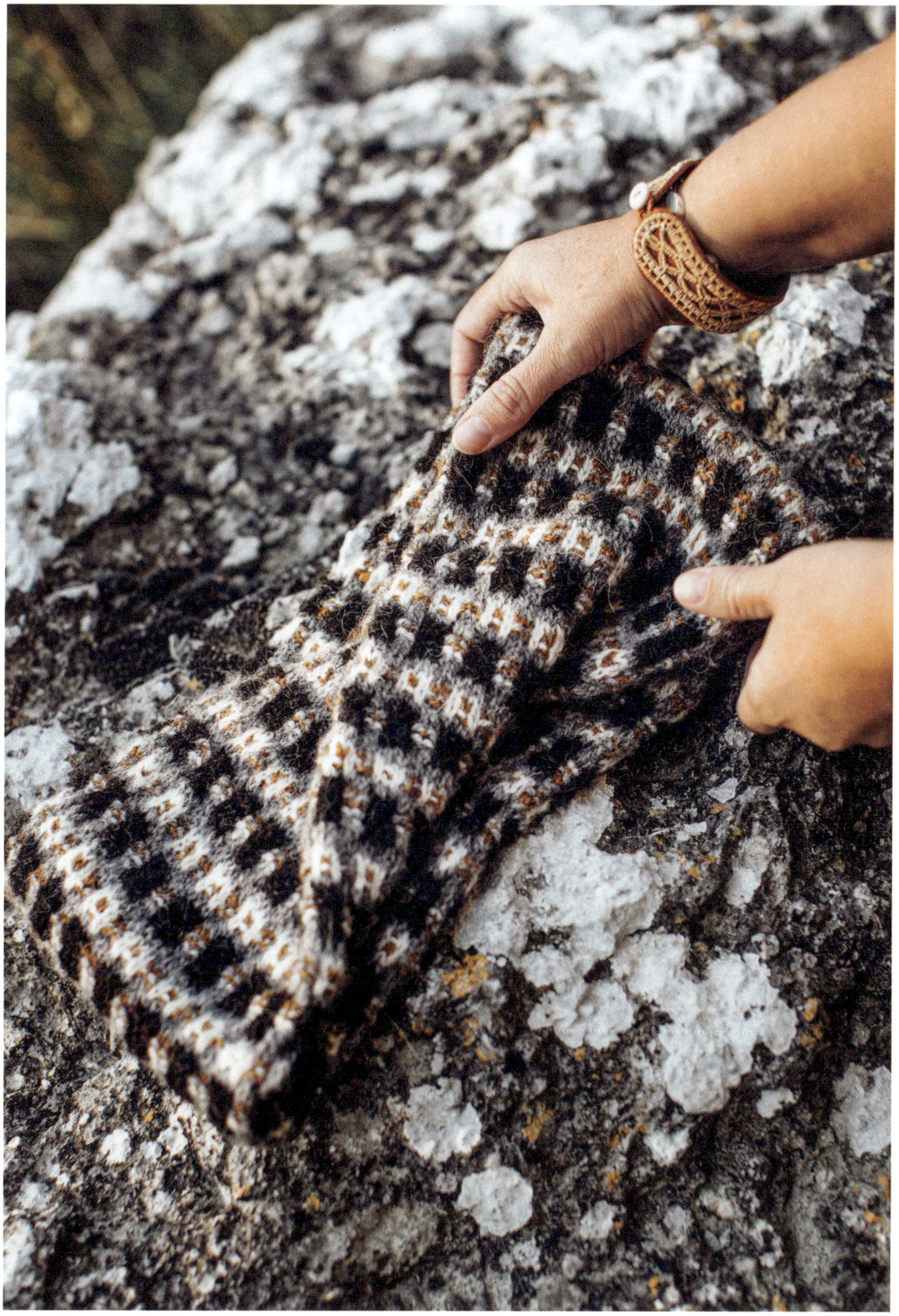

Den Loop habe ich aus einer Wolle gestrickt, die zu einem echten Lieblingsgarn wurde – weich, aber robust, und es passt so gut zu diesen Mustern mit Farbe und Struktur.

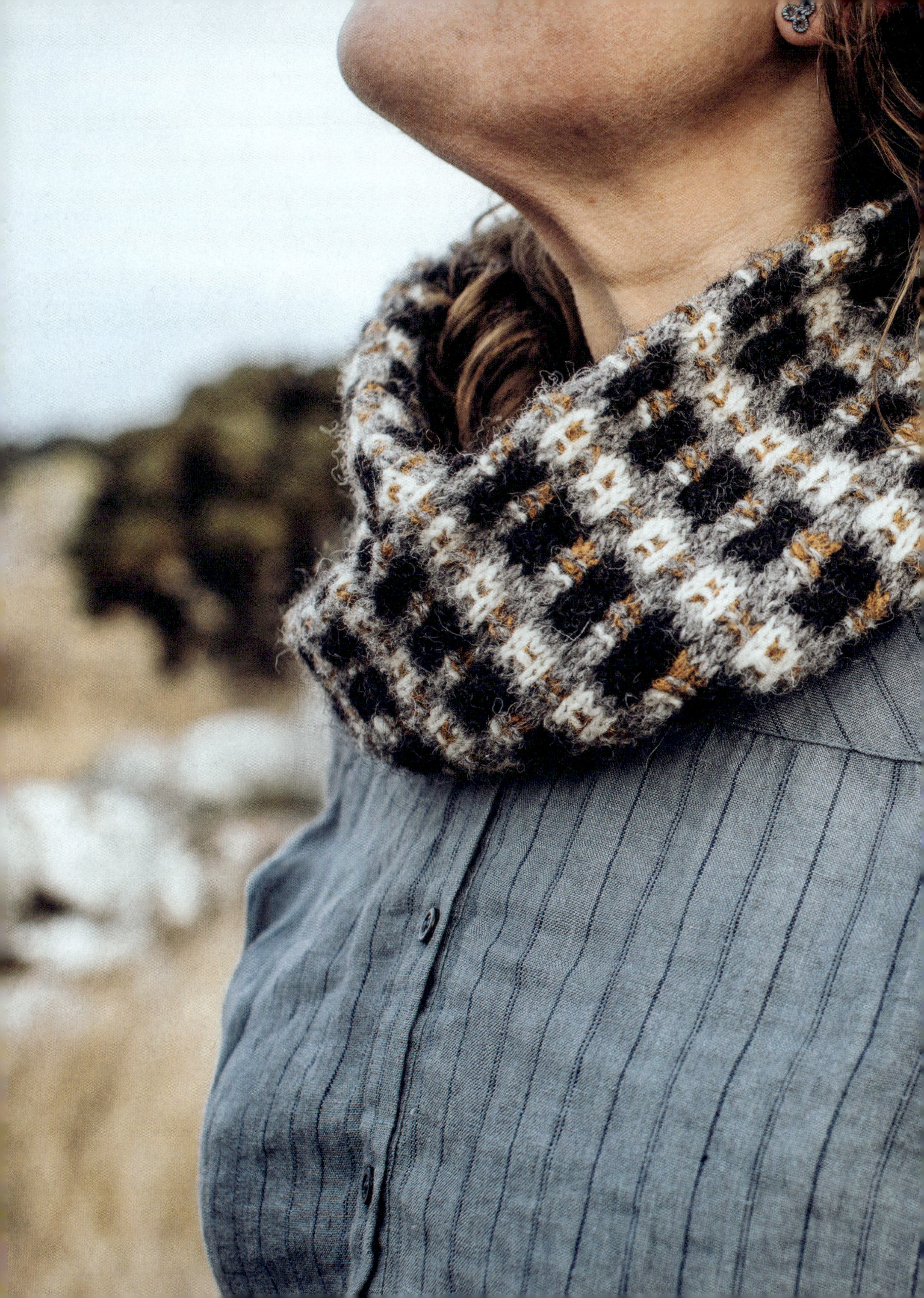

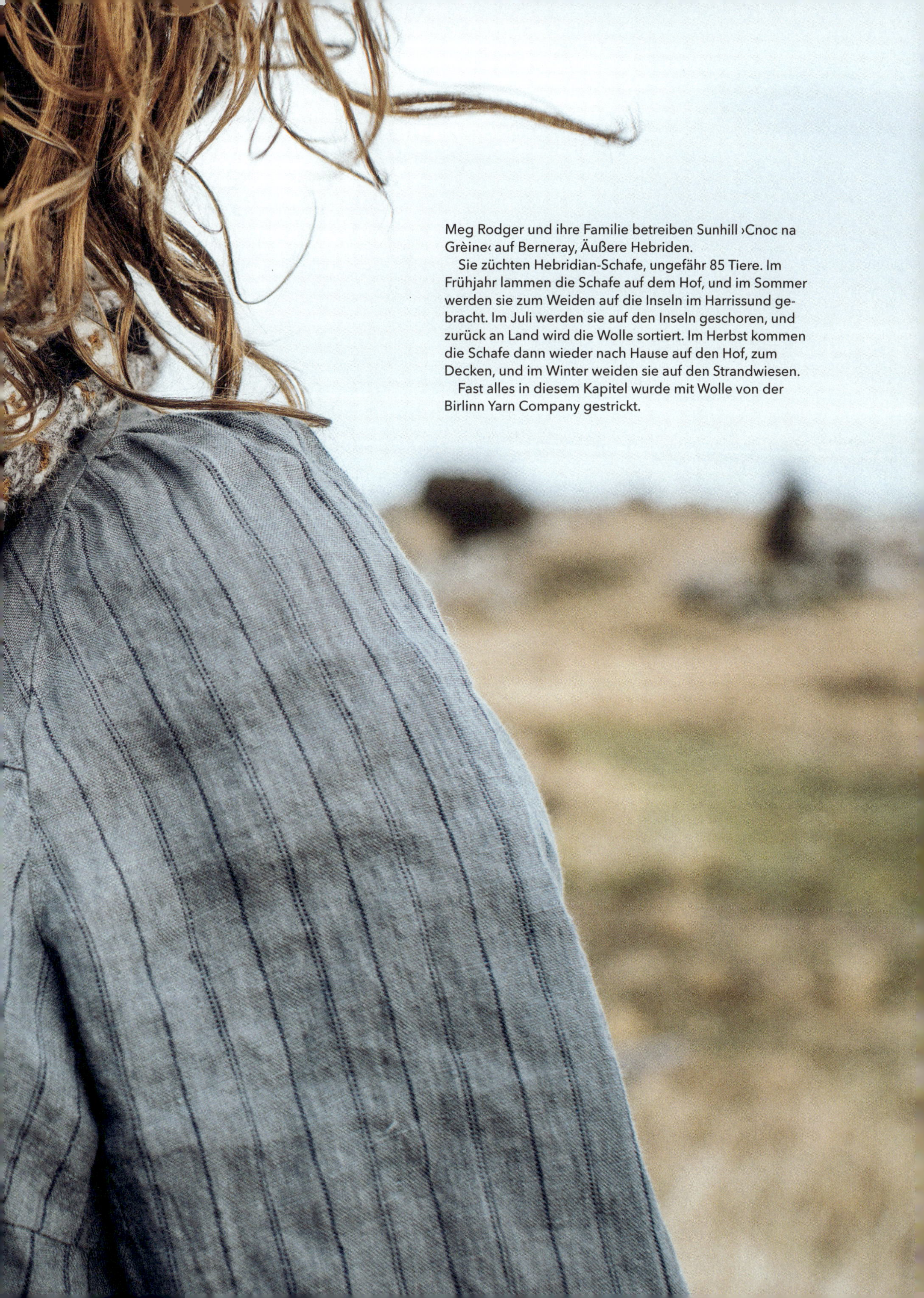

Meg Rodger und ihre Familie betreiben Sunhill ›Cnoc na Grèine‹ auf Berneray, Äußere Hebriden.

Sie züchten Hebridian-Schafe, ungefähr 85 Tiere. Im Frühjahr lammen die Schafe auf dem Hof, und im Sommer werden sie zum Weiden auf die Inseln im Harrissund gebracht. Im Juli werden sie auf den Inseln geschoren, und zurück an Land wird die Wolle sortiert. Im Herbst kommen die Schafe dann wieder nach Hause auf den Hof, zum Decken, und im Winter weiden sie auf den Strandwiesen.

Fast alles in diesem Kapitel wurde mit Wolle von der Birlinn Yarn Company gestrickt.

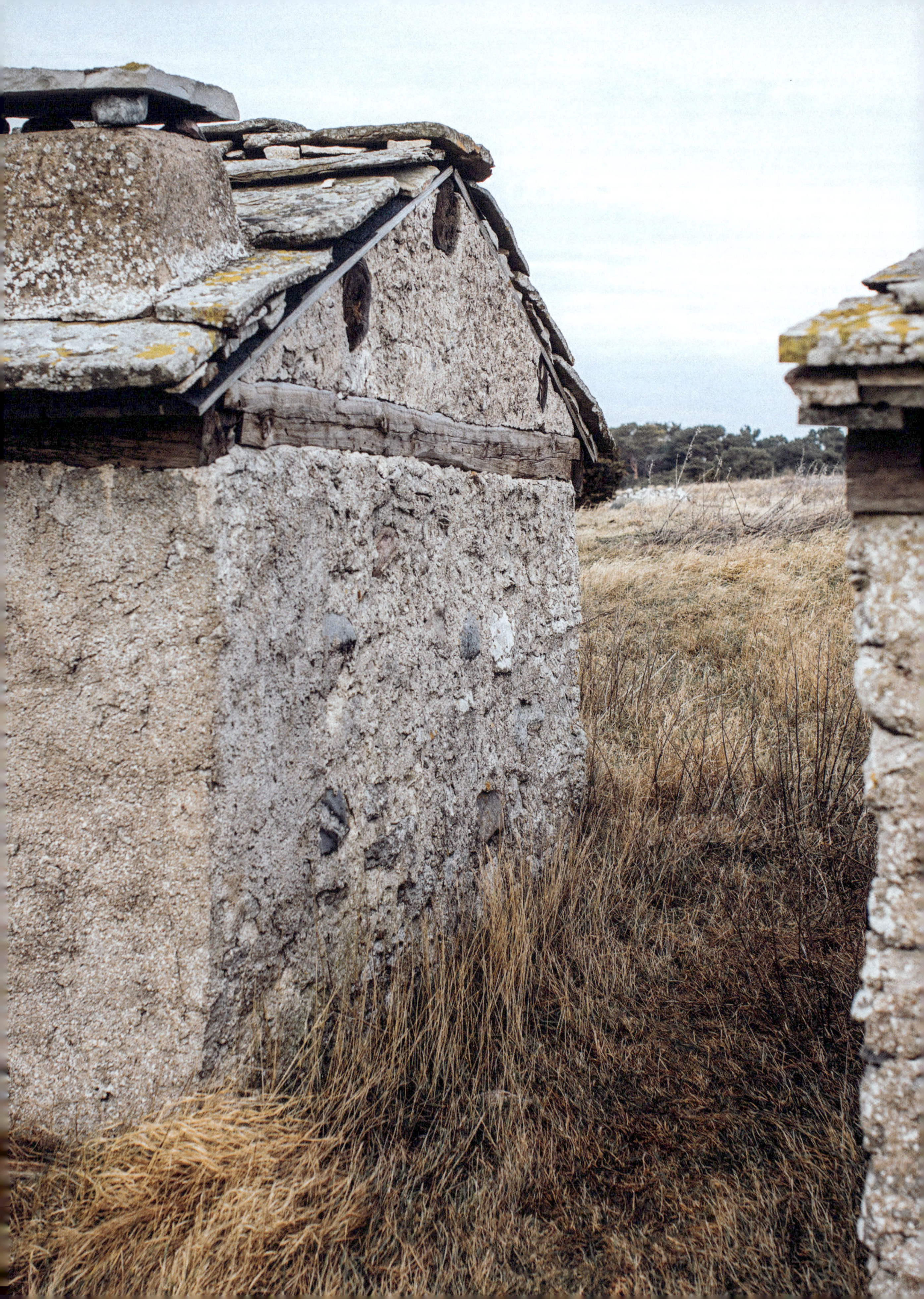

Fingerlose Handschuhe Hedland

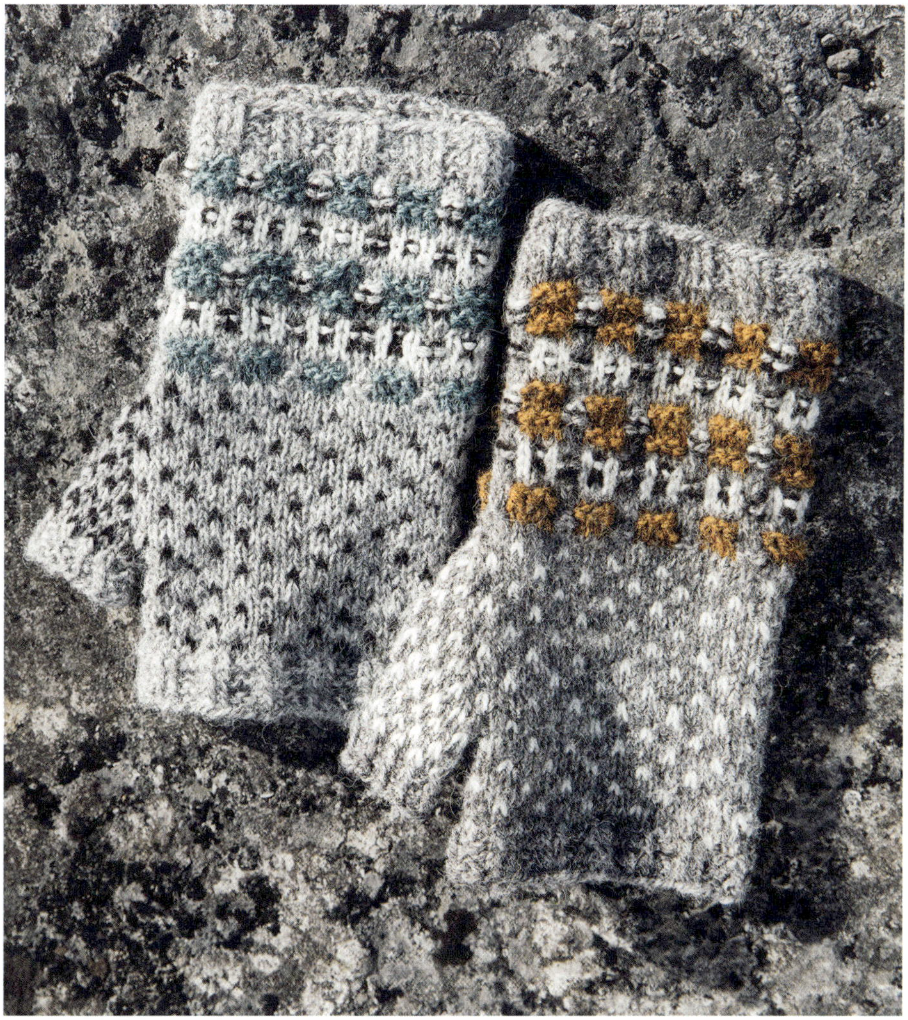

Äußere Hebriden Nr. 2

Ein paar fingerlose Handschuhe passend zum Loop Hedland von Seite 29. In beiden finden sich die Farben der Heide und des Strands wieder, weich und warm, fast ein Schmuckstück. Hier spiegelt sich die Landschaft – der Torf, die Heide und das Meer. Wollgras und Nebel.

GRÖSSE: EINHEITSGRÖSSE

Maße: 9 cm breit (halber Umfang), 18 cm lang

Material: 4 Ply Hebridean & Natural Colours von The Birlinn Yarn Company 300 m/100 g

Wolle: 34 g (HF), 8 g (MF1), 6 g (MF2), 10 g (MF3)

Version Hedland: Storm Grey (HF), Peaty Brown (MF 1), Bog Cotton (MF 2), Moor (MF 3)
Version Strand: Sea Mist (HF), Peaty Brown (MF 1), Bog Cotton (MF 2), Shillay (MF 3)

Nadeln: Nadelspiel 2,5 mm für Rippen und Bund, 2,75 mm fürs Muster laut Strickschrift »Hand«

Maschenprobe: 32 M × 26 Rd im Muster auf Nadeln 2,75 mm = 10 × 10 cm

Zubehör: Maschenmarkierer, Wollrest zum Stilllegen der Daumenmaschen, Stopfnadel zum Fädenvernähen

Konstruktion: Die Handschuhe werden in Rd auf einem Nadelspiel gestrickt, sollten Sie eine Rundnadel benutzen, empfehle ich, Maschenmarkierer zu setzen und die Maschen wie unten zu verteilen. Die Handschuhe werden vom Bund nach oben gestrickt, mit einem seitlichen Daumenkeil und einem einfachen Muster auf Daumen und Hand.

BUND HEDLAND

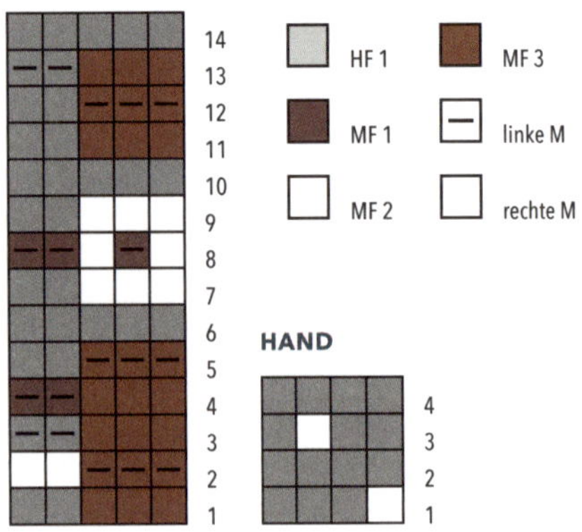

BUND STRANDBYN

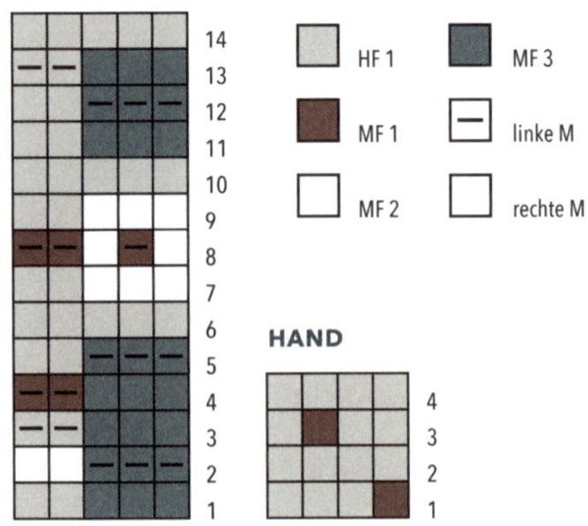

Mit HF auf Nadelstärke 2,5 mm 50 M wie folgt anschlagen: 12 M auf Nadel 1 und 3, 13 M auf Nadel 2 und 4. Wie folgt 3 Rd Rippen stricken.

Rd 1: 3 M re verschr, 2 M li

Rd 2: 3 M re verschr, 2 M re

Mit HF 1 Runde rechts, dann das Muster laut Strickschrift »Bund« Rd 1–10 2-mal, dann laut Strickschrift Rd 11–14 1-mal. Noch eine Runde rechts mit HF. Wenn auf Nadel 2 noch 3 M übrig sind: MM setzen, 1 M re, MM setzen, die restlichen 2 M stricken. Nadel 3 stricken. Wenn auf Nadel 4 noch 2 M übrig sind: 2 M re zus stricken. Noch eine Runde rechts mit HF. Die M zwischen den MM ist die erste M des Daumenkeils. Auf 2,75-mm-Nadeln wechseln und laut Strickschrift »Hand« stricken, gleichzeitig wie folgt den Daumenkeil beginnen.

DAUMENKEIL

In der nächsten Rd und jeder 2. Rd, bis der Daumenkeil 15 M breit ist: Vor jedem MM 1 M mit Umschlag in HF zunehmen (siehe Seite 16). Die neue M das erste Mal re verschränkt stricken.

Der Daumenkeil erhält sein Muster, indem immer mit HF zugenommen wird und die M nach, bzw. vor dem Daumenkeil in ein Muster eingefügt wird. Dafür werden in Rd mit HF und MF die DaumenM abwechselnd mit HF und MF gestrickt. In Rd mit nur der HF laut Strickschrift Hand werden alle DaumenM mit HF gestrickt.

So erhält der Daumen ein Muster, ohne sich zu sehr zusammenzuziehen. In jeder 2. Rd, also an jeder Seite des Daumenkeils, rechts bzw. links neigend zunehmen (siehe Seite 16), bis dieser 15 M breit ist. Die Daumenmaschen stilllegen und den Handschuh zu Ende stricken.

Insgesamt 7 Rd oder bis zur gewünschten Länge laut Strickschrift stricken. Auf Nadeln 2,5 mm wechseln. 2 Rd Rippen wie folgt stricken, dann im Rippenmuster abketten. Dabei möglichst in derselben Spannung abketten, wie angeschlagen wurde.

Rd 1: 2 M re verschr, 2 M li.
Rd 2: 2 M re verschr, 2 M re.

DAUMEN
Die 15 stillgelegten M des Daumenkeils aufnehmen und 3 neue M anschlagen (innen am Daumen), insgesamt 18 M. Die neuen M beim ersten Mal re verschränkt stricken. 6 Rd oder bis zur gewünschten Länge im Muster stricken. Mit 1 Rd in HF enden. Auf Nadeln 2,5 mm wechseln und 2 Rd wie folgt stricken:

Rd 1: 1 M re verschr, 1 M li.
Rd 2: 1 M re verschr, 1 M li.

Mit 1 Rd re enden und im Rippenmuster abketten. Einen zweiten Handschuh stricken. Dabei den Daumenkeil auf der anderen Seite stricken.

AUSARBEITEN
Alle Fäden vernähen, die Handschuhe vorsichtig mit Wollwaschmittel waschen und liegend trocknen lassen, dabei kann man sie mit den Händen in Form und auf Maß ziehen oder aber eine Handschuhform benutzen.

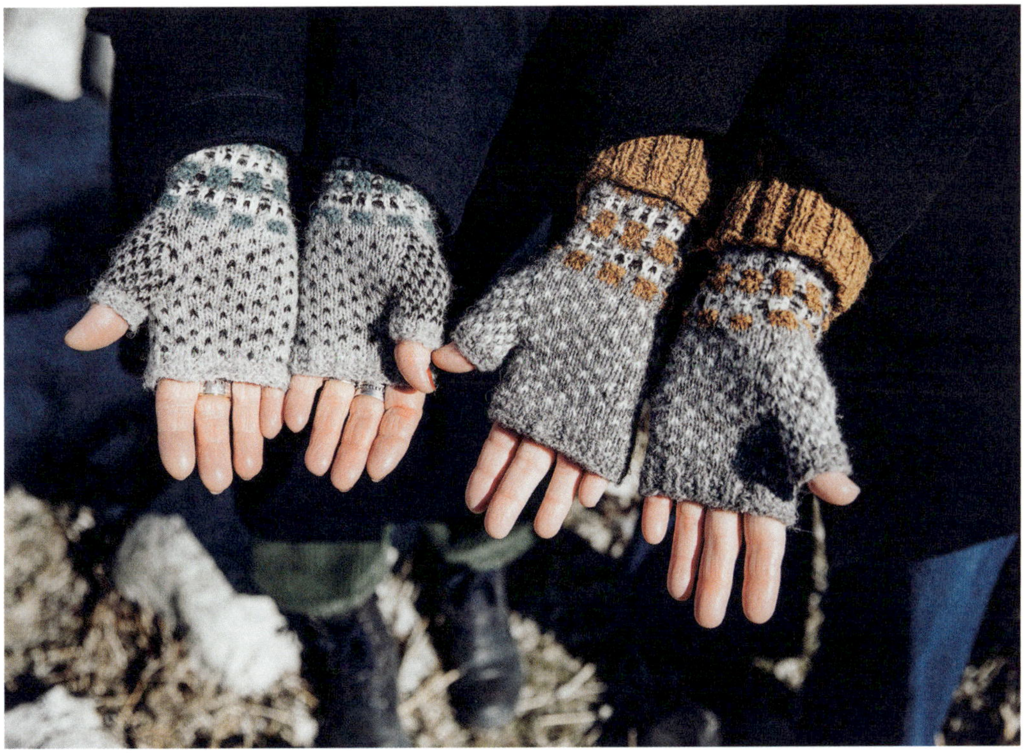

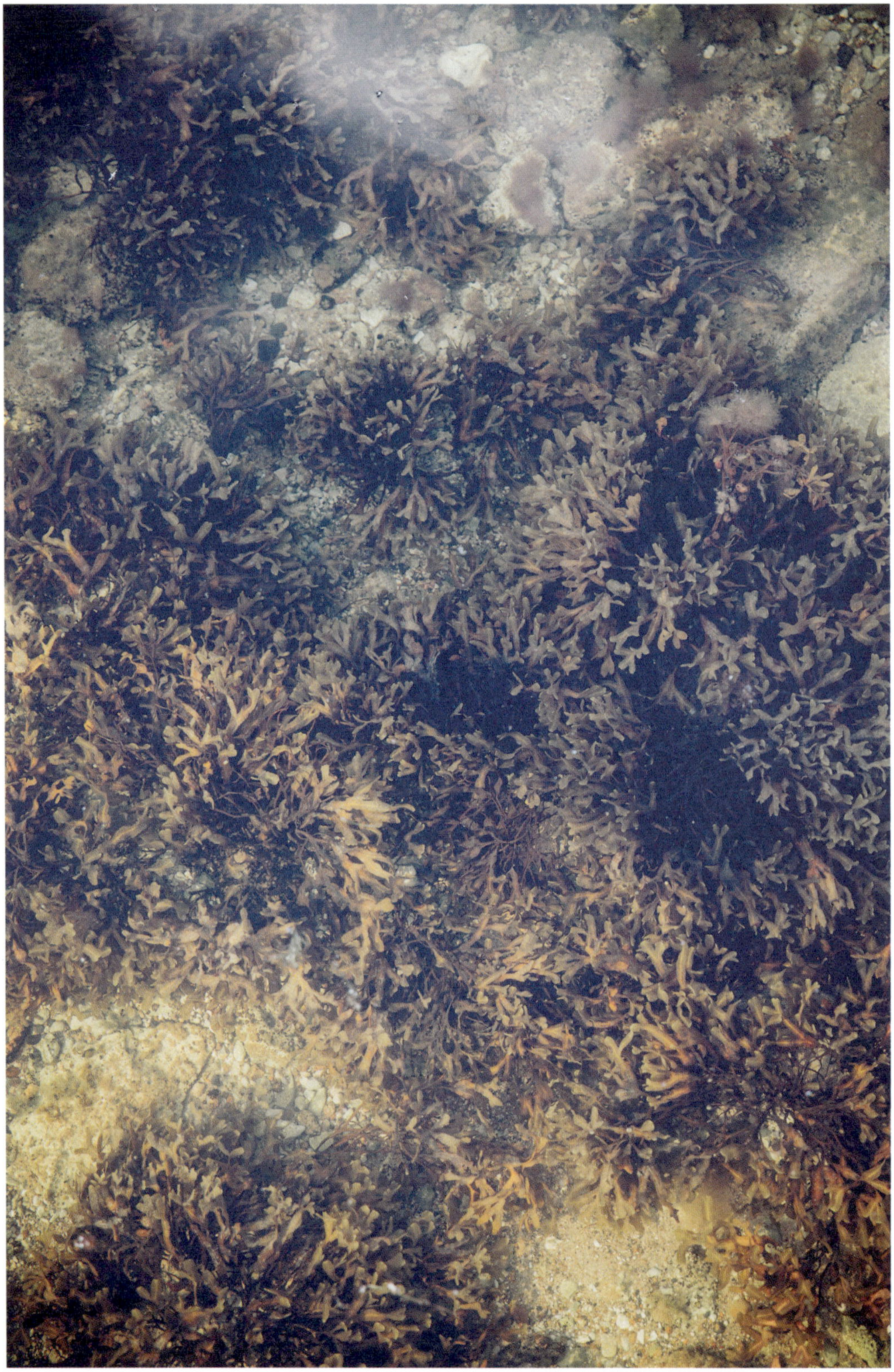

Pullover Tång

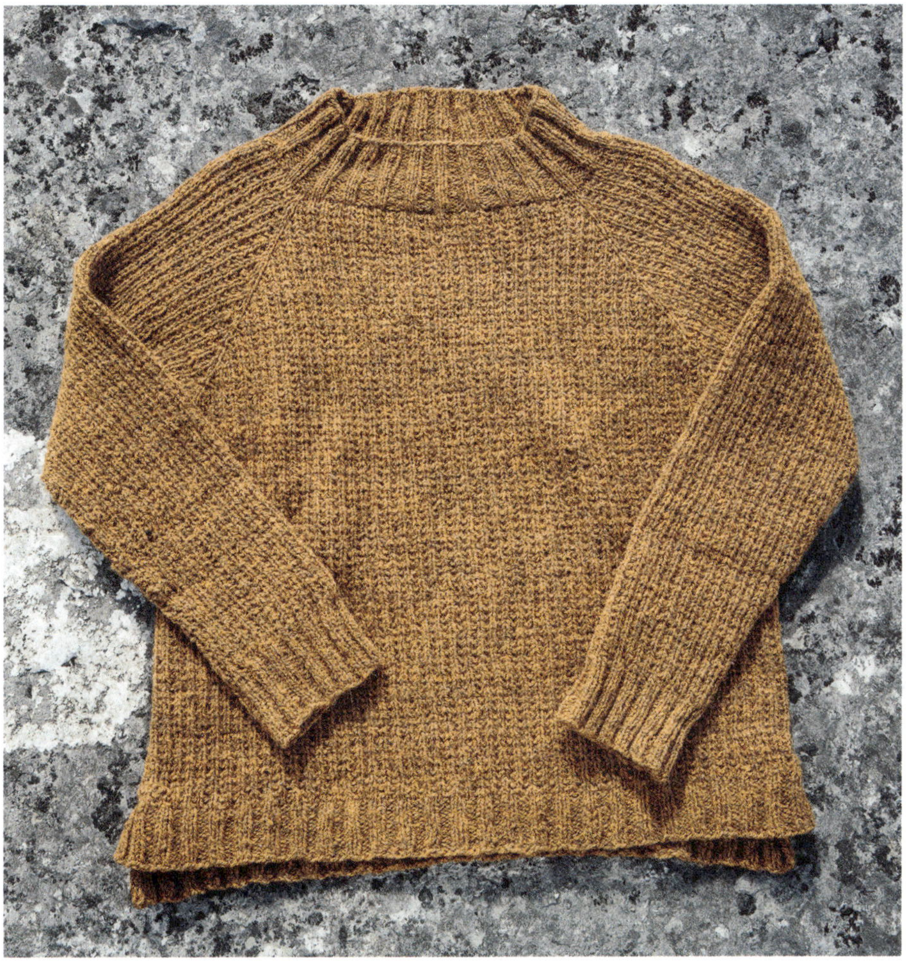

Äußere Hebriden Nr. 3

Ein einfacher und klarer Pullover in einer meiner Lieblingsfarben – rostbraun wie Seetang am Strand. Leicht und warm durch die weiche und rustikale Wolle.

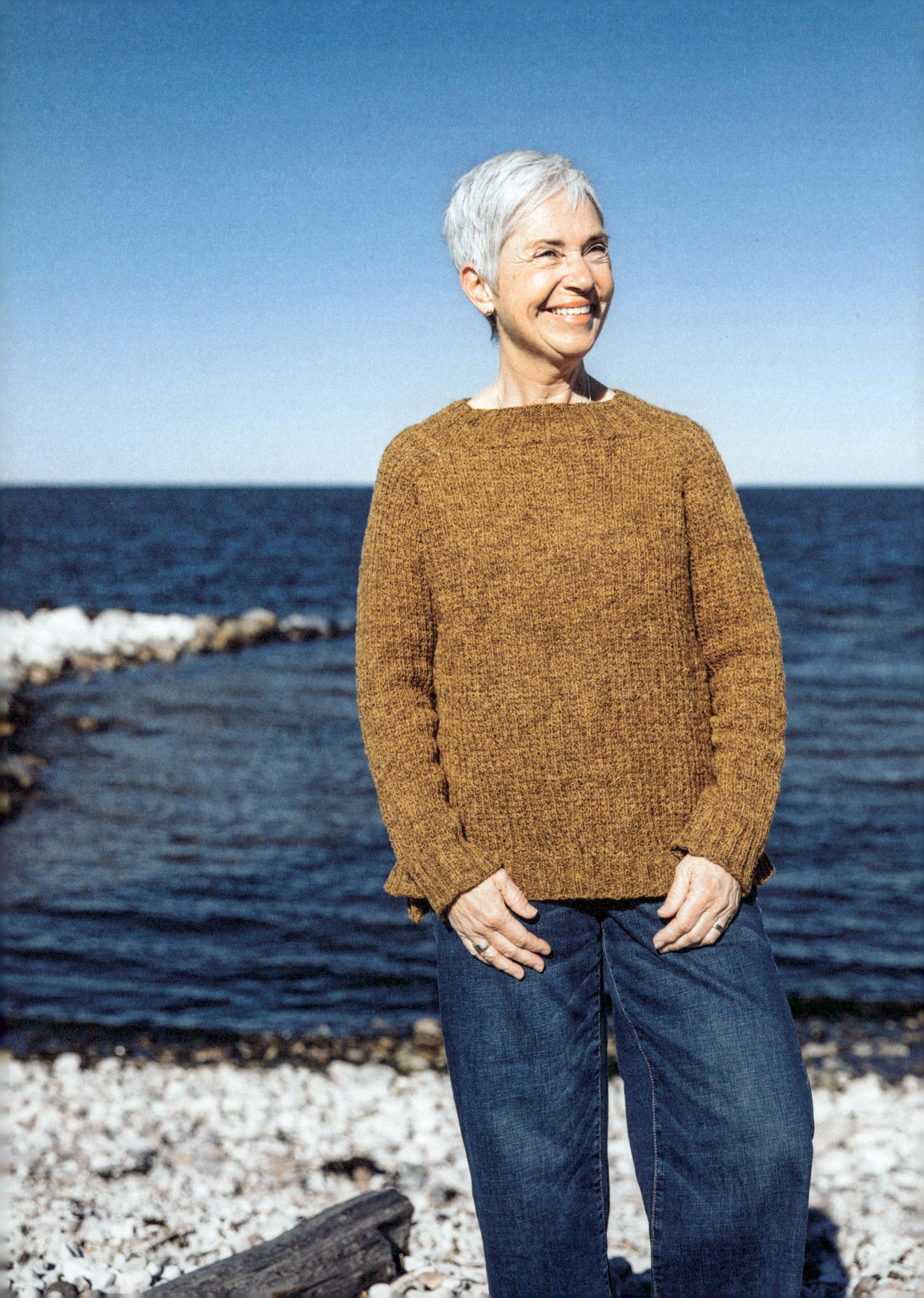

Material: 4 Ply Hebridean Colours von The Birlinn Yarn Company (300 m / 100 g)						
GRÖSSE:	**S**	**M**	**L**	**XL**	**XXL**	**XXXL**
Wolle:	350 g	350 g	400 g	400 g	450 g	500 g
Farbe: Moor						
Nadeln: Rundnadel 3,5 mm für die Rippen an Hals und Ärmeln, 4 mm für den unteren Bund und restlichen Pulli						
Maschenprobe: 21 M × 28 Rd im Muster auf Nadeln 4 mm = 10 × 10 cm						
Zubehör: Maschenmarkierer, Garnreste zum Stilllegen von Maschen, Stopfnadel zum Fädenvernähen						
Konstruktion: Der Pullover wird von oben nach unten in Runden gestrickt und der Nacken mit verkürzten Reihen verlängert. Das Rückenteil ist etwas länger, und der Pullover hat seitliche, überlappende Schlitze, die in Reihen gestrickt werden (siehe Detailbild auf der nächsten Seite). Die Ärmel werden auf einem Nadelspiel rund gestrickt.						

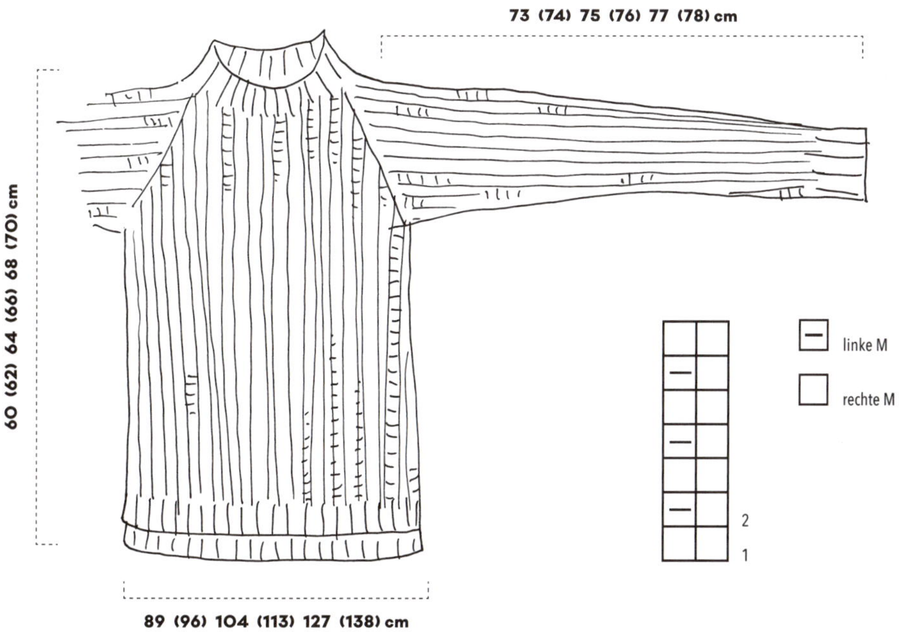

HALSAUSSCHNITT

Auf einer 3,5-mm-Rundnadel 100 (104) 108 (116) 120 (124) M anschlagen. Den Rundenbeginn in der hinteren Mitte markieren. 3 Rd Rippen stricken: 2 M re, 2 M li, dann verkürzte Reihe stricken.

Die verkürzten R im Rippenmuster stricken. Einen Umschlag in der nächsten Rd mit der M hinter der Lücke re zus stricken, um das Loch zu schließen, gern verschr, damit es zum Rippenmuster passt.

HinR: 8 (8) 8 (12) 12 (12) M, wenden, U.

RückR: 16 (16) 16 (24) 24 (24) M, wenden, U.

Diese R wdh, dabei jeweils 8 (12) M über die Lücke hinaus stricken, bis insgesamt über 64 (64) 64 (96) 96 (96) M gestrickt wurde.

Nach dem letzten Wenden bis zum MM im Rippenmuster stricken. Weiter bis in ca. 3,5 cm Höhe stricken.

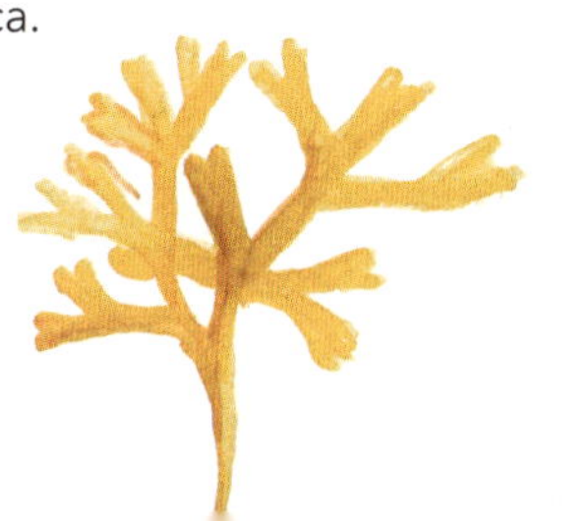

Dann in allen linken Abschnitten in der Mitte 1 M zunehmen durch einen rückwärtigen U, der in der nächsten Rd li verschr gestrickt wird = 125 (130) 135 (145) 150 (155) M.

Im Rippenmuster 2 M re, 3 M li stricken, bis das Strickstück in der vorderen Mitte 6 cm misst.

Auf Nadelstärke 4 mm wechseln und 1 Rd re, dabei die Maschenzahl auf 124 (128) 136 (144) 148 (156) M korrigieren.

20 (21) 23 (25) 28 M stricken.

Hier trifft das Rückenteil auf den rechten Ärmel, das ist ab jetzt der Rundenbeginn.

Jetzt werden die Raglanmaschen markiert: MM an die 1. M setzen, den nächsten an M 23, den dritten MM an M 63 (65) 69 (73) 75 (79) und den vierten an M 85 (87) 91 (95) 97 (101).

Die Raglanmaschen, an denen zugenommen wird, werden immer rechts gestrickt. Vor der RaglanM wird mit einem rückwärtigen U von hinten nach vorn zugenommen, danach mit einem üblichen U. Beide Varianten heißen in der Anleitung U.

Jetzt ab dem neuen Rundenbeginn die erste ZunahmeRd stricken: 1 M re, U, bis zum nächsten MM laut Strickschrift stricken, *U, 1 M re, U, von * bis * an jedem MM wdh, ansonsten Strickschrift stricken. Die Rd endet mit einem U vor dem ersten MM der Rd - 8 M zugenommen.

So in jeder 2. Rd insg 22 (24) 26 (30) 33 (35)-mal zunehmen = 300 (320) 344 (384) 412 (436) M.

Weiter im Muster stricken, bis die Arbeit in der vorderen Mitte 22 (24) 25 (27) 29 (31) cm ab dem Anschlag misst. Probieren Sie jetzt, ob für Sie die richtige Länge erreicht ist, um Vorder-, Rückenteil und Ärmel zu trennen. Wenn nicht, stricken Sie weiter und rechnen

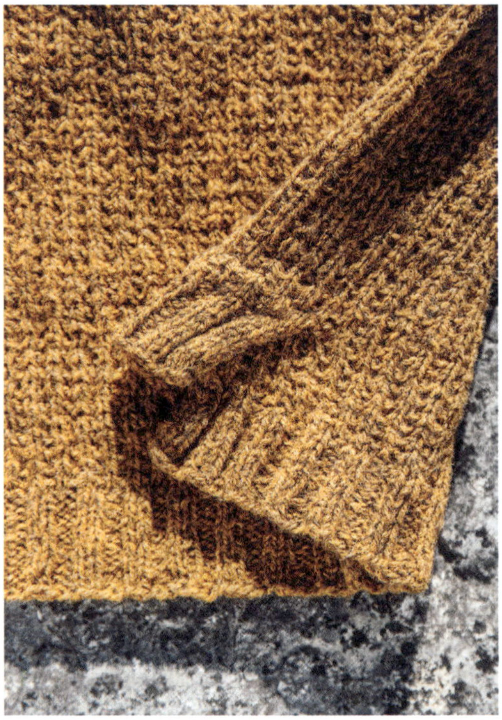

Detailbild des Seitenschlitzes. Das Rückenteil ist etwas länger als das Vorderteil.

Sie die Verlängerung zu der Gesamtlänge. In der nächsten Rd wie folgt für Vorder-, Rückenteil und Ärmel aufteilen:

87 (95) 101 (111) 123 (133) M im Muster, die nächsten 63 (65) 71 (81) 83 (85) M für den Ärmel stilllegen und 6 (6) 8 (8) 10 (12) M unterm Arm provisorisch anschlagen (siehe S. 14), 87 (95) 101 (111) 123 (133) M im Muster, die nächsten 63 (65) 71 (81) 83 (85) M für den Ärmel stilllegen und 6 (6) 8 (8) 10 (12) M provisorisch anschlagen.

Vorder-, Rückenteil und Ärmel jetzt getrennt stricken. MM setzen - das ist jetzt der Rundenbeginn, hier wird das Strickstück ab jetzt gemessen.

VORDER- UND RÜCKENTEIL

186 (202) 218 (238) 266 (290) M. Die neu angeschlagenen M unterm Arm ins Muster integrieren und bis in 32 (32) 33 (33) 33 (33) cm Höhe ab der Teilung stricken. Mit einer ungeraden Rd der Strickschrift enden.

UNTERER TEIL

Nun werden Vorder- und Rückenteil getrennt.

4 M re, wenden. 4 M li, MM entfernen, 93 (101) 109 (119) 133 (145) M im Muster, 4 M li, wenden. 101 (109) 117 (127) 141 (153) M.

Jetzt nur über die RückenteilM im Muster und mit 4 rechten RandM in Reihen 4 cm ab der Teilung stricken. Mit einer Rückrunde enden.

1 R re, dabei die Maschenzahl auf 102 (110) 118 (126) 134 (142) korrigieren. Die äußeren 4 M re, die restl im Rippenmuster stricken. Die R mit 2 M li beginnen und beenden, die restl M 2 M re, 2 M li. Insgesamt 4 cm Rippen stricken, abketten.

Die Vorderteilmaschen auf die Nadel nehmen und je 12 M davor und danach aufnehmen, damit das Vorderteil über das Rückenteil reicht = 117 (125) 133 (143) 157 (169) M. Wie beim Rückenteil mit je 4 rechten RandM und dazwischen im Muster 3 Reihen stricken, als Letztes eine Rückreihe.

1 R re, dabei die Maschenzahl auf 118 (126) 134 (142) 158 (170) korrigieren. Wie am Rückenteil Rippen stricken und abketten.

Der Pullover misst ca. 60 (62) 64 (66) 68 (70) cm, von der Schulter nach unten gemessen.

ÄRMEL

Die stillgelegten 63 (65) 71 (81) 83 (85) ÄrmelM auf ein 4-mm-Nadelspiel schieben. Den provisorischen Anschlag im Armloch öffnen und die 6 (6) 8 (8) 10 (12) M auf die Nadeln nehmen.

2 extra M beidseitig unter dem Ärmel aufnehmen: Diese M werden re gestrickt bis nach der ersten Abnahmerunde, wenn sie zus gestrickt werden, sie zählen nicht zur Gesamtmaschenzahl: 69 (71) 79 (89) 93 (97) M. Im Muster stricken.

Zwei MM in der unteren Ärmelmitte setzen, einer bleibt dort, der andere wird beim Stricken mitgenommen, um den Rundenbeginn zu markieren.

Insgesamt 10 (10) 13 (17) 18 (19)-mal je 2 M unter dem Ärmel im Abstand von 3,5 (3) 2,5 (1,5) 1,5 (1,5) cm abnehmen: 49 (51) 53 (55) 57 (59) M.

Weiterstricken, bis der Ärmel ab der Trennung 37 (36) 35 (33) 32 (30) cm misst. 1 Rd re, dabei gleichmäßig verteilt 1 (3) 1 (3) 1 (3) M abnehmen: 48 (48) 52 (52) 56 (56) M.

Auf ein 3,5-mm-Nadelspiel wechseln und 6 cm 2 M re, 2 M li Rippen stricken. Im Rippenmuster abketten.

Der Ärmel misst 43 (42) 41 (39) 38 (36) cm ab der Teilung. Den anderen Ärmel genauso stricken.

AUSARBEITEN

Alle Fäden vernähen und den Pulli vorsichtig mit Wollwaschmittel waschen und liegend trocknen lassen, dabei kann man ihn mit den Händen in Form und auf Maß ziehen.

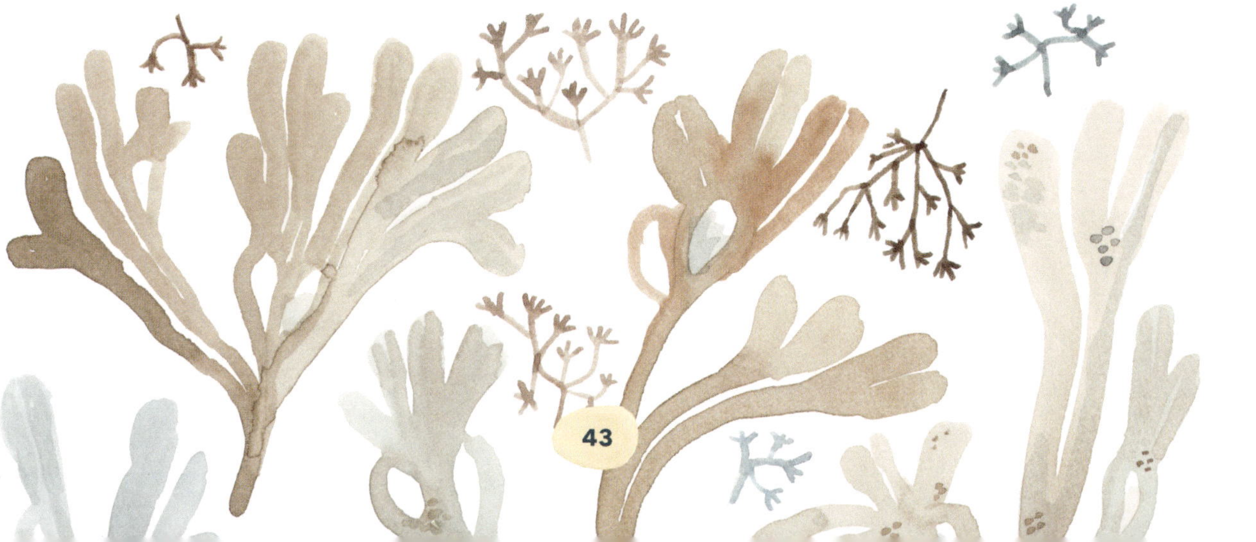

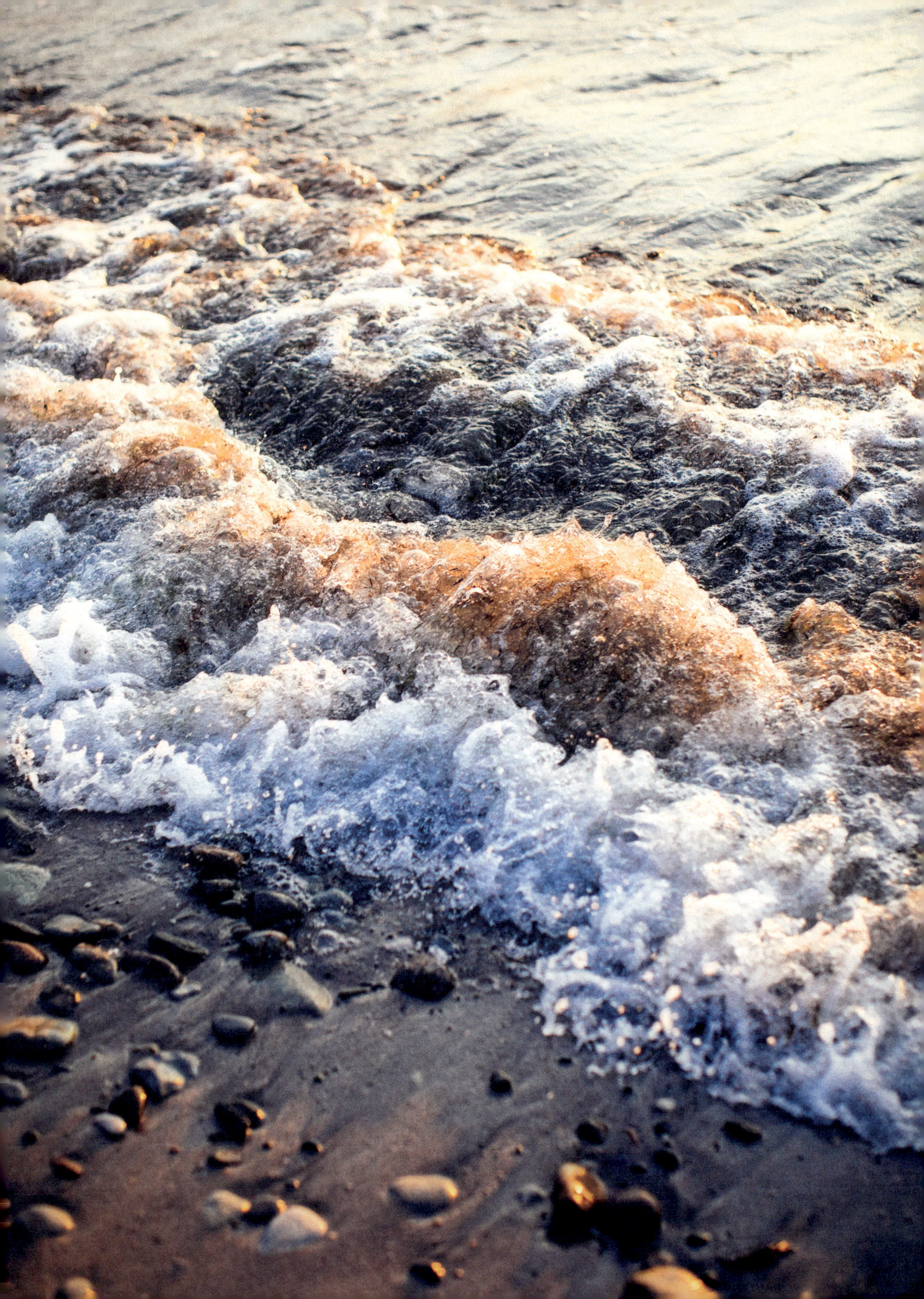

Strümpfe Meeresschaum

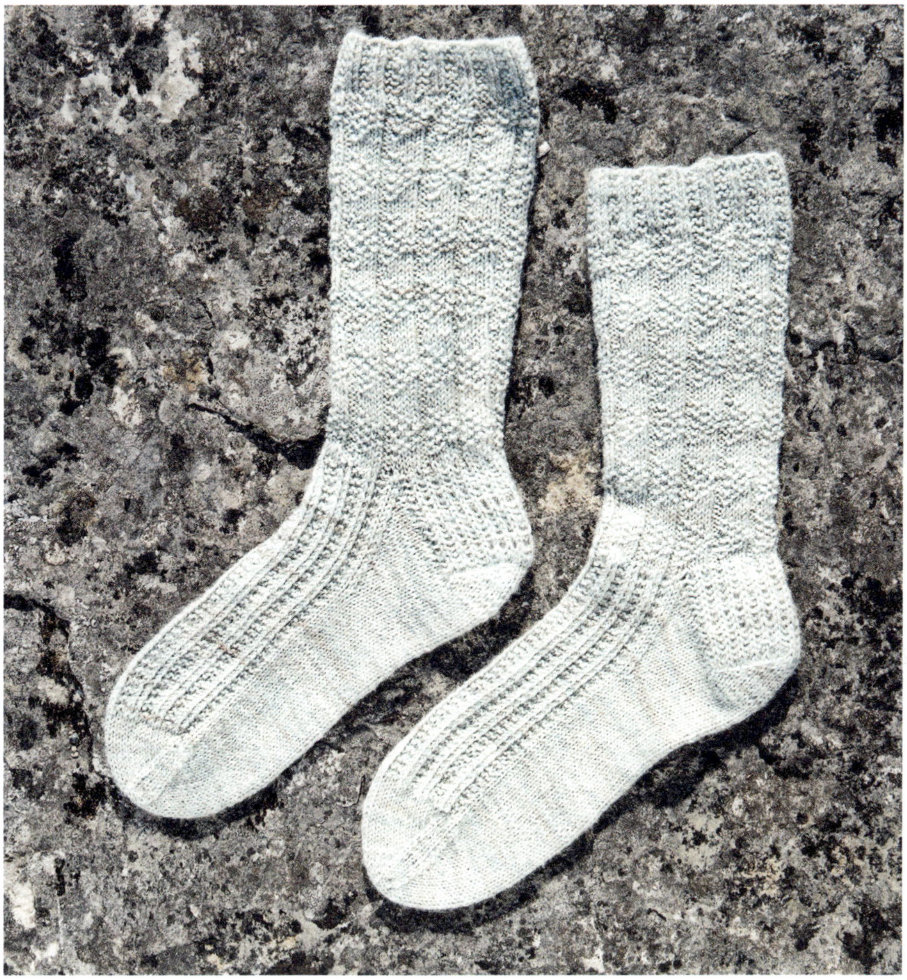

Äußere Hebriden Nr. 4

Dort, wo die Wellen brechen und wieder ins Meer fließen, bildet er sich, entweder als kleines Perlenband oder groß und üppig: Meeresschaum. Ich habe ein Wellenmuster aus linken und rechten Maschen für den Schaft der Strümpfe entworfen. Eine kleine Verbeugung vor den Eriskaypullovern und ein in seiner Einfachheit elegantes Muster. Lillemor hat die perfekte Farbe gefärbt, exakt wie das Meer am Strand von West Beach auf Berneray.

GRÖSSE: ERWACHSENE

Maße: Bein 19 cm, Beinbreite 9 cm, Fußlänge nach Maß

Material: Sockgarn von Limmo-Design 420 m/100 g

Wolle: 80 g (für Größe 42)

Farbe: Havsskum/Meeresschaum

Nadeln: 2 mm für die Rippen, glattrechte Teile und Ferse, 2,25 mm zum Musterstricken

Maschenprobe: 30 M × 46 Rd glatt rechts auf Nadeln 2 mm = 10 × 10 cm

Zubehör: Fäden oder Maschenhalter, um M stillzulegen, Stopfnadel zum Fädenvernähen

Konstruktion: Die Strümpfe werden von oben nach unten mit einem Strukturmuster und einer mit Hebemaschen verstärkten Ferse gestrickt.

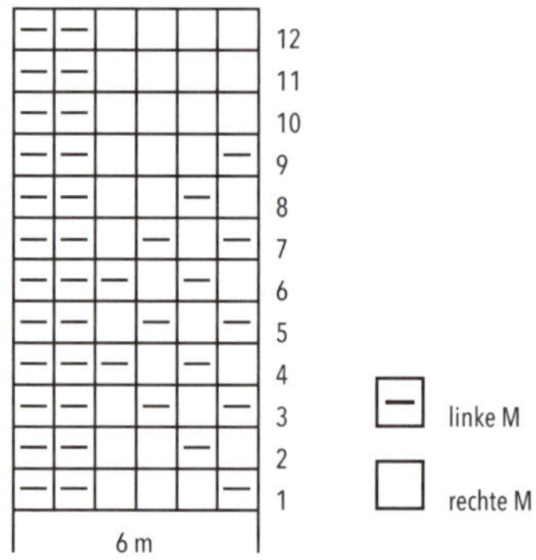

Auf den dünneren Nadeln 60 M anschlagen und auf 4 Nadeln verteilen - oder auf einer Rundnadel mit Magic Loop stricken. Diese Anleitung ist aber für ein Nadelspiel geschrieben.

3 cm wie folgt Rippen stricken:

Rd 1: 2 M re verschr, 2 li

Rd 2: 2 M re verschr, 2 M re

1 Rd rechts. Auf Nadelstärke 2,25 mm wechseln. 16 cm oder bis zur gewünschten Länge laut Strickschrift stricken. Mit Rd 12 der Strickschrift enden.

FERSE

Auf die dünneren Nadeln wechseln - der restliche Strumpf wird damit gestrickt. Die Ferse wird in Reihen einfarbig und zur Verstärkung mit Hebemaschen über Nadel 1 und 2 gestrickt. Zählen Sie nach, damit auf jeder Nadel ein Viertel aller Maschen liegt.

Die M auf Nadel 3 und 4 stilllegen.

Die Ferse wird mit Hebemaschen gestrickt.

R 1: Die RandM wie zum re Stricken abh, *1 M li, 1 M abh*, wdh *-*, 1 M li.

R 2: *RandM wie zum li Stricken abh, 1 M li*, von *-* wdh.

28 R wdh, also bis die Arbeit 5-6 cm misst, dadurch entstehen 14 RandM, aus denen später M aufgenommen werden.

Jetzt das Käppchen stricken.

R 1 (HinR): 1. M re abh, 15 M re, aaz, 1 M re, wenden.

R 2 (RückR): 1. M li abh, 3 M li, 2 M li zus, 1 M li, wenden.

R 3 (HinR): 1. M re abh, re bis 1 M vor der Lücke, aaz, 1 M re, wenden.

R 4 (RückR): 1. M li abh, li bis 1 M vor der Lücke, 2 M li zus, 1 M li, wenden.

R 3 und 4 wdh, bis alle FersenM gestrickt sind - 16 M. In der letzten Reihe nur aaz und 2 M li zus stricken.

Die FersenM auf 2 Nadeln aufteilen, so dass 8 + 8 M auf den Sohlennadeln sind. Die Rd beginnt jetzt in der Sohlenmitte. 8 M re, 16 M aus der seitlichen Fersenwand aufnehmen - 1 vor den 14 RandM und 1 danach, um Lücken zu vermeiden.

Die SpannM im Rippenmuster stricken und die M auf Nadel 2 und 3 aufteilen: je 15 M. Mit 2 M li beginnen und enden.

An der anderen Seite der Fersenwand 16 M aufnehmen und die SohlenM re stricken.

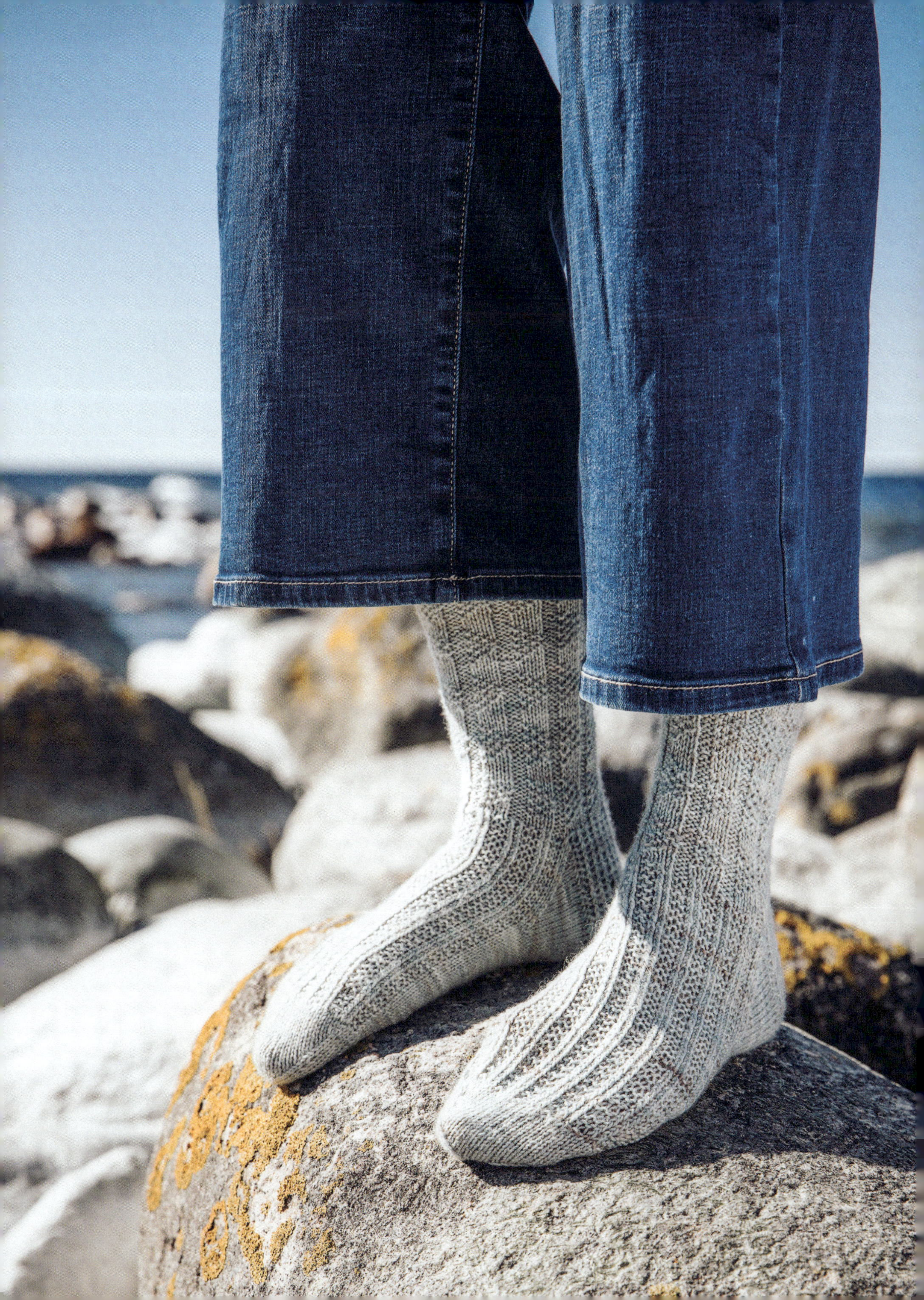

Nadel 1 und 4 re – die aufgenommenen M auf Nadel 1 und 4 beim ersten Mal re verschr stricken, dann liegen sie ordentlicher. Die SpannM im Rippenmuster stricken (Nadel 2 und 3).

Dann wie folgt abnehmen:

Rd 1: Nadel 1: Bis zu den letzten 3 M re, 2 M re zus, 1 M re. Nadel 2 und 3 alle M re. Nadel 4: 1 M re, aaz, 1 M re.

Rd 2: Nadel 1 und 4 re, Nadel 2 und 3 im Rippenmuster.

Diese Runden wdh, bis 60 M übrig sind.

Jetzt weiterstricken, bis die Socke den kleinen Zeh bedeckt – dann für die Spitze abnehmen.

SPITZE

Rd 1: Nadel 1: Bis zu den letzten 3 M re – 2 M re zus, 1 M re.

Nadel 2: 1 M re, aaz – restl M re.

Nadel 3: Bis zu den letzten 3 M re – 2 M re zus, 1 M re.

Nadel 4: 1 M re, aaz – restl M re.

Rd 2: Alle M re.

So abnehmen, bis noch 36 M übrig sind. Dann in jeder Rd abnehmen, bis 16 M übrig sind.

Nadel 1 re. Alle SohlenM auf eine Nadel und alle SpannM auf eine andere Nadel schieben. Den Faden abschneiden, dabei ca. 30 cm stehen lassen und die Spitze im Maschenstich schließen (siehe Seite 12). Einen zweiten Strumpf stricken.

AUSARBEITEN

Alle Fäden vernähen, die Strümpfe waschen und liegend trocknen lassen.

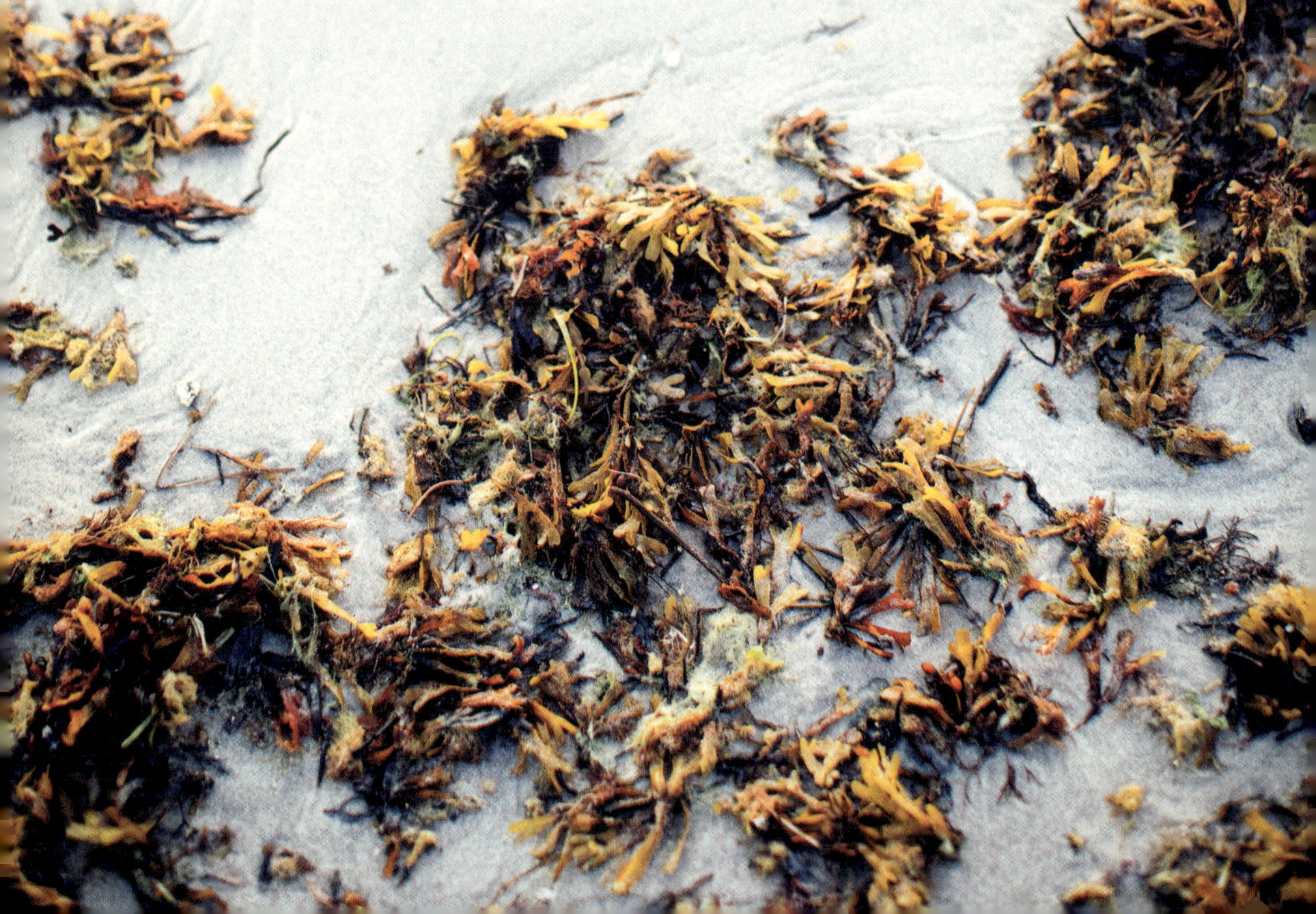

Pullunder Torf

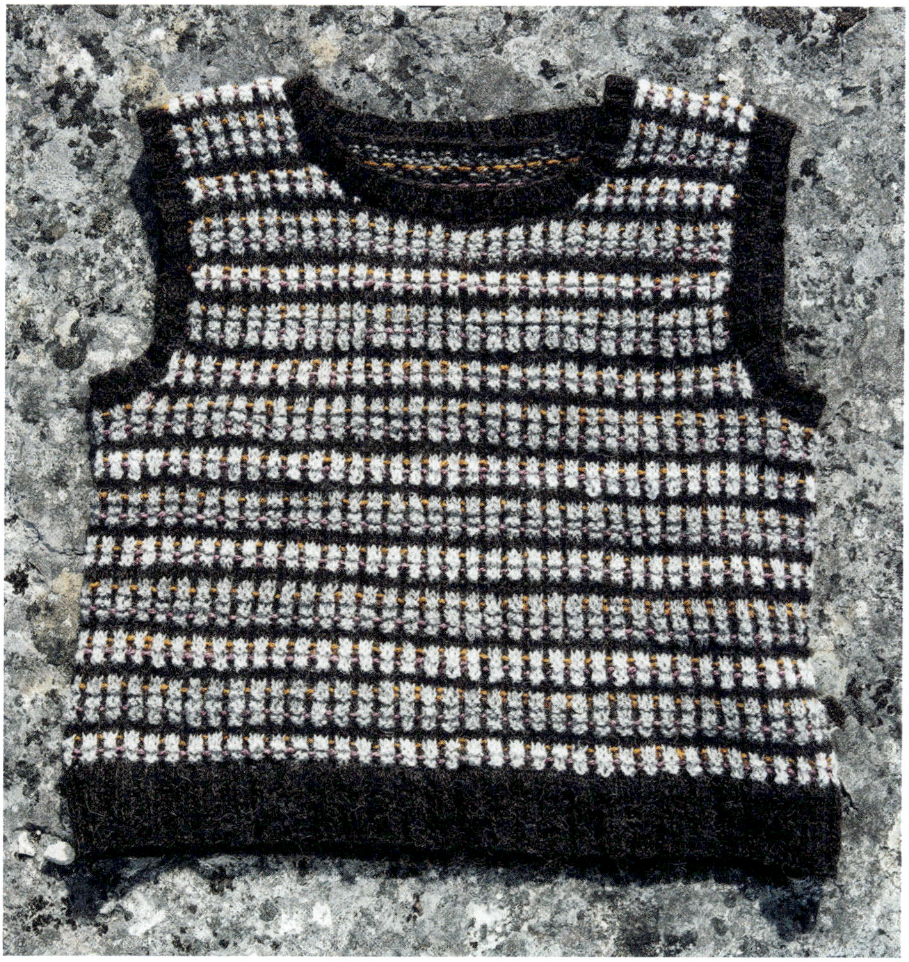

Äußere Hebriden Nr. 5

Das satte Schwarz des Torfs, dazu Wollgras und etwas Erika. Alles in einem klassischen, etwas formellen und einfach zu tragenden Pullunder, der toll zu einem Hemd oder unter ein Jackett passt. Bei dieser Art Muster kommt die Wolle richtig zur Geltung! Es macht Spaß zu stricken, und er trägt sich sehr angenehm.

Material: 4 Ply Hebridean & Natural Colours von The Birlinn Yarn Company (300 m/100 g)						
GRÖSSE:	**S**	**M**	**L**	**XL**	**XXL**	**XXXL**
Wolle:						
HF:	120 g	125 g	135 g	150 g	165 g	180 g
MF 1:	60 g	65 g	65 g	75 g	80 g	90 g
MF 2:	35 g	35 g	40 g	45 g	50 g	50 g
MF 3:	15 g	15 g	15 g	20 g	20 g	20 g
MF 4:	15 g	15 g	15 g	20 g	20 g	20 g
Farbe: Peaty Brown (HF), Storm Grey (MF 1), Haar (MF 2), Sea Pink (MF 3), Moor (MF 4)						
Nadeln: Rundnadel 4,5 mm zum Musterstricken und 3,5 mm für die Rippen						
Maschenprobe: 23 M × 26 Rd im Muster laut Strickschrift auf Nadeln 4,5 mm = 10 × 10 cm						
Zubehör: Maschenmarkierer, Garnreste oder Maschenhalter, um M stillzulegen, Stopfnadel zum Fädenvernähen						
Konstruktion: Der Pullunder wird in einem Stück von unten nach oben gestrickt. Die Arbeit wird geteilt, um den Halsausschnitt zu stricken, danach wird das Muster in Reihen gestrickt, dann die Schultern im Maschenstich geschlossen und an Hals und Ärmeln Rippen gestrickt. Die Runde beginnt an der linken Seite.						

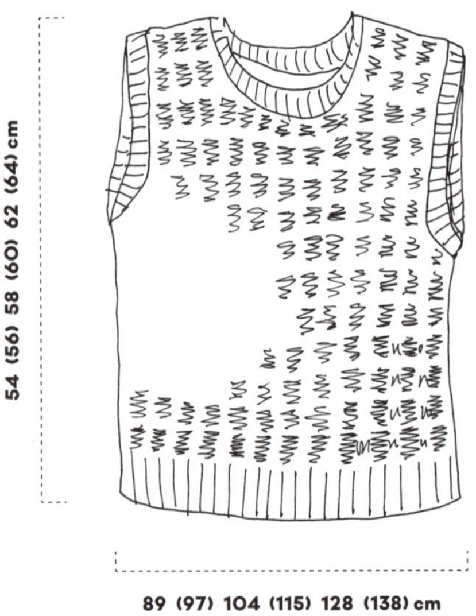

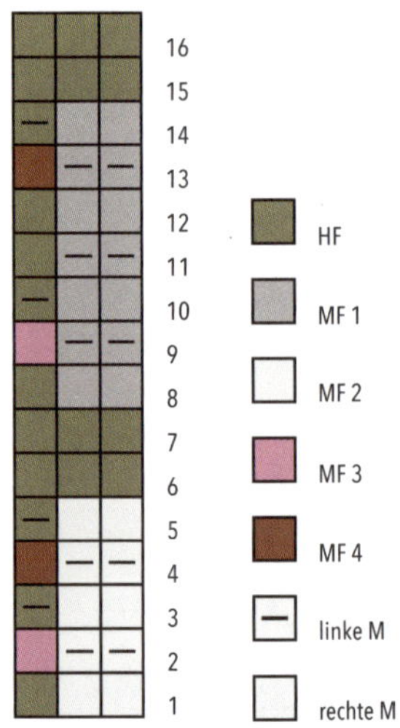

KÖRPER

Auf einer 3,5-mm-Rundstricknadel mit HF 204 (220) 240 (264) 292 (316) M anschlagen. Rundenbeginn und -mitte markieren. Die Rd beginnt an der linken Seite.

Für alle Größen 5 cm Rippen *2 M re, 2 M li * stricken.

1 Rd re, dabei gleichmäßig verteilt 0 (2) 0 (0) 2 (2) M zunehmen. 204 (222) 240 (264) 294 (318) M. Auf die 4,5-mm-Rundnadel wechseln und das Muster laut Strickschrift stricken.

Weiterstricken, bis der Pullunder ca. 30 (31) 32 (33) 34 (35) cm ab dem Anschlag misst. Mit einer Rd 6 oder 15 der Strickschrift enden.

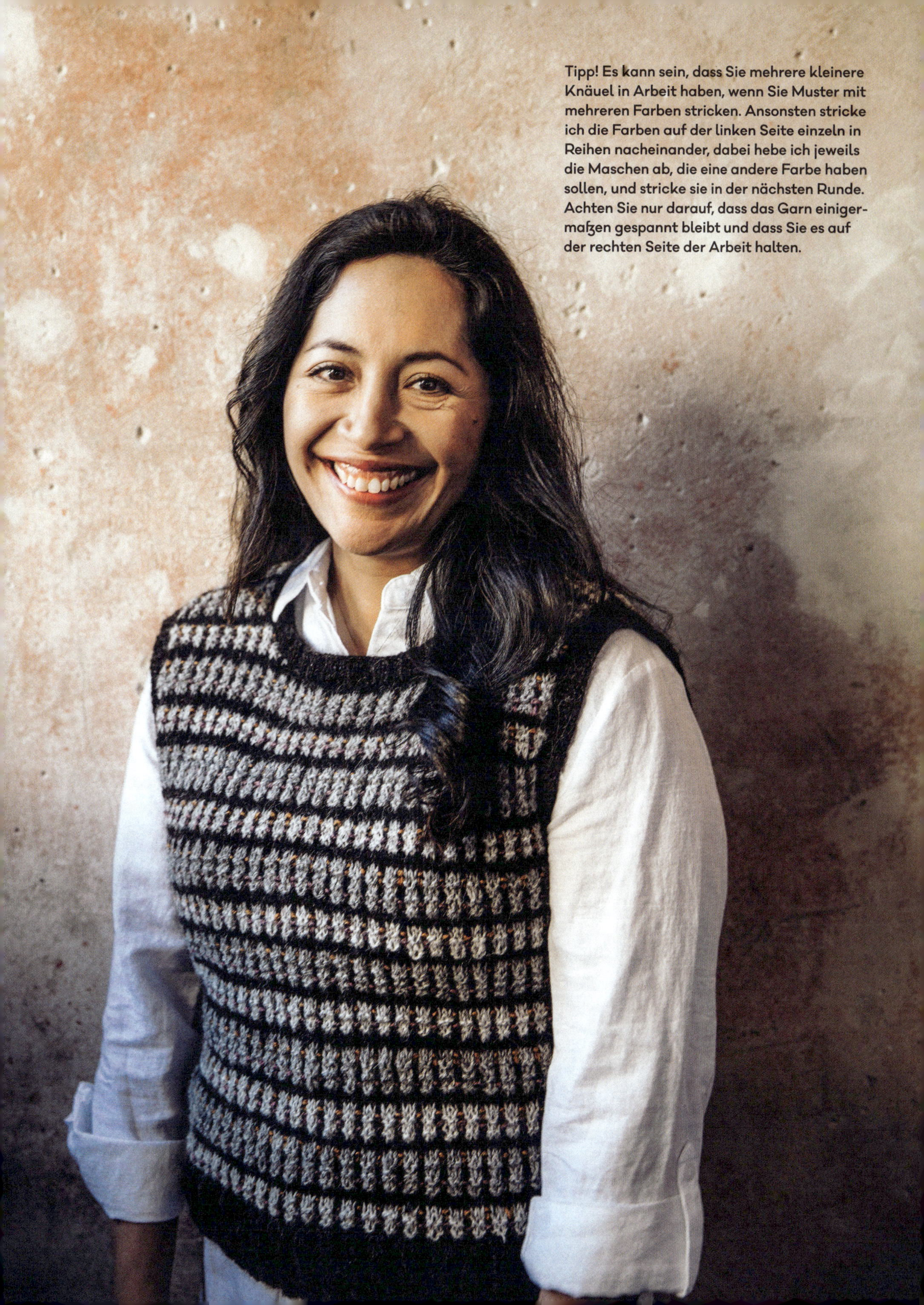

Tipp! Es kann sein, dass Sie mehrere kleinere Knäuel in Arbeit haben, wenn Sie Muster mit mehreren Farben stricken. Ansonsten stricke ich die Farben auf der linken Seite einzeln in Reihen nacheinander, dabei hebe ich jeweils die Maschen ab, die eine andere Farbe haben sollen, und stricke sie in der nächsten Runde. Achten Sie nur darauf, dass das Garn einigermaßen gespannt bleibt und dass Sie es auf der rechten Seite der Arbeit halten.

An jeder Seite je 5 (6) 7 (9) 11 (14) M beidseitig des MM für das Armloch abketten. Es sind nun jeweils 92 (99) 106 (114) 125 (131) M für Vorder- bzw. Rückenteil. Die Maschen des Vorderteils stilllegen und das Rückenteil weiter in Reihen stricken.

RÜCKENTEIL

Beidseitig die äußerste M als RandM mit HF stricken und in Reihen ohne HF abheben. Am Beginn jeder Reihe insgesamt 10 (10) 10 (14) 20 (22)-mal 1 M abnehmen: 82 (89) 96 (100) 105 (109) M. Nur in Reihen mit HF abnehmen.

Weiter im Muster stricken, bis das Strickstück 50 (52) 54 (56) 58 (60) cm ab dem Anschlag misst, mit einer Rückreihe enden. In der nächsten Hinreihe wie folgt stricken: Die ersten 21 (23) 26 (27) 28 (30) M wie bisher stricken (rechte Schulter), dann diese Maschen stilllegen.

Die nächsten 40 (43) 44 (46) 49 (49) M für den Hals abketten, die letzten 21 (23) 26 (27) 28 (30) M im Muster stricken. Jede Schulter getrennt beenden.

Linke, hintere Schulter: Die erste R ist eine Rückreihe. Weiter im Muster stricken, bis das Stück 52 (54) 56 (58) 60 (62) cm ab dem Anschlag misst.

Mit R 6 oder 15 der Strickschrift enden und die M stilllegen. Die rechte Schulter genauso stricken.

VORDERTEIL

Die Vorderteilmaschen auf eine Rundnadel nehmen. Beidseitig die äußerste M als RandM mit HF stricken und in Reihen ohne HF abheben.

Zu Beginn jeder R insgesamt 10 (10) 10 (14) 20 (22)-mal 1 M abnehmen: 82 (89) 96 (100) 105 (109) M. Nur in R mit HF abnehmen.

Weiter im Muster laut Strickschrift stricken, bis die Arbeit 42 (44) 45 (47) 48 (50) cm misst.

Die nächste Hinreihe wie folgt stricken: Die ersten 30 (33) 35 (37) 38 (40) M stricken und dann stilllegen (linke Schulter).

Die nächsten 22 (23) 26 (26) 29 (29) M für den Hals abketten und die letzten 30 (33) 35 (37) 38 (40) M der R stricken (rechte Schulter). Jetzt wird jede Schulter einzeln gestrickt.

Rechte, vordere Schulter: Die 1. R ist eine Rückreihe.

Wie bisher nach Strickschrift stricken und am Beginn jeder R in der Hinreihe für den Hals abketten: 1-mal 3 M, 1 (2) 2 (2) 2 (2)-mal 2 M und 4 (3) 2 (3) 3 (3)-mal 1 M: 21 (23) 26 (27) 28 (30) M.

Weiterstricken, bis der Pullunder 52 (54) 56 (58) 60 (62) cm ab dem Anschlag misst. Mit R 6 oder 15 der Strickschrift enden und die M stilllegen.

Linke, vordere Schulter: Die stillgelegten 29 (32) 34 (36) 37 (39) M wieder aufnehmen.

Weiter laut Strickschrift im Muster stricken und in jeder Rückreihe wie folgt für den Hals abketten: 1-mal 3 M, 1 (2) 2 (2) 2 (2)-mal 2 M und 4 (3) 2 (3) 3 (3)-mal 1 M: 21 (23) 26 (27) 28 (30) M. Weiterstricken, bis der Pullunder 52 (54) 56 (58) 60 (62) cm ab dem Anschlag misst. Darauf achten, an beiden Schultern gleich viele Reihen zu stricken, auch diese Maschen stilllegen.

ZUSAMMENNÄHEN

Die Schulternähte mit HF im Maschenstich zusammennähen oder -stricken, siehe Seite 12 bis 14.

HALSAUSSCHNITT

Mit der 3,5-mm-Nadel und HF von rechts 132–160 M neben der Randmasche rund um den Hals aufnehmen. An einer Schulter beginnen.

Die erste Rd rechts verschränkt stricken und wenn nötig die Maschenzahl korrigieren, so dass sie durch 4 teilbar ist. Dann ca. 2 cm Rippen *2 M re, 2 M li* stricken. Die Maschen im Rippenmuster abketten. Fäden vernähen.

ARMAUSSCHNITT

Mit der 3,5-mm-Nadel und HF von rechts ca. 96 bis 152 M innerhalb der Randmasche um den gesamten Armausschnitt aufnehmen,

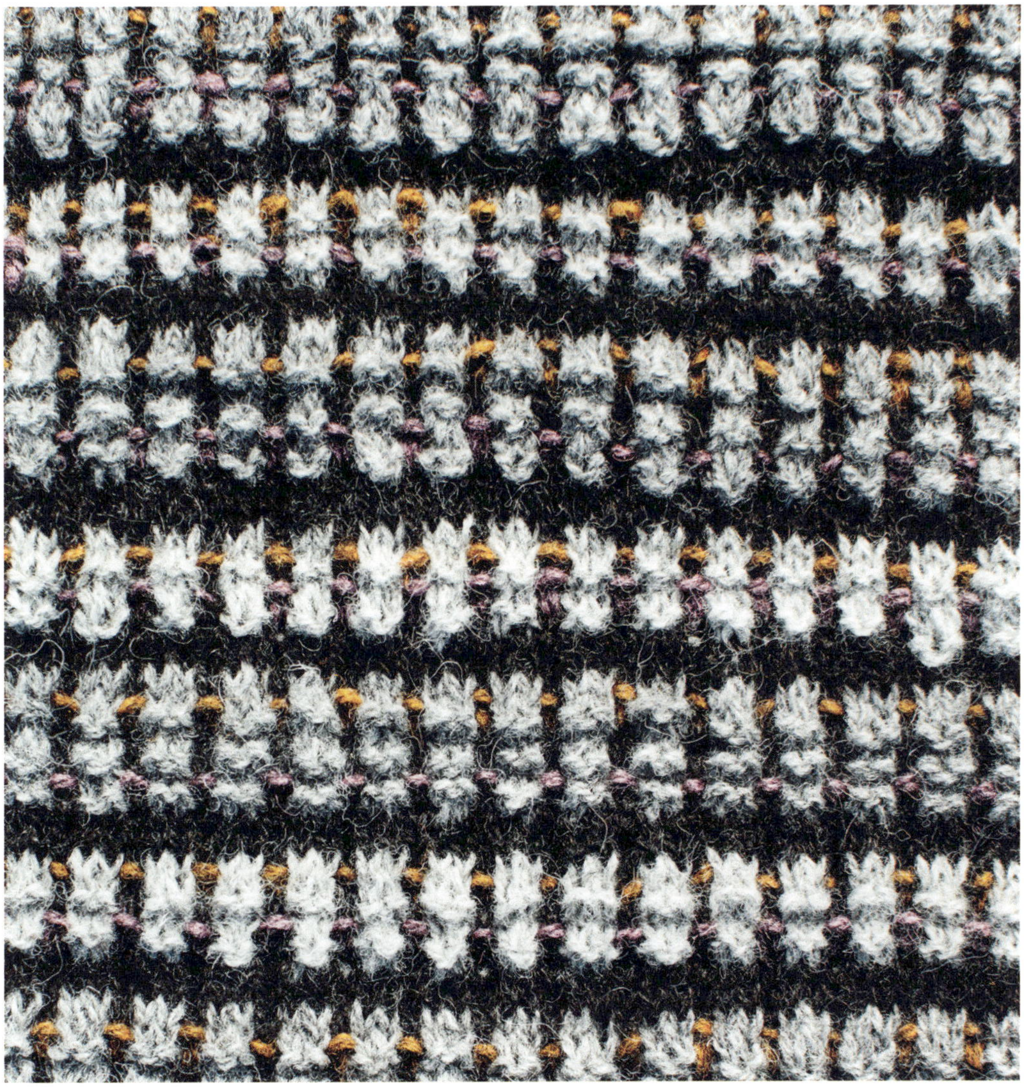

unten beginnen. Die erste Rd rechts verschränkt stricken und wenn nötig die Maschenzahl korrigieren, so dass sie durch 4 teilbar ist.

Nun ca. 2 cm Rippen *2 M re, 2 M li* stricken. Die Maschen im Rippenmuster abketten. Fäden vernähen.

Den anderen Armausschnitt genauso stricken.

AUSARBEITEN

Alle Fäden vernähen, und den Pullunder vorsichtig mit Wollwaschmittel waschen und liegend trocknen lassen, dabei kann man ihn mit den Händen sanft in Form und auf Maß ziehen.

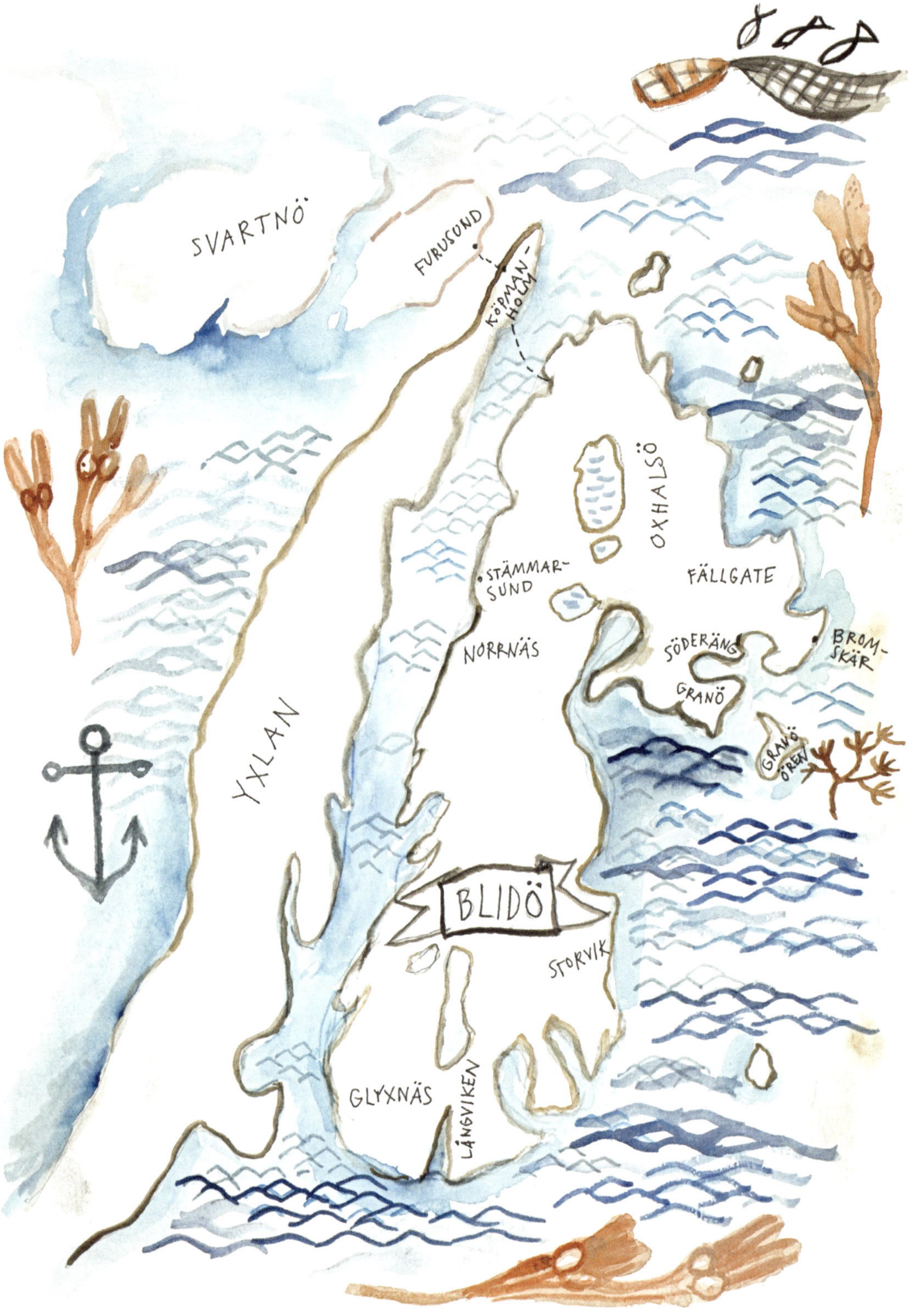
SVARTNÖ
FURUSUND
KÖPMAN-
HOLM
OXHALSÖ
STÄMMAR-
SUND
FÄLLGATE
NORRNÄS
SÖDERÄNG
BROM-
SKÄR
GRANÖ
GRANÖ
ÖREN
YXLAN
BLIDÖ
STORVIK
GLYXNÄS
LÅNGVIKEN

Blidö

LAND: Schweden **LANDESTEIL:** Uppland **FLÄCHE:** 5,64 km² **EINWOHNER:** 280 (2020) **BEVÖLKERUNGSDICHTE:** 49,65 Einwohner/km² **GESTEIN:** Granit **DIALEKT:** Roslagsdialekt

Blidö
– Die Insel, auf der ich ich wurde

Das ist sicher das persönlichste Kapitel, weil es um meine Herkunft geht. Blidö ist eine Insel im südlichen Roslagen oder in den Schären, nördlich von Stockholm, je nachdem, wen man fragt.

Das Dorf Fånö im Kirchspiel Blidö, das laut Grundbuch von 1573 aus drei Höfen bestand, ist der Ursprung. Die früheste Erwähnung von Fånö stammt von 1409. Blidös Pfarrhof lag ursprünglich auf Yxlan, wurde aber 1892 nach Marielund verlegt, näher zur Kirche.

Die Gemeinde Blidö liegt südöstlich von Norrtälje in den Schären bei Svartlögafjärden und umfasst Inseln wie Furusund, Blidö und Yxlan sowie Furusundsleden und Eknöströmmen im Westen. Sie ist ein hügeliges Berg- und Waldgebiet mit kahlen Inseln in den äußeren Schären. Neben den Hauptinseln Blidö und Yxlan gehören zur Gemeinde auch die Inseln Själbottna, Svartlöga, Söderöra, Norröra, Gräskö, Kudoxa, Kallskär, Stora Ängskär, Rödlöga, Gillöga, Svenska Högarna, Ut-Fredel, In-Fredel, Söderskärgården, Röder und das Naturschutzgebiet Svenska Björn.

Am einfachsten erreicht man Blidö mit dem Schiff oder dem Bus von Norrtälje über die Nachbarinsel Yxlan und einer Fähre von Furusund, Brücken gibt es nicht.

Dank ihrer Lage in der Nähe des Festlands und der Stadt wurde Blidö früh zu einem der beliebtesten Sommerorte Roslagens, seit dem Ende des 19. Jahrhunderts gibt es Sommergäste auf der Insel. So besaß der Schriftsteller Ture Nerman 50 Jahre lang ein Sommerhaus auf Blidö. Eine Zeit lang war er sogar ein Nachbar meiner Familie in Söderäng auf Nord-Blidö.

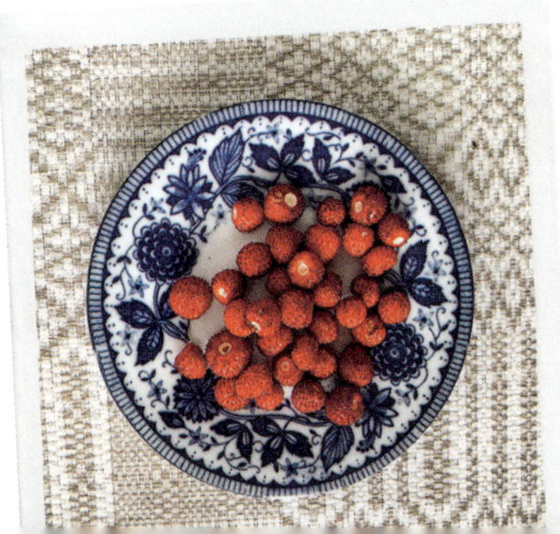

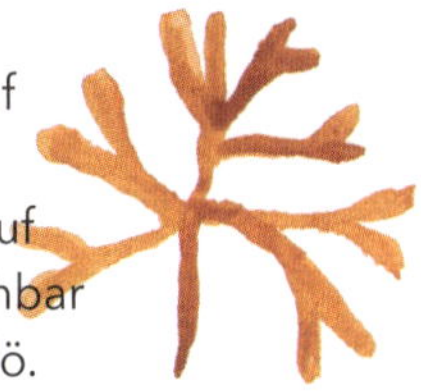

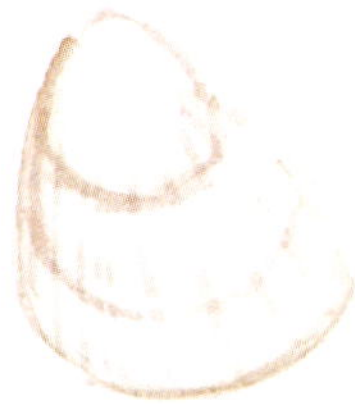

Die Autorin Tove Jansson verbrachte ihre Kindheitssommer auf einer Insel, in einem Haus, das ein Vorbild für ihre Mumin-Geschichten wurde.

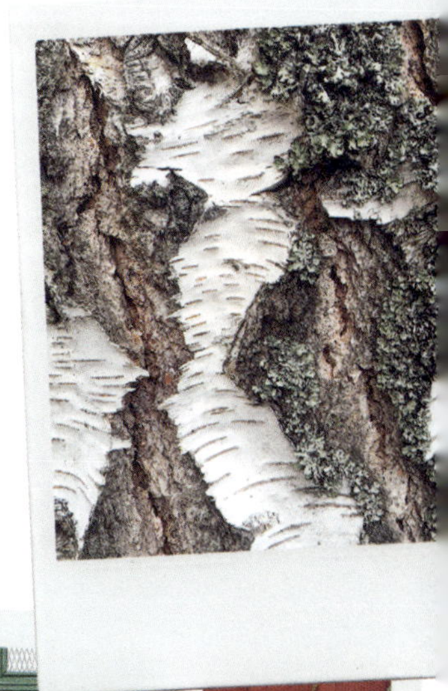

BLIDÖ UND ICH

Mir bedeutet Blidö natürlich sehr viel: Heimat und Geborgenheit. Die Nähe zu den Großeltern und all ihren Geschwistern samt Familien. Das hat mich geprägt. Ihre Liebe zur Region und zueinander. Alltag und Wochenende auf dem großen Familiengrundstück, mit Netzen, die ausgebracht und eingeholt werden und mit Picknickkörben. Heringe, die geputzt und gegrillt werden und Opas sonnengebräunte Unterarme auf dem Tisch beim Kartenspielen am Nachmittag.

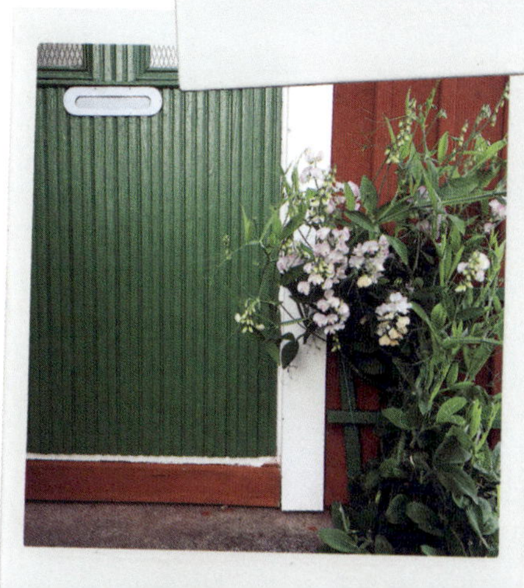

Die unendlich langen Sommer, Müsli auf dem Küchensofa und Einschlafen zum Gemurmel im Zimmer nebenan. Ich habe nie ganz auf Blidö gewohnt, so dass der Alltag immer sehr frei war, aber der Kindheitsalltag meiner Oma

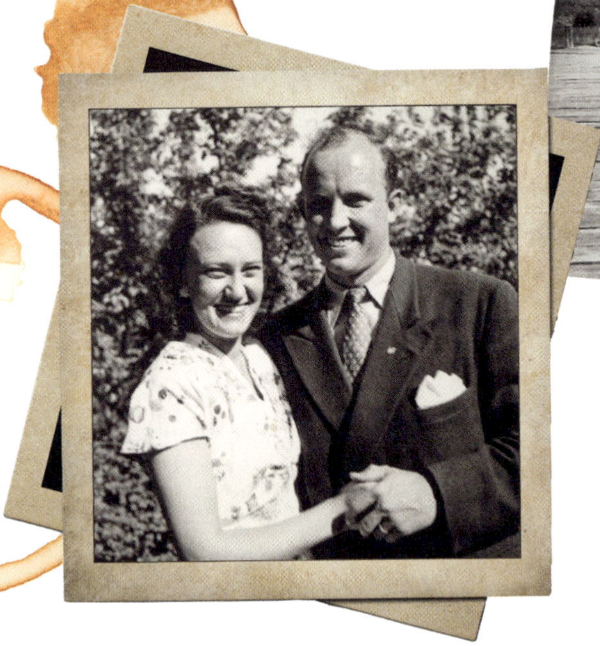

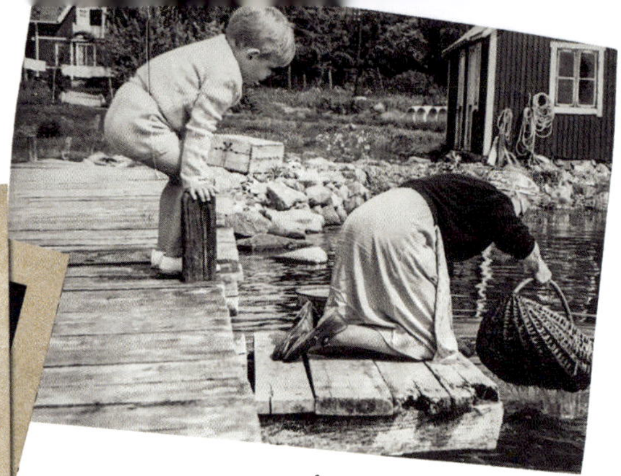

war ebenfalls immer nah. In Erzählungen, Erinnerungen und im Essen. In Liedern, Spaziergängen und Gesprächen. Bei Touren im Tretschlitten und bei Eishockey und frischem Hering von Jägermos.

STRICKSTÜCKE

Die Strickstücke in dieser Kollektion entstammen ganz konkreten Alltagskleidern. Solchen, die ich gut dort in Söderäng beim Rechen, beim Zuwasserlassen der Boote oder beim Spaziergang tragen würde. Praktisch, warm und hübsch. Denn ich kenne niemanden, der so elegant war wie meine Oma Anna-Greta Åberg, geborene Sjöblom. Sie war bis zuletzt wunderschön.

Solche Orte, an denen alle Sinne angesprochen werden, haben etwas Besonderes. Wenn ich die Augen schließe, weiß ich genau, wie das Holz der Bänke riecht, das über Hunderte Stunden in der Sauna erhitzt wurde. Wie sich der Schöpflöffel anfühlt und wo der Boden in der Stube unterm Fuß knarrt. Und wenn ich blinzle, sehe ich Omas Rücken dort auf der verglasten Veranda im Haupthaus, wenn sie nach uns Kindern oder später nach unseren Kleinen Ausschau hält – die gerade baden.

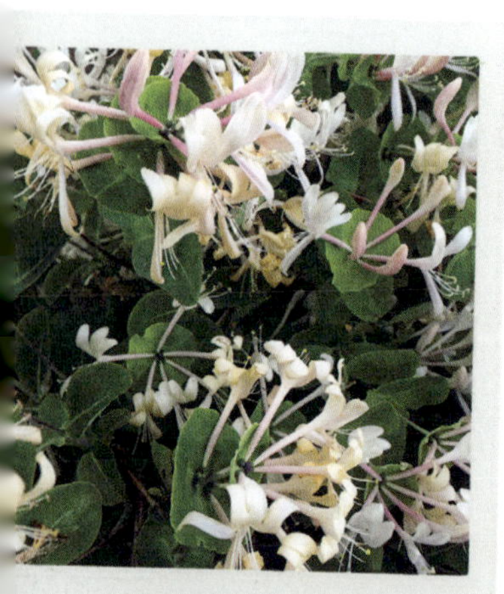

Pflaumen schmecken nie so gut wie unterm Mehlbeerbaum vorm kleinen Haus, und mein Lieblingsmorgenspaziergang führt durch den Laubtunnel nach Granö.

Wenn ich mir anschaue, was ich heute mache, dann erkenne ich, dass sich alle meine Farben schon hier finden. Im Schilf, bei den Eiderenten, in der Bucht, glänzend wie ein frisch polierter Boden, in den Birkenstämmen und den ochsenblutroten Holzhäusern.

Es duftet leicht nach Geißblatt, Wicken und Hundsrose. Nach Kaffee, Lagerfeuer, Walderdbeeren und etwas Benzin vom Zweitaktmotor. Ich höre die Wellen und Opa, der Gitarre spielt. Als ich klein war, dachte ich, dass mein Opa der berühmte Sänger Evert Taube war. Denn er spielte und sang über dieselben Orte, und ich erkannte mich in der besungenen Lilla. Schön, so etwas in sich zu tragen. Die Liebe und die Zugehörigkeit. Sie sind für immer ein Teil von mir.

Weiterlesen: ***En bok om Blidö*** von Ture Nerman (Rabén & Sjögren) ***Winter im Mumintal*** von Tove Jansson (Arena) ***En nation buren av träkölar: Roslagen und de sista seglen in arbete*** von Hans Eklund (Bokförlaget Langenskiöld) ***Havskärgård*** von Jeppe Wikström (Max Ström) ***Utskär*** von Reio Rüster und Lars Westman (Rabén und Sjögren) ***Inomskärs*** von Reio Rüster und Lars Westman (Rabén und Sjögren)

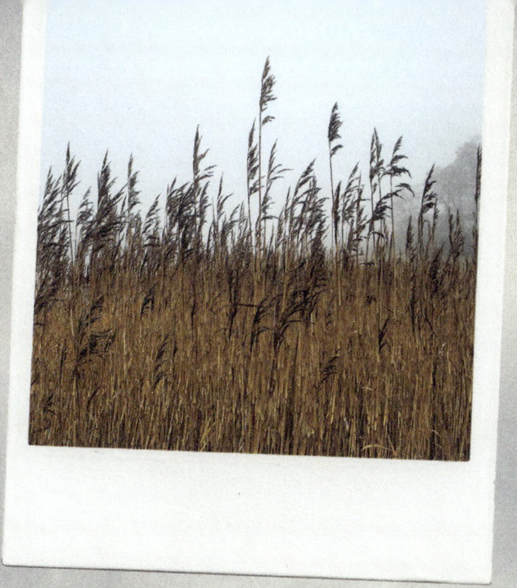

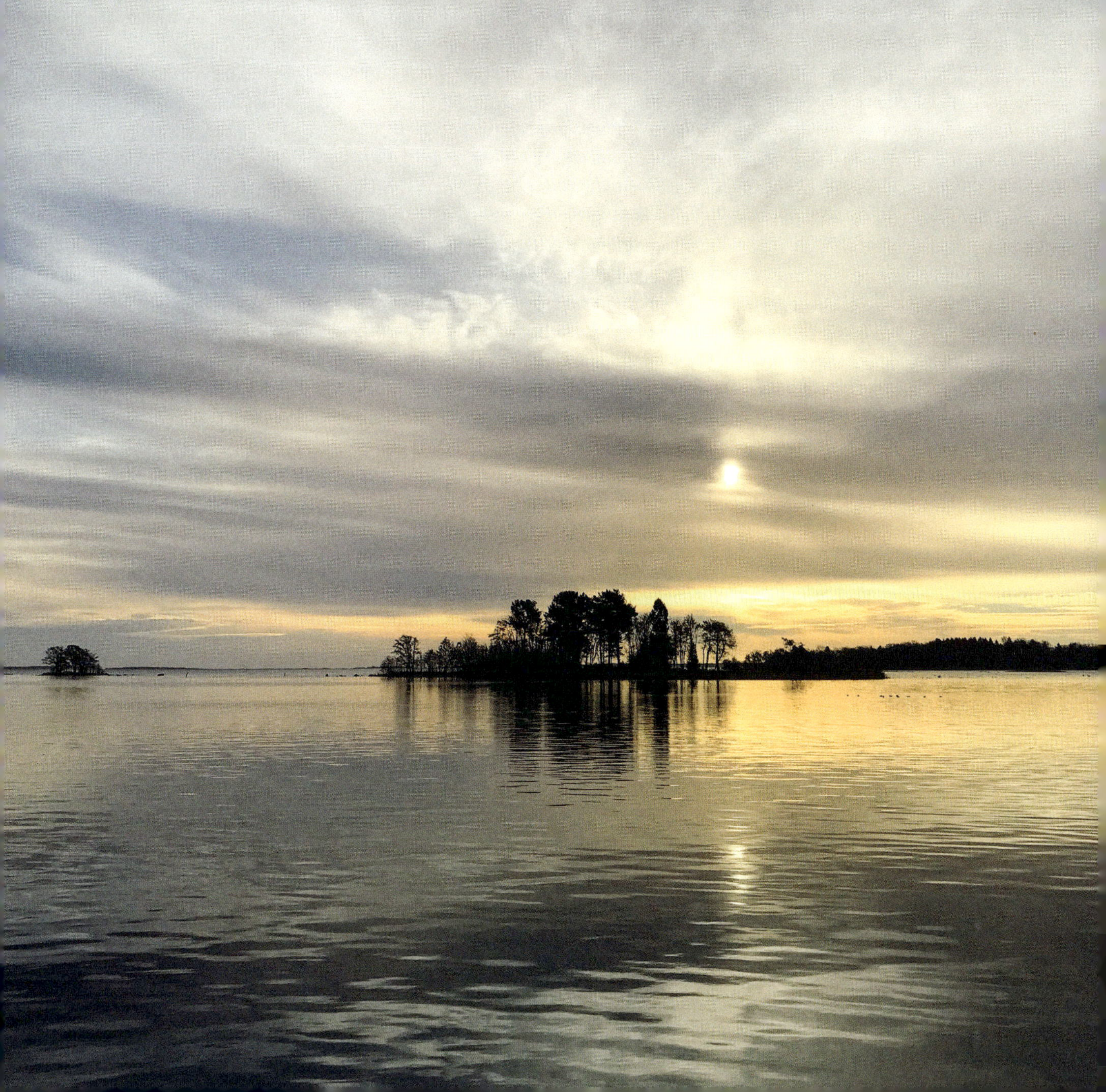

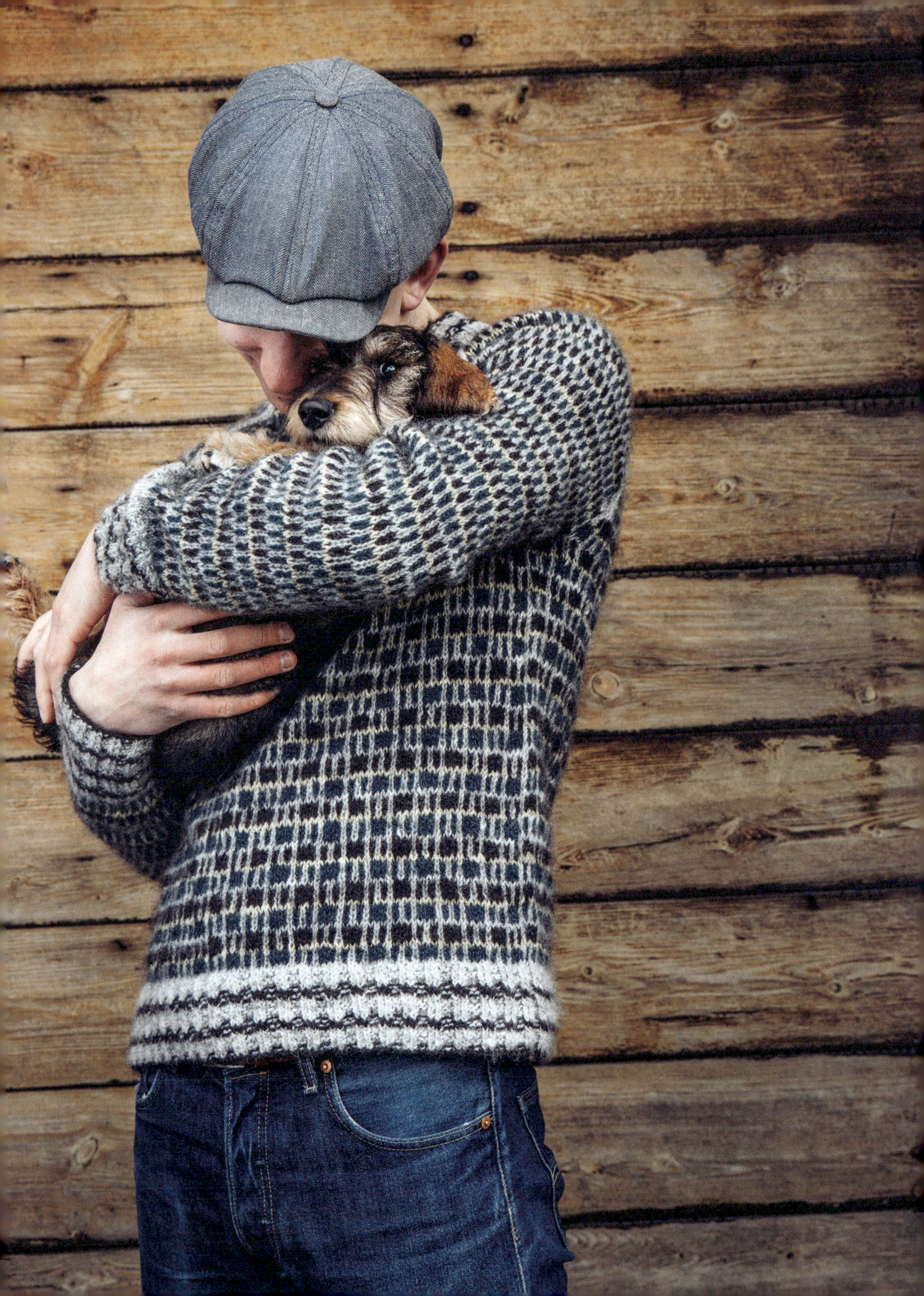

Pullover Rospigg

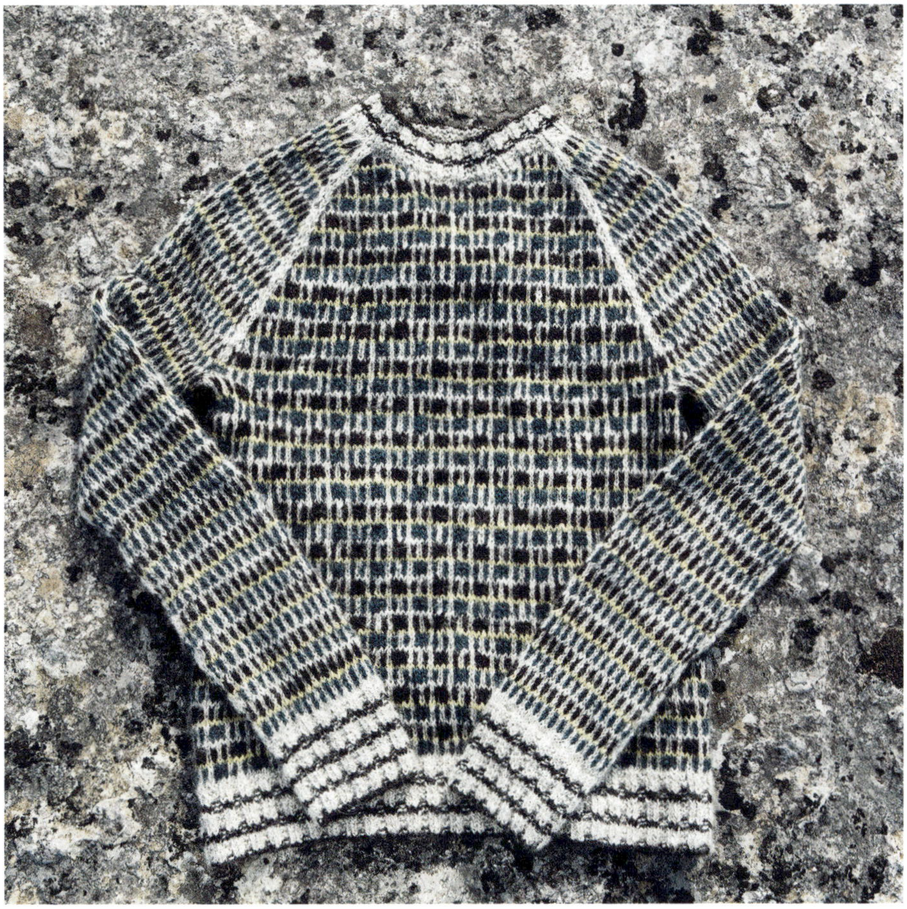

Blidö Nr. 1

Das Wort Rospigg stammt vom Altschwedischen »rosbyggiar«, was Bewohner von Roden bedeutet. Aber Rospigg ist auch der Name eines regionalen Bootstyps. Die Inspiration für dieses Muster waren normale Flickenteppiche. Einfache grafische Muster auf gescheuertem Holzboden – eine alltägliche Umsorge und Pflege. Ich erinnere mich noch, wie diese feste, gelbe Kernseife roch, die Oma ins Wischwasser rührte. Hier wird die Farbe ergänzt von tiefbraunem Lehm, der dunklen See und einigen Schilfflächen. Es ist ein klassischer Fischerpulli, der zu allen Kähnen und Abenteuern passt.

Material: Strikkegarn von Tant Kofta 220 m/100 g						
GRÖSSE:	**S**	**M**	**L**	**XL**	**XXL**	**XXXL**
Wolle:						
HF	230 g	260 g	280 g	300 g	340 g	375 g
MF 1	130 g	150 g	175 g	175 g	200 g	225 g
MF 2	110 g	120 g	120 g	135 g	160 g	175 g
MF 3	60 g	60 g	75 g	75 g	100 g	100 g

Farbe: Silver (HF), Mylla (MF 1), Mörk sjö (MF 2) und Vass (MF 3)

Nadeln: Rundnadel 3 mm für die Rippen an Hals und Ärmeln, 4 mm zum Musterstricken und Saum-Rippen

Maschenprobe: 21 M × 28 Rd im Muster laut Hauptstrickschrift auf Nadeln 4 mm = 10 × 10 cm

Zubehör: Maschenmarkierer, Fäden oder Maschenhalter, um M stillzulegen, Stopfnadel zum Fädenvernähen, extra Nadeln für den Maschenstich

Konstruktion: Der Pullover wird von unten nach oben mit so wenig Nähten wie möglich gestrickt. Die Runde beginnt an der rechten Seite. Die Ärmel werden zunächst getrennt gestrickt und dann zusammen mit dem Körper, die Maschen am Armloch werden im Maschenstich verbunden.

Raglanabnahmen: Bis 3 M vor der Raglanmarkierung stricken, 2 M re zus, 1 M re, MM, 1 M re, aaz = 2 M pro Raglannaht abgenommen und 8 M pro Runde

Zunahmen: Rechts neigende Zunahme - ein rückwärtiger Umschlag, der Faden verläuft von hinten nach vorn. In der nächsten Rd die neue M ins vordere Maschenglied stricken. Dann eine links neigende Zunahme - 1 normaler Umschlag. In der nächsten Rd wird er re verschr gestrickt. Alle Zu- und Abnahmen werden in HF gestrickt. Landen sie in einer Runde ohne HF, werden sie in der folgenden Runde gearbeitet.

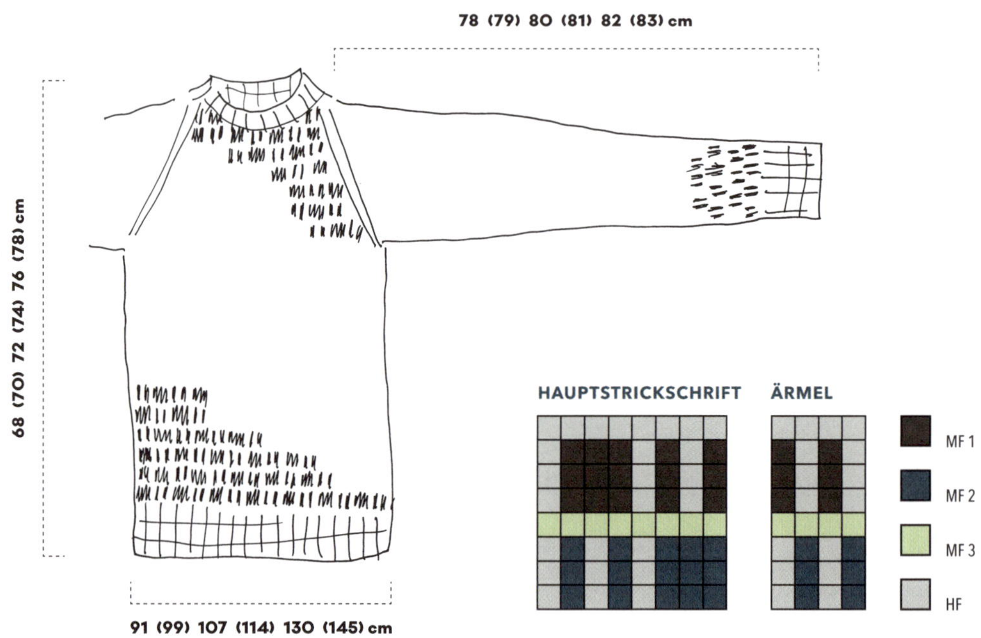

KÖRPER

Mit MF 1 und 3-mm-Nadeln 192 (208) 224 (240) 272 (304) M anschlagen. Rundenbeginn und -mitte markieren.

Zu HF wechseln. Im Rippenmuster stricken:

Rd 1: 2 M re verschr, 2 M li.

Rd 2: 2 M re verschr, 2 M re.

Rd 1 und 2 noch 2-mal wdh.

Zu MF wechseln und Rd 1 und 2 stricken. Rd 1 und 2 noch 3-mal mit HF stricken, 1 Rd mit MF 1 und noch 3 Rd mit HF.

Auf 4-mm-Nadeln laut Hauptstrickschrift im Muster stricken, bis die Arbeit 45 (46) 47 (48) 49 (50) cm misst. Beidseitig je 11 M für das Armloch stilllegen.

Maschenaufteilung jetzt: 87 (95) 103 (111) 127 (143) M (Vorderteil), 11 M stillgelegt, 87 (95) 103 (111) 127 (143) M (Rückenteil), 11 M stillgelegt. Beiseitelegen und die Ärmel stricken.

ÄRMEL

Mit MF 1 und 3-mm-Nadeln 52 (56) 56 (60) 64 (64) M anschlagen. Zu HF wechseln.

Wie beim Körper unten verschr Rippen stricken, aber die Streifenfolge noch 1-mal wiederholen.

Auf Nadelstärke 4 mm wechseln und 1 Rd re. Die erste M markieren, das ist die Ärmelmitte, die M wird nur mit HF gestrickt. Beidseitig neben der Mittelmasche wird zugenommen. In Rd 4 der Strickschrift die Mittelmasche mit dem Faden hinter der Arbeit abheben.

In der 2. Rd nach den Rippen, oder wenn der Ärmel ca. 8 cm misst, beidseitig der Mittelmasche je 1 M zunehmen: Mittelmasche re, rechts neigend 1 M zun, bis RdEnde im Muster stricken, links neigend 1 M zun (2 M zugenommen).

Die Zunahmen nach 9 (6) 5 (4) 2 (1,5) cm wdh und dann noch 4 (4) 6 (6) 8 (10)-mal mit 11 (8) 7 (6) 4 (3,5) cm Abstand = 64 (68) 72 (76) 84 (88) M. Die zugenommenen M werden ins Muster integriert.

Weiterstricken, bis der Ärmel 55 (55) 54 (54) 53 (53) cm misst, und mit derselben Rd wie am Körper enden. 11 M in der unteren Ärmelmitte stilllegen. Dass die Ärmel in den größeren Größen kürzer sind, liegt daran, dass die Passe länger ist. Beiseitelegen und einen zweiten Ärmel genauso stricken.

PASSE

Die M von Ärmeln, Vorder- und Rückenteil in der richtigen Reihenfolge auf eine Nadel nehmen = 276 (300) 324 (348) 396 (436) M. An die Übergänge zwischen Vorder- und Rückenteil und den Ärmeln Maschenmarkierer setzen: 4 Maschenmarkierer. Weiter im Muster der Strickschrift stricken, bis die Arbeit 47 (48) 49 (50) 51 (52) cm misst – dann mit den Raglanabnahmen, wie am Anfang des Musters beschrieben, beginnen.

Die Raglanmaschen (die Abnahmen und die 2 M beidseitig der MM) werden nur mit HF gestrickt. In Rd 4 ohne HF werden die Raglanmaschen abgehoben. Achten Sie darauf, dass an Vorder- und Rückenteil und den Ärmeln in unterschiedlichem Abstand abgenommen wird und dass bald gleichzeitig auch der Halsausschnitt gestrickt wird – lesen Sie sich vor dem Stricken alles durch.

Ärmelabnahmen: In jeder 4. Rd: 7 (7) 6 (6) 4 (2)-mal, dann in jeder 2. Rd: 12 (14) 17 (19) 25 (29)-mal.

Vorder- und Rückenteilabnahmen: In jeder 2. Rd: 24 (24) 25 (25) 25 (22)-mal, dann in jeder Rd 3 (5) 6 (9) 12 (21)-mal.

HALS UND HALSAUSSCHNITT

Wenn die Arbeit 55 (57) 59 (61) 63 (65) cm misst und als letzte Rd die Rd 8 der Strickschrift gestrickt wurde, die mittleren 19 (21) 23 (25) 27 (29) M stilllegen. Die Rd zu Ende stricken, die Fäden abschneiden und die Rd jetzt an der rechten Halsseite (als würde man den Pullover tragen) beginnen.

Wie bisher im Muster und mit Raglanabnahmen stricken, aber nun in Reihen, dabei gleichzeitig beidseitig zu Rd-Beginn mit HF für den Halsausschnitt abnehmen: 4-mal 2 M, 4-mal 1 M, d. h. an jeder Seite 6 M weniger.

Weiter mit Raglanabnahmen, ohne am Halsausschnitt abzunehmen, bis alle Raglanabnahmen beendet sind = 61 (67) 73 (75) 93 (99) M.

Auf Nadelstärke 3 mm wechseln und 1 Rd re mit HF stricken, dabei an allen MM Raglanabnahmen stricken, ca. 11 M seitlich am Hals aufnehmen, die stillgelegten M stricken und ca. 11 M an der anderen Halsseite aufnehmen.

1 Rd re dabei gleichmäßig verteilt ca. 22 (26) 30 (34) 46 (50) M abnehmen, damit es 72 (76) 80 (84) 88 (92) M sind.

Jetzt wird der Bund am Hals gestrickt. Wie vorher in Rippen: 3 Rd HF, 1 Rd MF1, 3 Rd HF, mit MF abketten, darauf achten, dass die Kante nicht spannt.

AUSARBEITEN

Die Ärmel im Maschenstich zusammennähen oder -stricken. Alle Fäden vernähen, den Pullover vorsichtig mit Wollwaschmittel waschen und liegend trocknen lassen, dabei vorsichtig mit den Händen in Form und auf Maß ziehen.

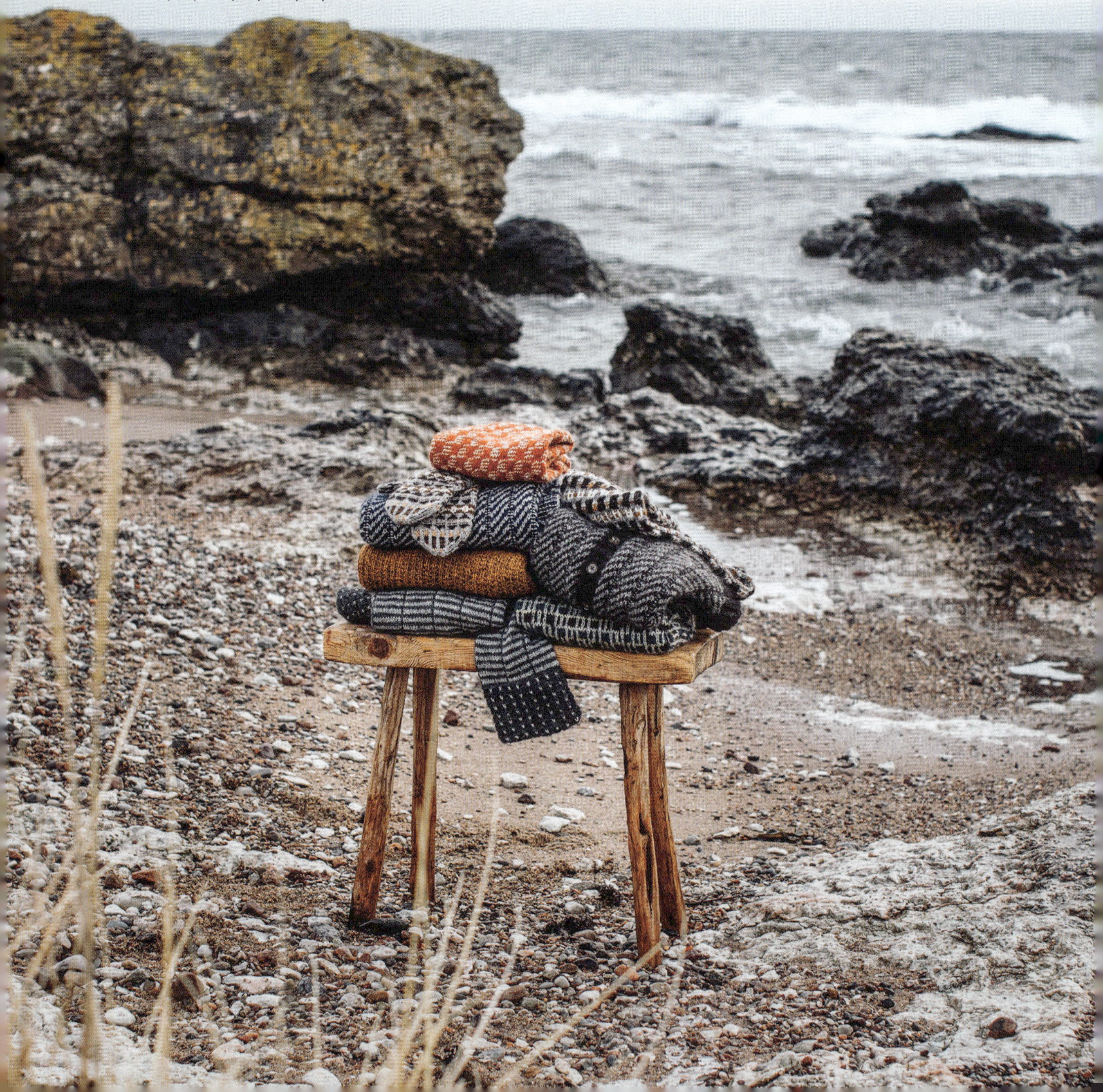

Loop Sjöblom

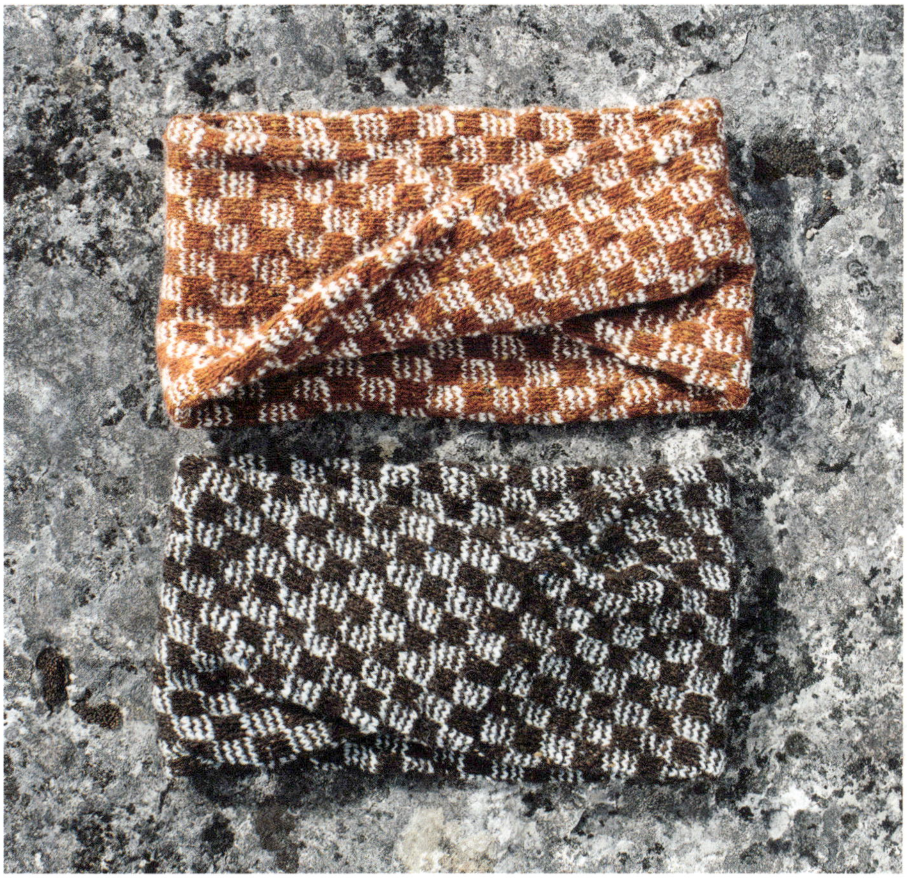

Blidö Nr. 2

Das ist ein wärmender und weicher Loop, den man bei jedem Wetter tragen möchte. Das einfache und repetitive Muster strickt sich ganz entspannt, weil man es schnell auswendig kann! Der Loop ist auf meine Lieblingsart gestrickt – mit einem provisorischen Anschlag, dann im Maschenstich zusammengenäht und einmal verdreht, damit er sich gut an den Hals schmiegt. Er wurde in zwei Farbkombinationen gestrickt, in den warmen Tönen der Ziegel sowie in den gedämpften, kühlen Strandtönen, und das aus einem weichen, dünnen Garn, das gut zu einem solchen Hebemaschenmuster passt. Warm, weich und luftig. Ich habe die Strickstücke mit diesem Muster Sjöblom genannt, zu Ehren der einfachen, funktionellen und warmen Alltagskleidung, die die Geschwister meiner Großeltern hoffentlich auf dem Schulweg trugen.

GRÖSSE: ERWACHSENE

Maße: 18,5 cm breit (halber Umfang), ca. 66 cm lang (vorm Zusammennähen)

Material: Soft Donegal Tweed von Tant Kofta, 380 m/100 g

Wolle: 60 g (HF), 40 g (MF)

Version Ziegel: Rostbrun (HF), Mandelmjöl (MF)
Version Strand: Brun (HF), Sommargrå (MF)

Nadeln: Rundnadel 3 mm

Maschenprobe: 29 M × 42 Rd im Muster auf Nadeln 3 mm = 10 × 10 cm

Zubehör: Maschenmarkierer, Faden für den provisorischen Anschlag, Stopfnadel zum Fädenvernähen, eine extra Rundnadel und eine Nadelspielnadel für den Maschenstich

Variante: 1 Musterwiederholung ist 3 cm breit - ergänzen oder entfernen Sie eine, um die Breite zu verändern.

Konstruktion: Der Loop wird wie ein Zylinder gestrickt und erhält eine halbe Drehung, bevor man den Anschlag mit der letzten Rd verbindet. Deswegen wird provisorisch angeschlagen und dann im Maschenstich zusammengenäht.

Am Rundenbeginn die Fäden sorgfältig verkreuzen. Nicht zu fest ziehen, sonst wird es zu eng und verzieht sich.

Die Technik lädt dazu ein, mit Farbe zu spielen! Mischen Sie gern mehrere Musterfarben - entweder in jeder 2. Rd oder in einer Musterwiederholung. Wie wäre es mit einer ringelnder Wolle als MF?

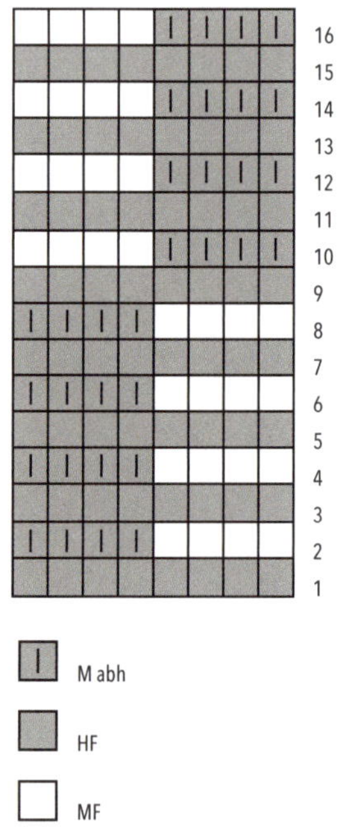

96 M in der Hintergrundfarbe (HF) auf Nadelstärke 3 mm provisorisch anschlagen (siehe Seite 14) und den Rundenbeginn markieren. Dann laut Strickschrift arbeiten, bis der Loop ca. 66 cm misst. Mit einer Reihe 16 der Strickschrift enden.

AUSARBEITEN

Den Loop auf links wenden und alle Fäden vernähen, aber nicht zu kurz abschneiden. Wieder auf rechts wenden. Den provisorischen Anschlag vorsichtig öffnen und die Maschen auf eine zusätzliche Rundnadel schieben, so dass alle Maschen eines jeden Endes offen sind. Nach 48 M die Hälfte markieren. Den Loop zur Hälfte verdrehen und die Enden gegeneinanderhalten, 48 M auf 48 M, damit es gleichmäßig wird.

Die Enden mit HF zusammenstricken oder -nähen, dabei nicht zu fest ziehen. Bei einem dünnen Garn wie diesem braucht man eine leichte Hand und etwas Geduld beim Maschenstich. Die genaue Anleitung finden Sie auf Seite 12.

Alle Fäden vernähen, den Loop vorsichtig mit Wollwaschmittel waschen und liegend trocknen lassen, dabei kann man ihn mit den Händen in Form und auf Maß ziehen. Wenn man die »Drehung« hin und her schiebt, trocknet er schneller.

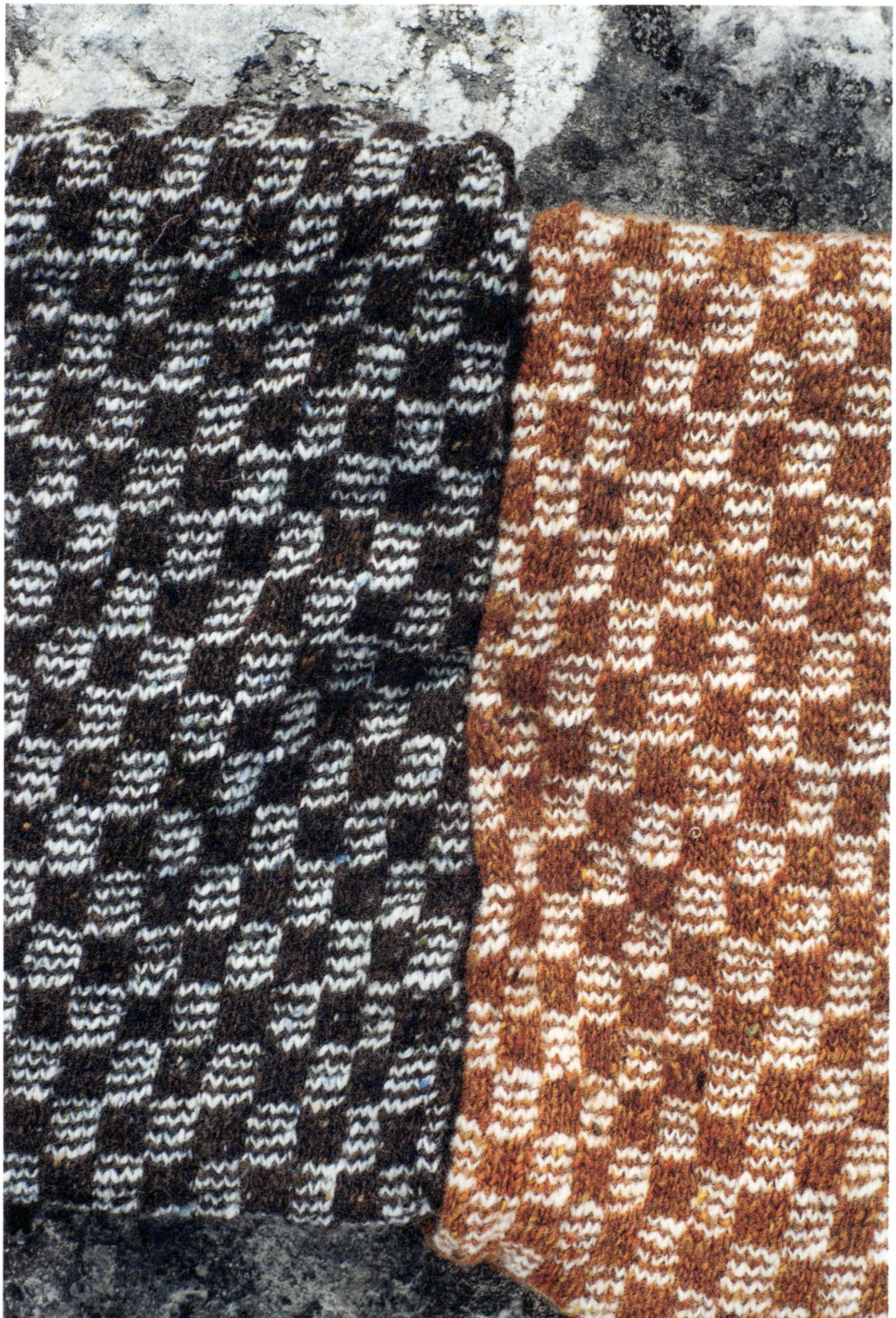

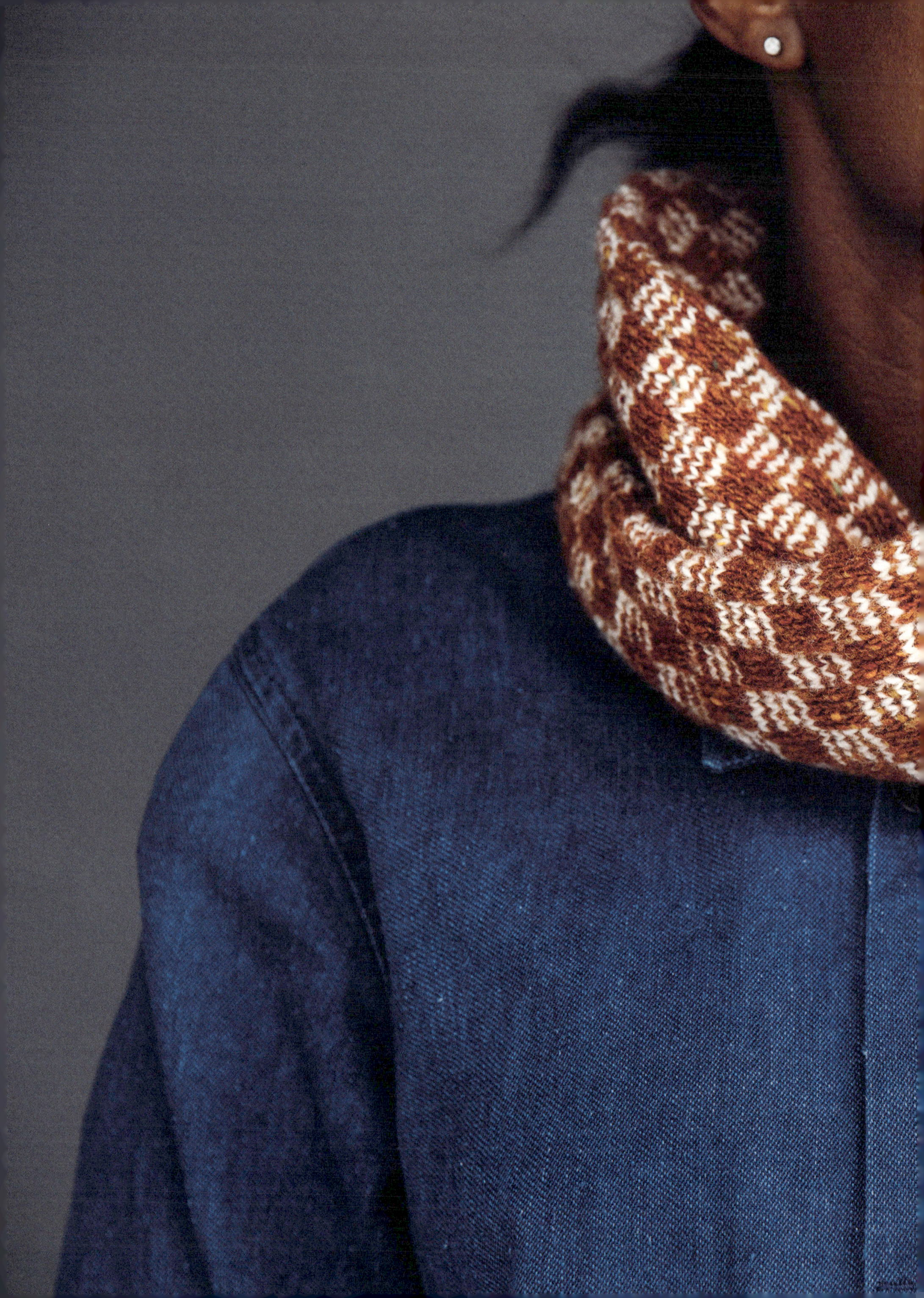

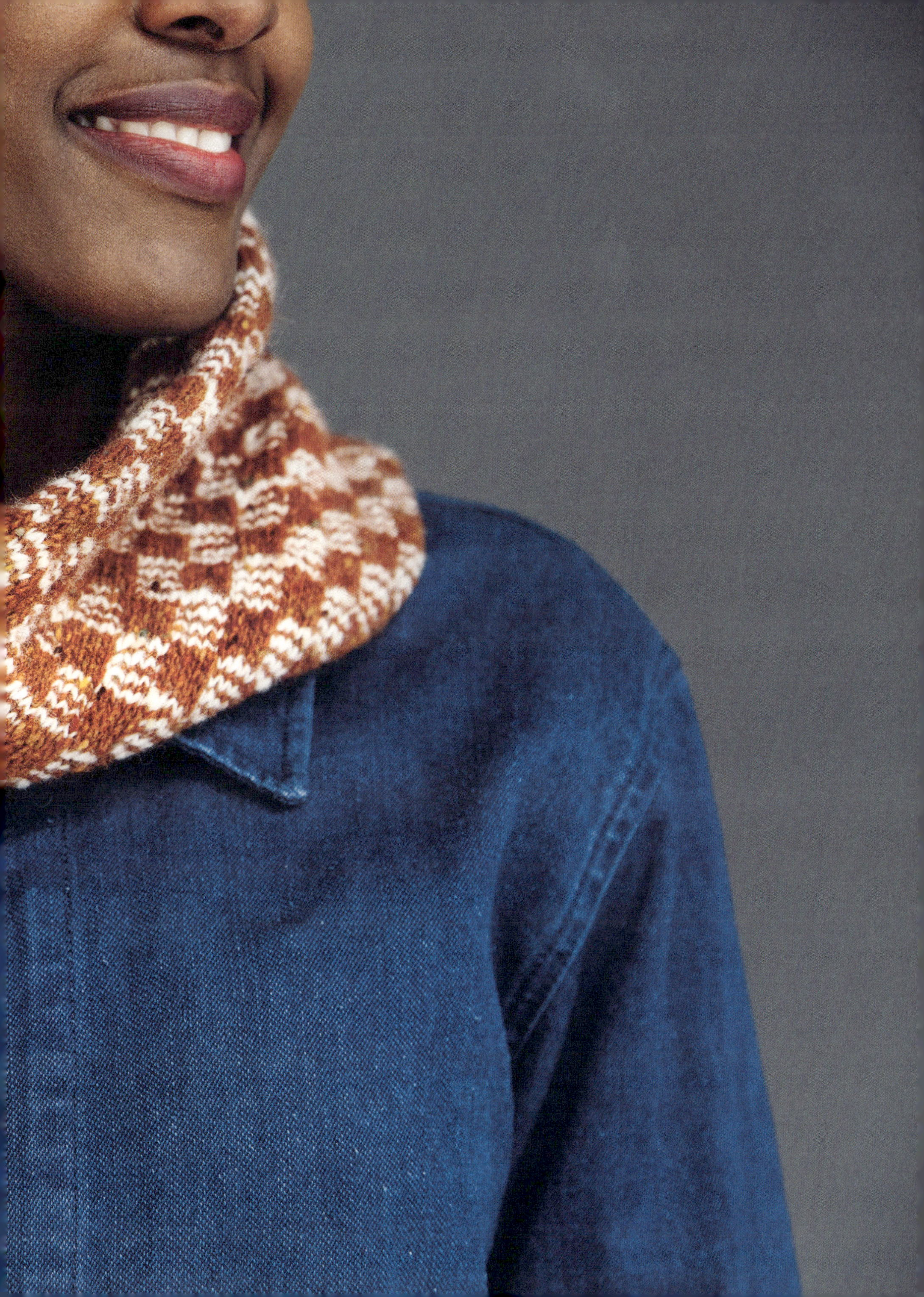

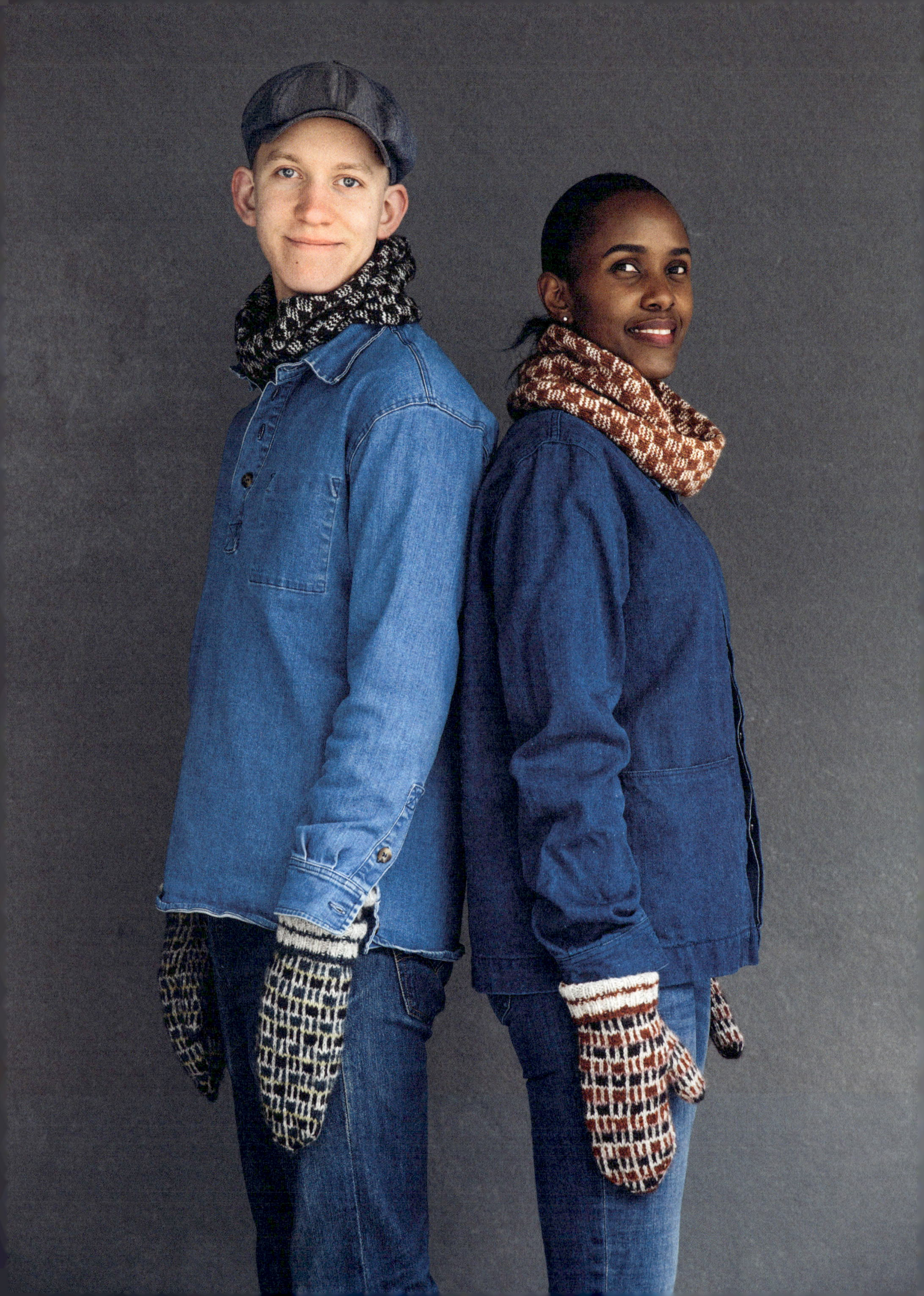

Fäustlinge Rospigg

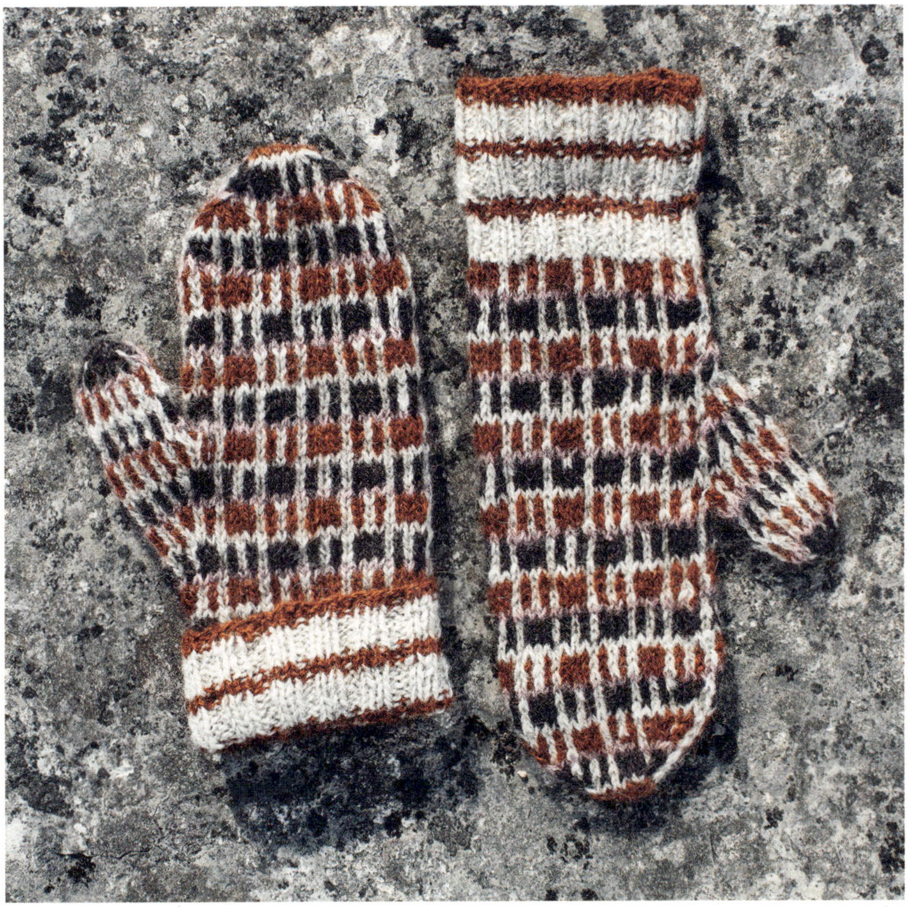

Blidö Nr. 3

Hier ist das einfache, grafische Muster des Pullovers von Seite 59 auf einem Paar dicker Fäustlinge, deren langer Bund das Handgelenk gut wärmt, egal ob einfach oder umgeschlagen.

GRÖSSE: KLEINER (GRÖSSER)

Maße: Gesamtlänge ca. 29 cm (32), Breite ca. 9 (10,5) cm

Material: Strikkegarn von Tant Kofta, 220 m/100 g

Wolle: 45 g (50 g) HF, 20 g (25 g) MF 1, 20 g (25 g) MF 2, 7 g (7 g) MF 3

Version Spätsommer: Silver (HF), Hästkastanj (MF 1), Mylla (MF 2), Rosa på silver (MF 3)
Version Winter: Silver (HF), Mörk sjö (MF 1), Mylla (MF 2), Vass (MF 3)

Nadeln: Nadelspiel 3 mm für die Rippen und 3,5 mm für das Einstrickmuster

Maschenprobe: 24 M × 26 Rd auf Nadel 3,5 mm im Einstrickmuster = 10 × 10 cm

Zubehör: Maschenmarkierer, Faden zum Stilllegen der Daumenmaschen, Stopfnadel zum Fädenvernähen

Konstruktion: Die Handschuhe werden von unten nach oben in Runden gestrickt, der Daumenkeil seitlich laut Strickschrift und der Daumen im selben Muster.

Zunahmen am Daumenkeil: Rechts neigende Zunahme – ein rückwärtiger Umschlag, der Faden verläuft von hinten nach vorn.
In der nächsten Rd die neue M ins vordere Maschenglied stricken. Links neigende Zunahme – 1 normaler Umschlag. In der nächsten Rd wird er re verschr gestrickt.

HAUPTSTRICKSCHRIFT

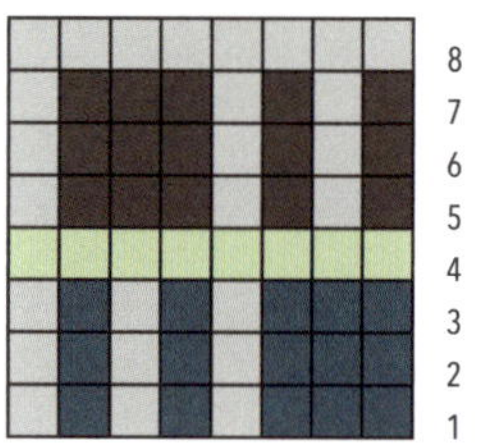

DAUMEN

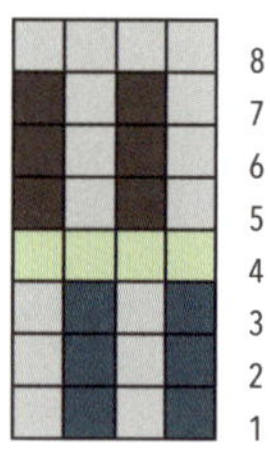

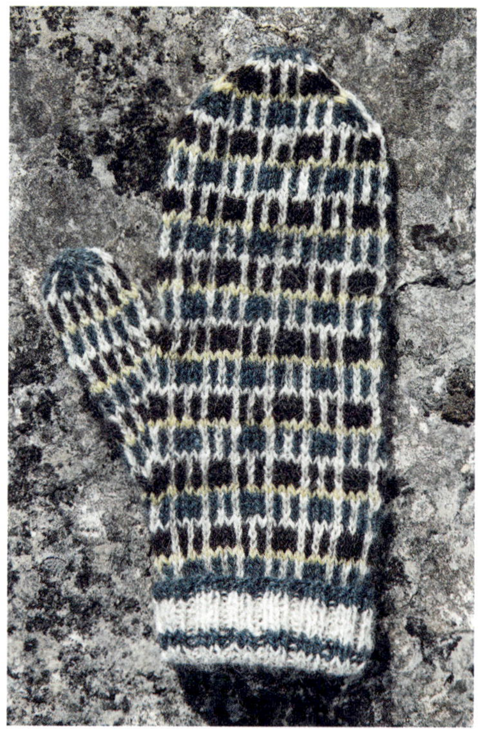

DAUMENKEIL

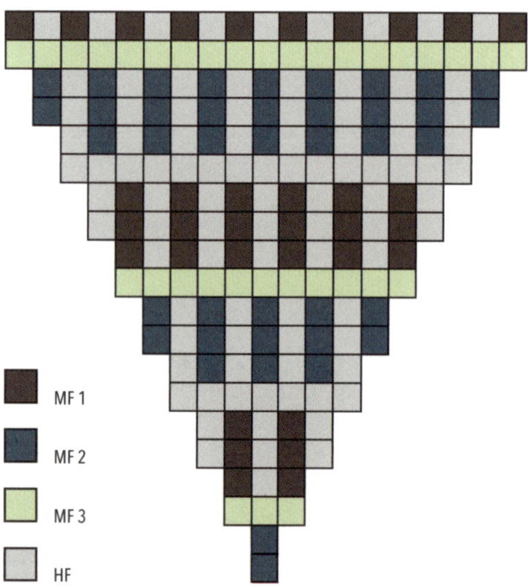

MF 1

MF 2

MF 3

HF

Mit HF und Nadelstärke 3 mm 48 (56) M anschlagen und auf 4 Nadeln verteilen – je 12 (14) M.

Wie folgt 2 M re, 2 M li in Streifen stricken: 1 Rd mit MF 1. 6 Rd mit HF. 2 Rd mit MF1. 6 Rd mit HF. 2 Rd mit MF1. 6 Rd mit HF.

Auf Nadeln 3,5 mm wechseln und 9 Rd laut Strickschrift stricken. In Rd 10 mit den Zunahmen für den Daumenkeil beginnen. Der Daumenkeil wird nach je 2 M an der jeweiligen Seite gestrickt – also zu Anfang von Nadel 1 beim rechten Handschuh und am Ende von Nadel 4 beim linken Handschuh. In der ersten Runde einen Umschlag in der Farbe der Strickschrift des Daumenkeils stricken. In der nächsten Runde den Umschlag verschränkt stricken. Nun in jeder 2. Runde beidseitig des Daumenkeils je 1 M zunehmen, bis er 17 (19) M umfasst. Die Daumenmaschen stilllegen.

Weiter im Muster stricken, bis der Handschuh den kleinen Finger bedeckt oder ab dem Daumenkeil 9 (10) cm misst. Nun wie folgt für die Spitze abnehmen.

In den mehrfarbigen Runden alle Abnahmen mit MF stricken.

Nadel 1 und 3: 1 M re, aaz, bis RdEnde im Muster stricken.

Nadel 2 und 4: Bis zu den letzten 2 M stricken, 2 M re zus.

So abnehmen, bis noch 12 M übrig sind. Die letzte Abnahmerunde nur mit der aktuellen Farbe stricken. Die Maschen im Maschenstich zusammenstricken oder -nähen.

DAUMEN

5 Maschen innen am Daumen aufnehmen – so dass die Farben zum Muster passen. Weiter im Muster stricken.

Wenn der Daumen den halben Nagel bedeckt, wie folgt abnehmen: 2 M re zus in beliebiger Farbe, bis ca. 6 M übrig sind, den Faden durch die Maschen ziehen. Einen zweiten Handschuh stricken.

AUSARBEITEN

Alle Fäden vernähen, die Handschuhe vorsichtig mit Wollwaschmittel waschen und liegend trocknen lassen, dabei kann man sie mit den Händen in Form und auf Maß ziehen oder eine Handschuhform benutzen.

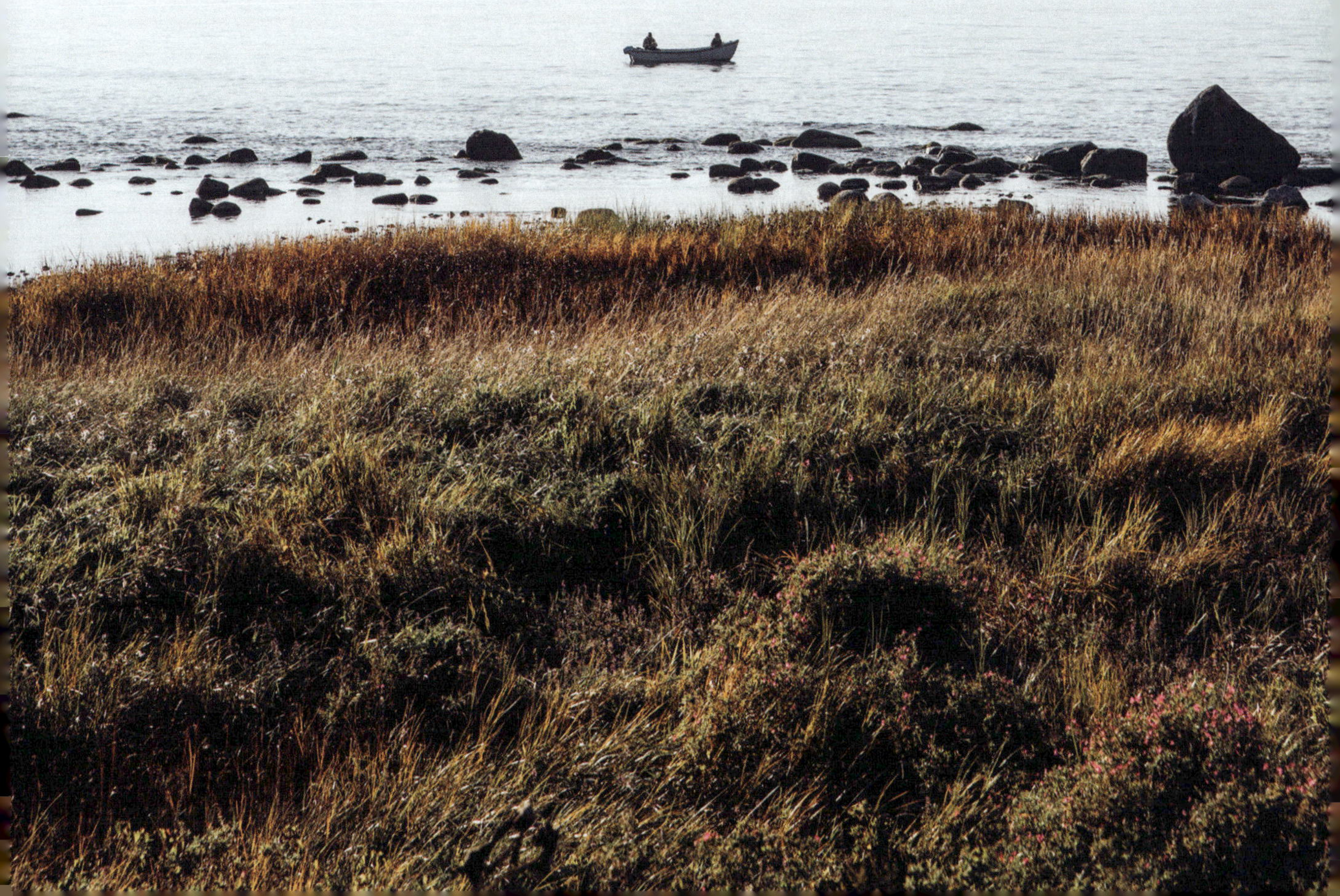

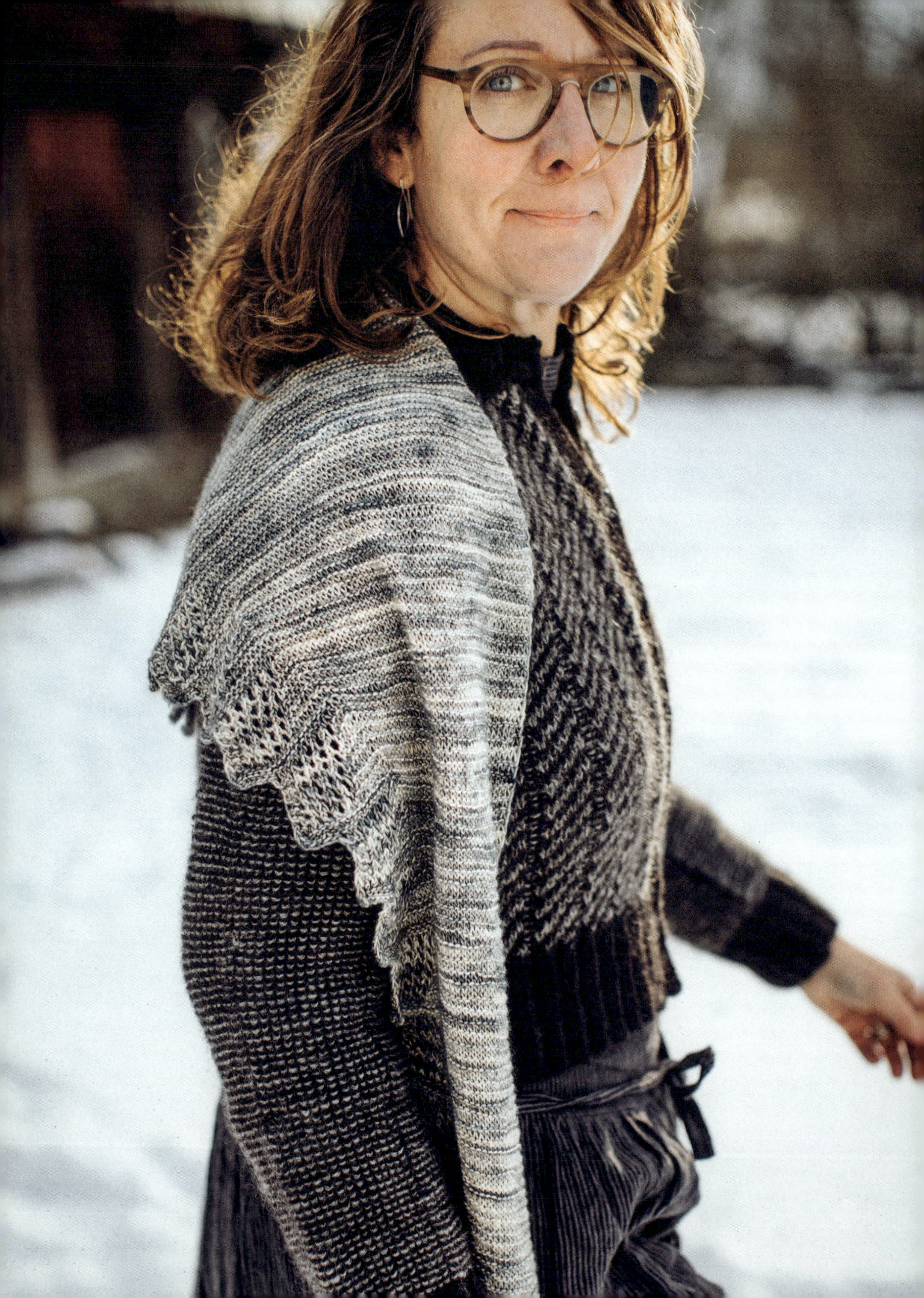

Tuch Helmi

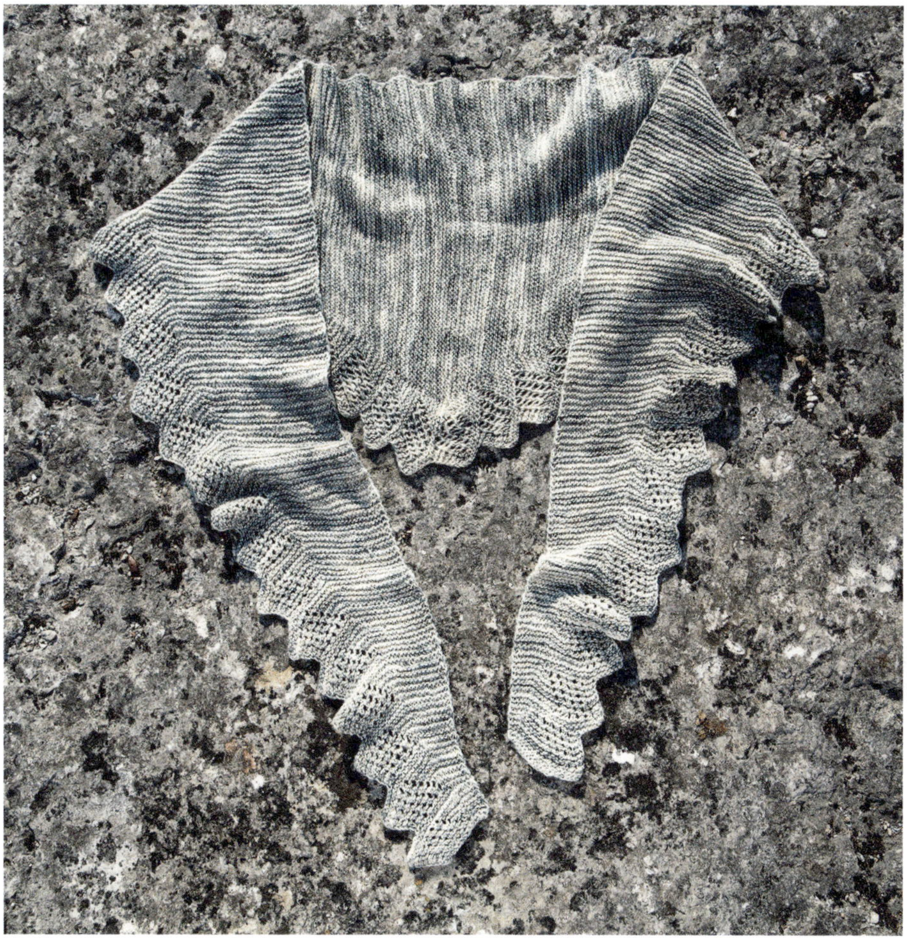

Blidö Nr. 4

Dieses einfache Muster bringt die Wolle zur Geltung. Das Tuch hat meine Lieblingsform und ist so gestrickt, dass man es sowohl um den Hals gewickelt als auch auf den Schultern liegend tragen kann. Es kann klein, leicht und niedlich gestrickt werden oder dicker und größer. Hier habe ich meine Fantasie bemüht und mir gedacht, hätte Greta, die Mutter meiner Oma, einen Spitzenschal gehabt, dann sicher solch einen. Einfach, elegant und robust. Genauso soll meine Alltagskleidung sein.

GRÖSSE: EINHEITSGRÖSSE

Maße: 40 cm an der breitesten Stelle, 145 cm lang

Material: Single SW Merino von by Anki 366 m/100 g

Wolle: 175 g

Farbe: Steel

Nadeln: Rundnadel 3,5 mm

Maschenprobe: 24 M × 36 Rd kraus rechts auf Nadel 3,5 mm = 10 × 10 cm

Zubehör: Maschenmarkierer, Stopfnadel zum Fädenvernähen

Variante: Man kann z. B. im glatt rechten Teil ein einfaches Lochmuster mit Umschlag und 2 M re zus in gleichmäßigem Abstand stricken, um das Tuch zu variieren.

Konstruktion: Das Tuch wird mit einer einfachen Zackenkante kraus rechts von einer Seite zur anderen gestrickt.

Musterwiederholung mit verkürzten Reihen: Das Tuch wird durch verkürzte Reihen geformt. Auf der rechten Seite beginnen und alle M re, Arbeit wenden und 19 M auf der linken Seite re (d.h. bis zum MM), Arbeit wenden und alle 19 M auf der rechten Seite re, Arbeit erneut wenden, die ersten 6 M abketten und alle M auf der Nadel re = 1 Musterwiederholung mit Spitzenkante. Unbedingt locker abketten!

Im glatt rechten Teil mit einem Umschlag, der in der nächsten Runde re verschr gestrickt wird, zunehmen. Zum Abnehmen 2 M re zus - 1 M abgenommen.

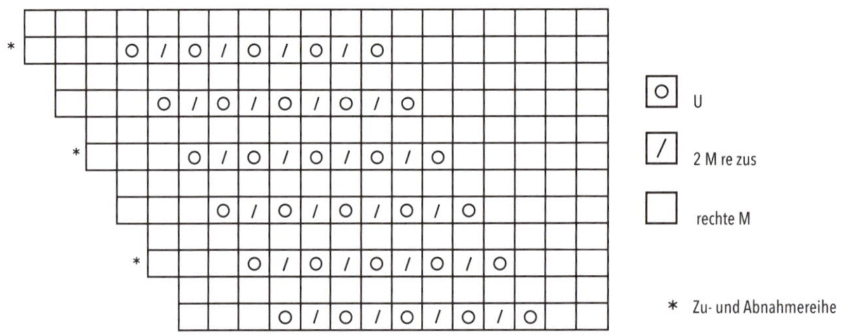

16 M (13 M + 3 RandM) anschlagen. 2 krausrechte Reihen stricken, dann wie folgt:

R 1 (HinR): 3 M re, MM setzen, Das Muster laut Strickschrift stricken (= 14 M) = 17 M, wenden.

R 2 (RückR): Laut Strickschrift über die ersten 14 M stricken, MM, bis R-Ende re, wenden.

R 3 (HinR): Bis zum MM rechts, 1 U, MM, das Muster laut Strickschrift stricken (15 M) = 19 M, wenden.

R 4 (RückR): Laut Strickschrift über die ersten 15 M stricken, MM, den Umschlag re verschr stricken, bis R-Ende re, wenden.

R 5 (HinR): Bis zum MM rechts, MM, laut Strickschrift stricken (= 16 M) = 20 M, wenden.

R 6 (RückR): Laut Strickschrift über die ersten 16 M stricken, MM, bis R-Ende re, wenden.

R 7 (HinR): Bis zum MM re, 1 Umschlag, MM, laut Strickschrift stricken (= 17 M) =22 M, wenden.

R 8 (RückR): Laut Strickschrift über die ersten 17 M stricken, MM, bis R-Ende re, wenden.

R 9 (HinR): Bis zum MM re, MM, laut Strickschrift stricken (= 18 M) = 23 M, wenden.

R 10 (RückR): Laut Strickschrift über die ersten 18 M stricken, MM, bis R-Ende re, wenden.

R 11 (HinR): Bis MM re, 1 Umschlag, MM, laut Strickschrift stricken (= 19 M) = 25 M, wenden.

R 12 (RückR): Laut Strickschrift über die ersten 19 M stricken, MM, bis R-Ende re.

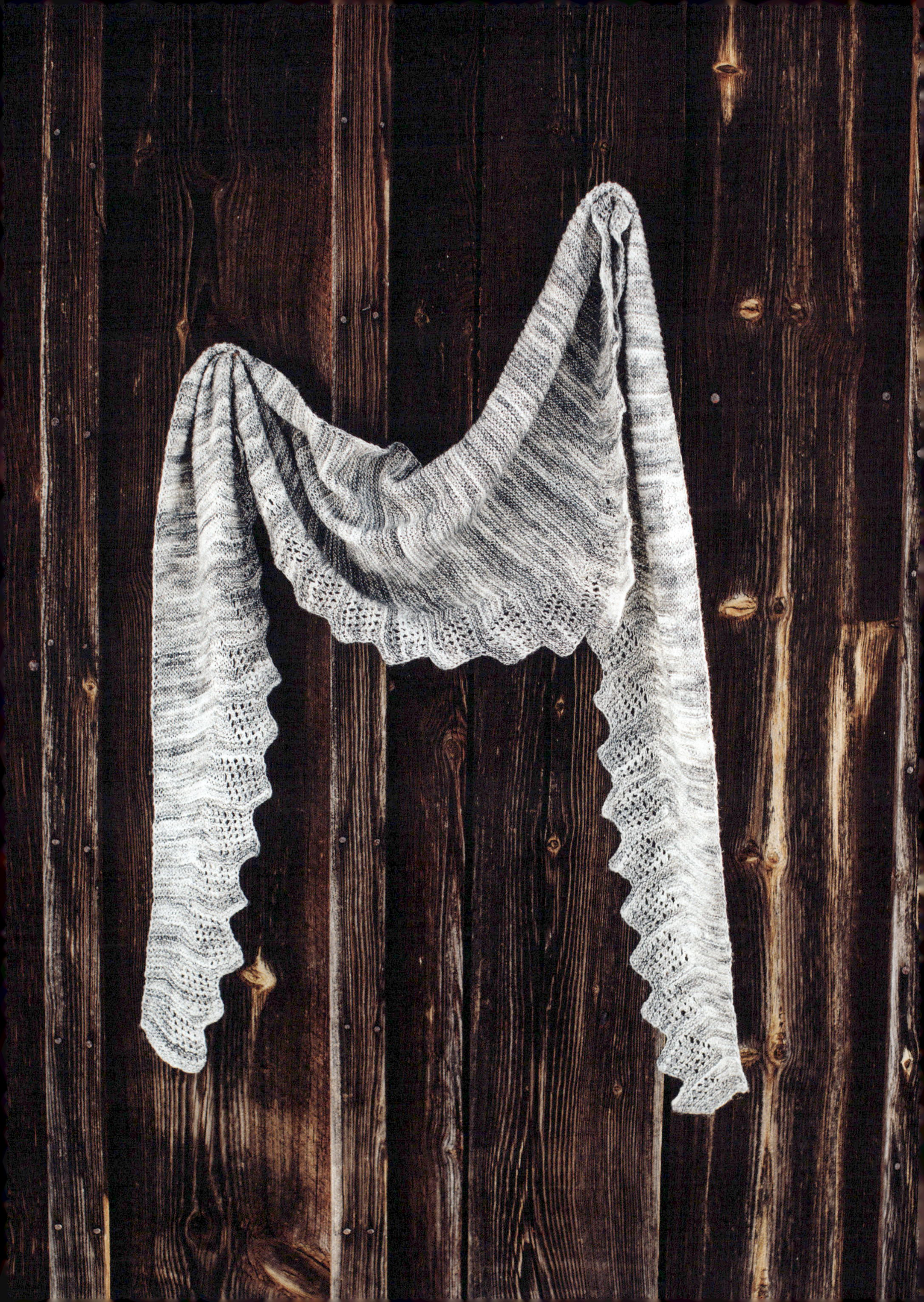

Jetzt ist eine Musterwiederholung laut Strickschrift gestrickt und 3 M wurden im kraus rechten Teil vor dem MM zugenommen (von der rechten Seite aus gesehen).

Nun eine Musterwiederholung mit verkürzten Reihen wie oben stricken – über die M der Spitzenkante, um an der Kante zu wenden.

Jetzt abwechselnd eine Musterwiederholung laut Strickschrift und eine mit verkürzten Reihen stricken. Im kraus rechten Abschnitt werden pro Wdh der Strickschrift 3 M zugenommen.

So weiterarbeiten, bis insgesamt 21 Spitzen entstanden sind, die Wolle zur Hälfte aufgebraucht oder die Mitte der gewünschten Länge erreicht ist. Bei 21 Spitzen sind es 79 M (16 M + 63 M). Nach den verkürzten Reihen eine extra R kraus rechts über die M vor dem MM (Spitze) stricken. Die Tuchmitte liegt also zwischen zwei Spitzen.

Jetzt wird für die zweite Hälfte des Tuchs abgenommen. Dafür wird in derselben Reihe, die bisher laut Strickschrift Zunahmereihe war, abgenommen. Man strickt also weiterhin abwechselnd eine Musterwiederholung laut Strickschrift und eine mit verkürzten R – mit dem Unterschied, dass die Zunahmereihe (R 3, 7 und 11) jetzt eine Abnahmereihe ist. Weiterstricken, bis noch 16 M übrig sind. 2 R re, dann abketten.

AUSARBEITEN

Fäden vernähen, das Tuch vorsichtig mit Wollwaschmittel waschen und liegend trocknen lassen, dabei kann man es mit den Händen sanft in Form und auf Maß ziehen. Gern die Spitze ausziehen, damit sie sich öffnet.

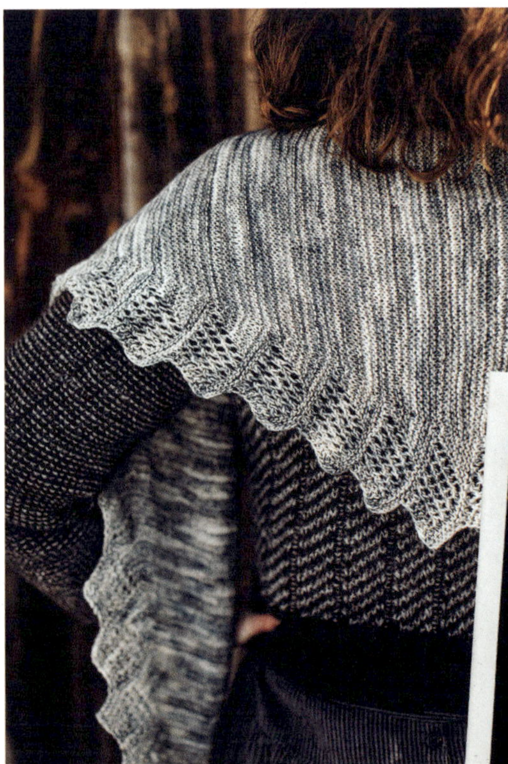

Die handgefärbte Wolle schimmert wie Perlmutt und stammt aus Turku, übers Meer direkt gegenüber von Blidö. Helmi bedeutet auf Finnisch Perle – und ist auch der Name unserer Tochter.

Sie ist allerdings nicht die erste Helmi in meiner Familie aus Roslagen. Es gab mehrere, eine war sogar ein Boot.

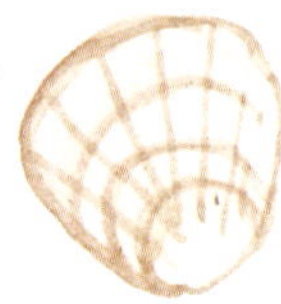

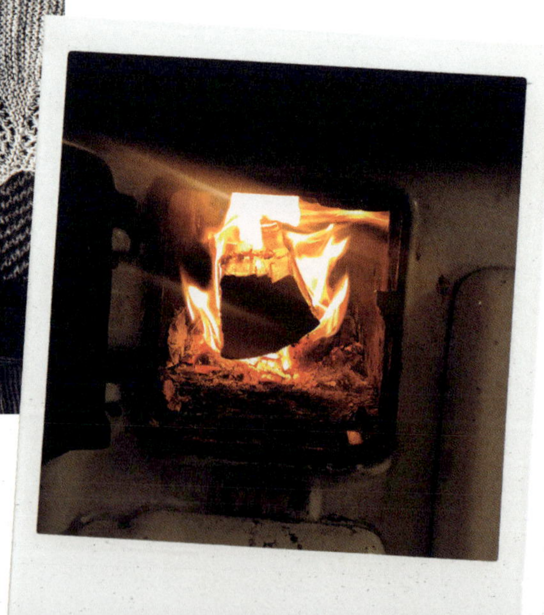

Strümpfe Sjöblom

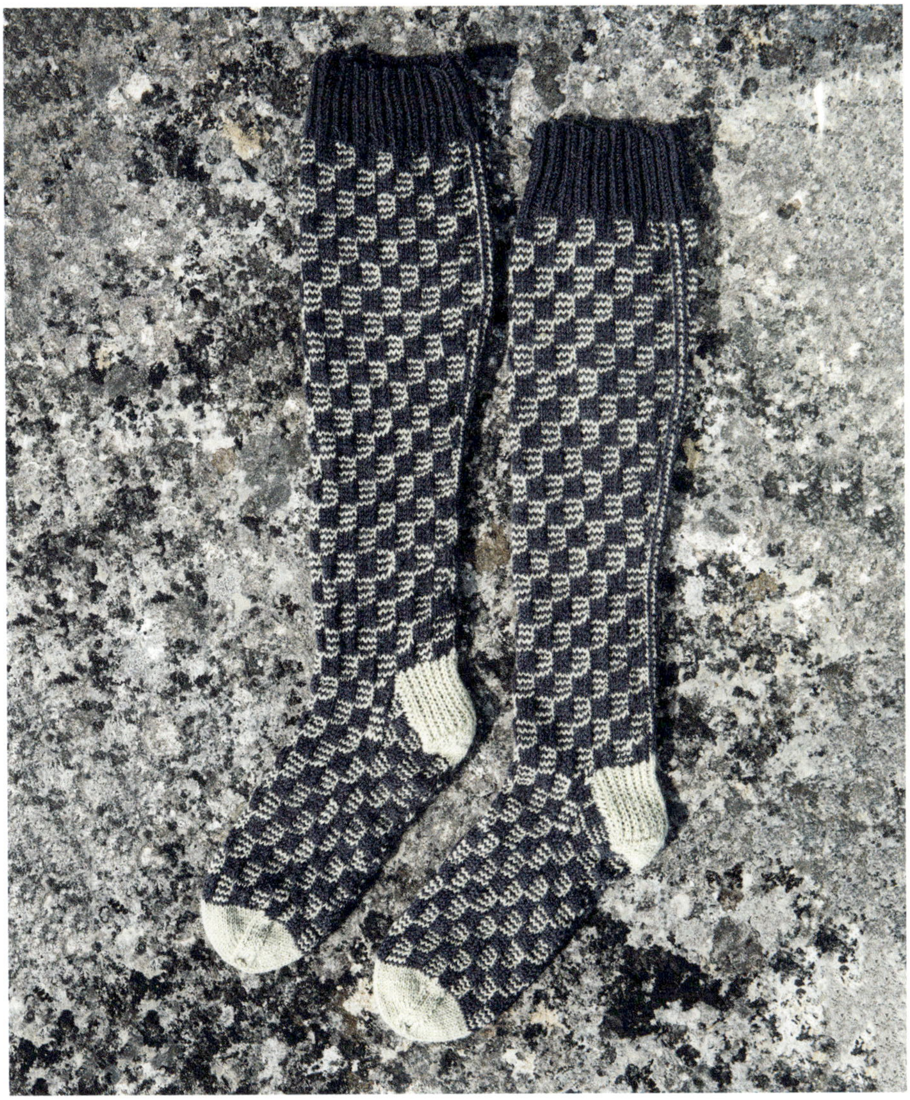

Blidö Nr. 5

Hier befindet sich das grafische Muster des Loops von Seite 63 auf einem Lieblingsmodell – nämlich Kniestrümpfen. Die passen perfekt zu Röcken wie auch zu kürzeren Hosen – und zu allen Momenten, in denen die Beinen warm und schick sein sollen.

GRÖSSE: ERWACHSENE

Maße: Bein inkl. Ferse 44 cm, Wadenbreite (halber Umfang) 12 cm, Breite direkt über der Ferse (halber Umfang) 9 cm. Die Fußlänge nach Maß

Material: Trekking von Tant Kofta 420 m/100 g

Wolle: 80 g (HF) und 60 g (MF)

Farbe: Mylla (HF), Vass (MF)

Nadeln: Nadelspiel 2,5 mm für die Rippen, Ferse und Spitze, 3 mm zum Musterstricken

Maschenprobe: 26 M × 54 Rd im Muster auf Nadeln 2,5 mm = 10 × 10 cm

Sonstiges: Die Wollmenge ist für Schuhgröße 40-42 berechnet.

Tipp: Die Stricktechnik bietet viele Variationsmöglichkeiten! Wählen Sie eine HF und stricken Sie das Bein mit verschiedenen Farben oder auch mit mehrfarbiger Wolle.

Konstruktion: Die Strümpfe werden von oben nach unten gestrickt, die Spitze wird im Maschenstich geschlossen. Die Anleitung ist für ein Nadelspiel geschrieben.

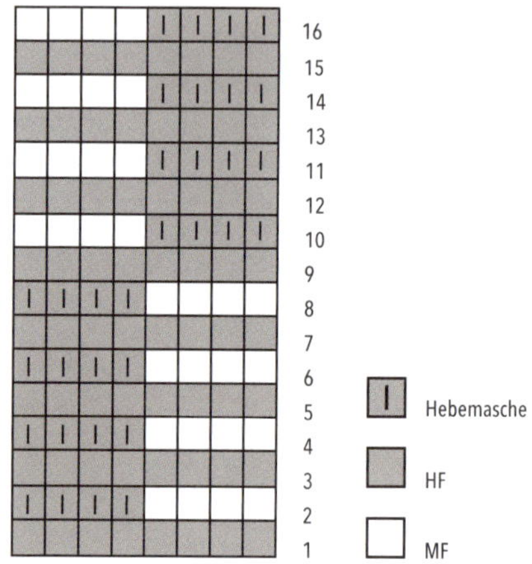

WADENMASCHEN

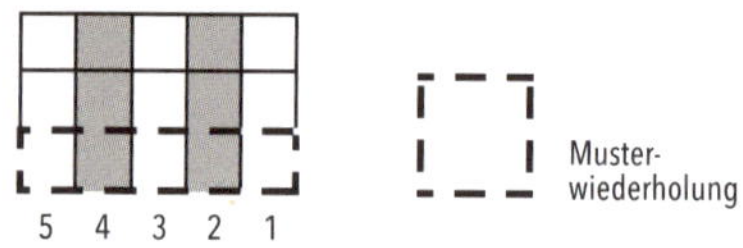

Mit HF auf Nadelstärke 2,5 mm 80 M anschlagen. Die M auf 4 Nadeln verteilen. 5 cm verschr Rippen stricken: 2 M re verschr, 2 M li.

MUSTER

Auf Nadelstärke 3 mm wechseln und am Rundenbeginn aus dem Querfaden 1 M zunehmen = 65 M. Diese zugenommene M dann re verschr stricken.

Die ersten 5 M der Rd im Wadenmaschenmuster, die restlichen laut Hauptstrickschrift stricken. Die Wadenmaschen liegen in der hinteren Mitte, später wird beidseitig von ihnen abgenommen.

Laut Strickschrift 3,5 Musterwiederholungen stricken. Den Strumpf anprobieren, um festzulegen, wann für die Wade abgenommen werden soll. Dann beidseitig der 5 mittleren Wadenmaschen in Rd 1 und Rd 9 je 1 M abnehmen, insgesamt 8-mal = 65 M.

Ohne Abnahmen weiterstricken, bis die Fersenwand begonnen wird, ca. 11 Musterwiederholungen. Mit Rd 16 enden und zwei Wadenmaschen re zus = 64 M. Jetzt keine Wadenmaschen mehr stricken.

Die M so aufteilen, dass je 2 Wadenmaschen auf Nadel 4 und auf Nadel 1 liegen. 16 M pro Nadel. Die Fersenwand wird mit MF über Nadel 1 und 4 gestrickt = 32 M. Nadel 1 re, wenden, 1M abh und 31 M li.

FERSE

R 1: RandM wie zum re Stricken abh, *1 M li, 1 M abh*, wdh *-*, 1 M li.

R 2: RandM wie zum li Stricken abh, alle M li.

Über 28 R wdh, bis die Fersenwand 5-6 cm oder die gewünschte Länge misst.

Käppchen stricken.

R 1 (HinR): 1. M re abh, 17 M re, aaz, 1 M re, wenden.

R 2 (RückR): 1. M li abh, 6 M li, 2 M li zus, 1 M li, wenden.

R 3 (HinR): 1. M re abh, re bis 1 M vor der Lücke, aaz, 1 M re, wenden.

R 4 (RückR): 1. M li abh, li bis 1 M vor der Lücke, 2 M li zus, 1 M li, wenden. R 3 und 4 wdh, bis alle FersenM gestrickt sind.

In der letzten R nur aaz und 2 M li zus stricken.

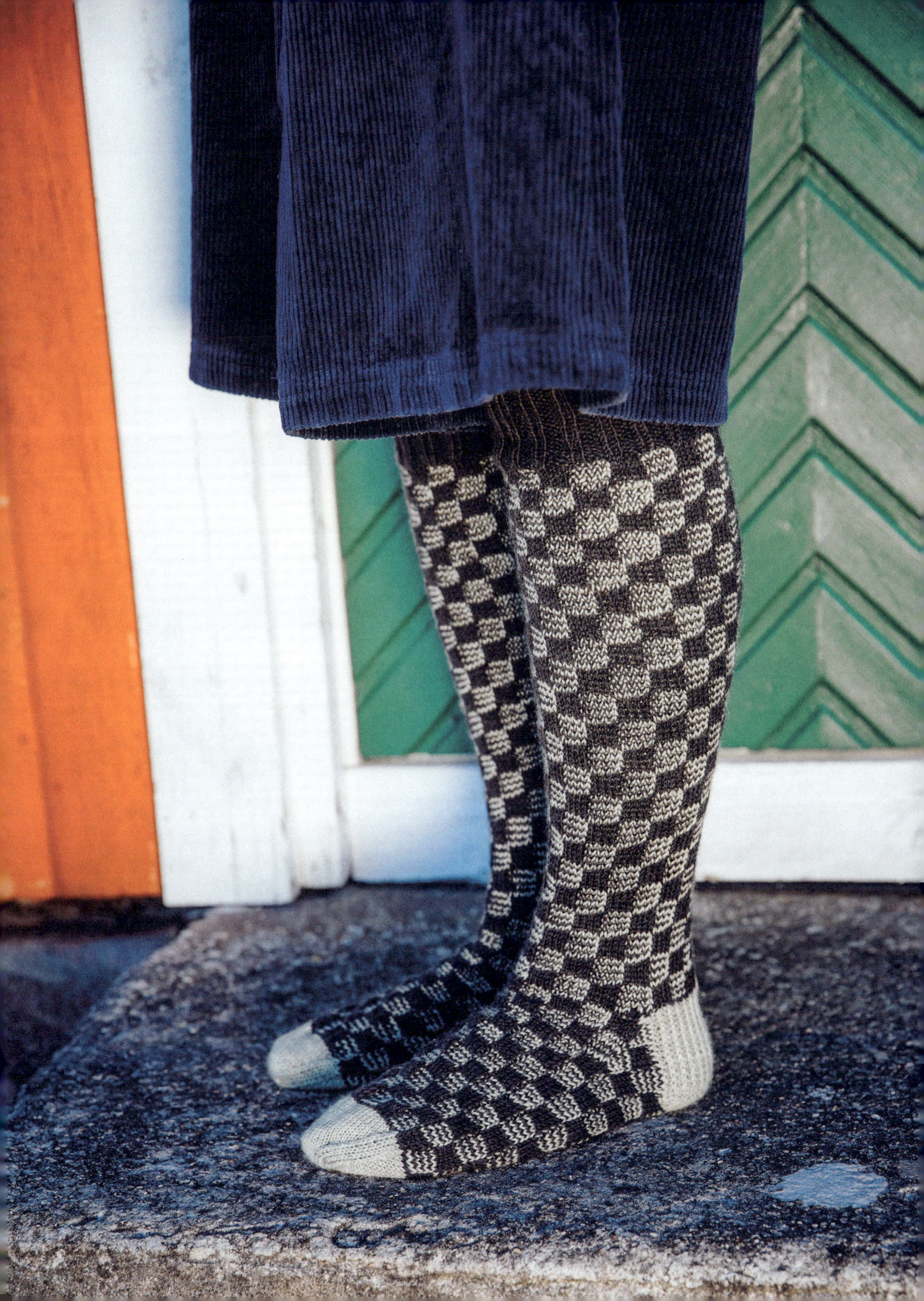

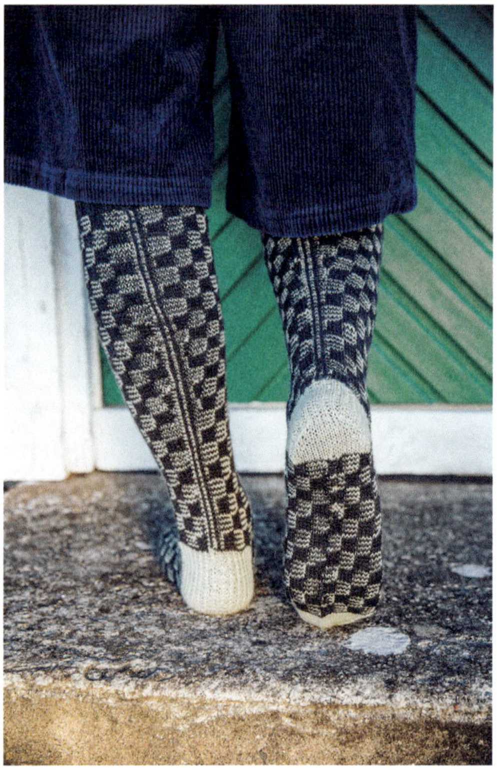

Die FersenM auf zwei Nadeln verteilen. Die Rd beginnt nun in der Sohlenmitte. Zu HF wechseln und 1 Rd mit HF laut Strickschrift stricken.

Dabei 16 M aus der seitlichen Fersenwand aufnehmen - 1 M vor den 14 RandM und 1 M danach, um Lücken zu vermeiden. (Das gilt, wenn 28 Rd gestrickt wurden, ansonsten die Maschenzahl anpassen.) Ist Ihre Fersenwand länger oder kürzer? Nehmen Sie die entsprechende Maschenzahl auf und machen Sie mit den kommenden Abnahmen weiter, bis Sie wieder so viele Maschen pro Nadel haben wie am Anfang und das Muster aufgeht.

An der anderen Seite der Fersenwand 16 M aufn und die SohlenM re stricken.

Nun weiter im Muster laut Rd 2 der Strickschrift stricken. Jetzt werden keine Wadenmaschen mehr gestrickt, sondern der Fuß laut Hauptstrickschrift, die Rd beginnt mitten in einem Kästchen mit 2 M und endet mit den restlichen 2 M dieses Kästchens.

Weiter laut Strickschrift stricken, bis noch 2 M auf Nadel 1 übrig sind. Ab jetzt stimmt das Muster auf Nadel 2 und 3 mit der Strickschrift überein. Wenn alle Zwickelabnahmen gestrickt wurden, stimmen die gesamten Maschen wieder mit dem Muster der Strickschrift überein.

Auf Nadel 2 und 3 sowie die ersten 2 M auf Nadel 4 im Muster stricken. Hier das Muster unterbrechen, damit das Muster an der Sohle, auf Nadel 1, wieder passt.

Rd mit HF: Nadel 1: Bis zu den letzten 3 M re, 2 M re zus, 1 M re. Nadel 2 und 3 laut Strickschrift stricken. Nadel 4: 1 M re, aaz, re.

Rd mit MF: Ohne Abnahmen, aber die Strickschrift bei den letzten 2 M auf Nadel 2 und nach 2 M auf Nadel 4 unterbrechen.

Diese Runden wdh, bis 64 M übrig sind und das Muster passt.

Jetzt weiterstricken, bis die Socke den kleinen Zeh bedeckt - dann für die Spitze abnehmen. Die Spitze mit MF stricken.

Rd 1: Nadel 1: Bis zu den letzten 3 M re - 2 M re zus, 1 M re. Nadel 2: 1 M re, aaz - restl M re. Nadel 3: Bis zu den letzten 3 M re - 2 M re zus, 1 M re. Nadel 4: 1 M re, aaz - restl M re.

Rd 2: Rechts. Weiter wie oben abnehmen, bis 36 M übrig sind. Dann in jeder Rd abnehmen, bis 16 (8 + 8) M übrig sind.

Nadel 1: re. Alle SohlenM auf eine Nadel und alle SpannM auf eine andere Nadel schieben. Den Faden abschneiden, dabei ca. 30 cm stehen lassen und die Spitze im Maschenstich schließen (siehe Seite 12 bis 14).

Einen zweiten Strumpf stricken.

AUSARBEITEN

Alle Fäden vernähen, die Strümpfe vorsichtig mit Wollwaschmittel waschen und liegend trocknen lassen.

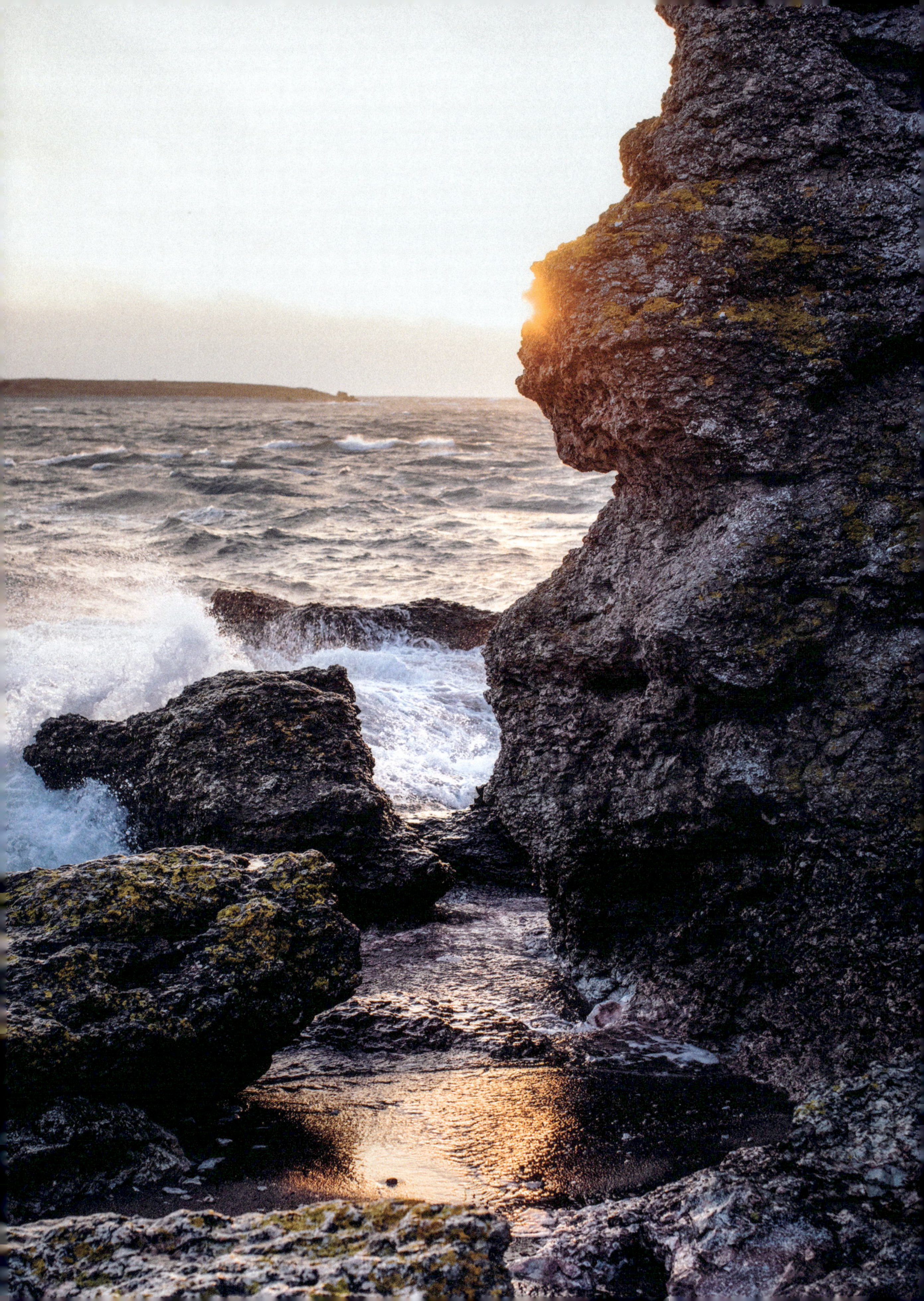

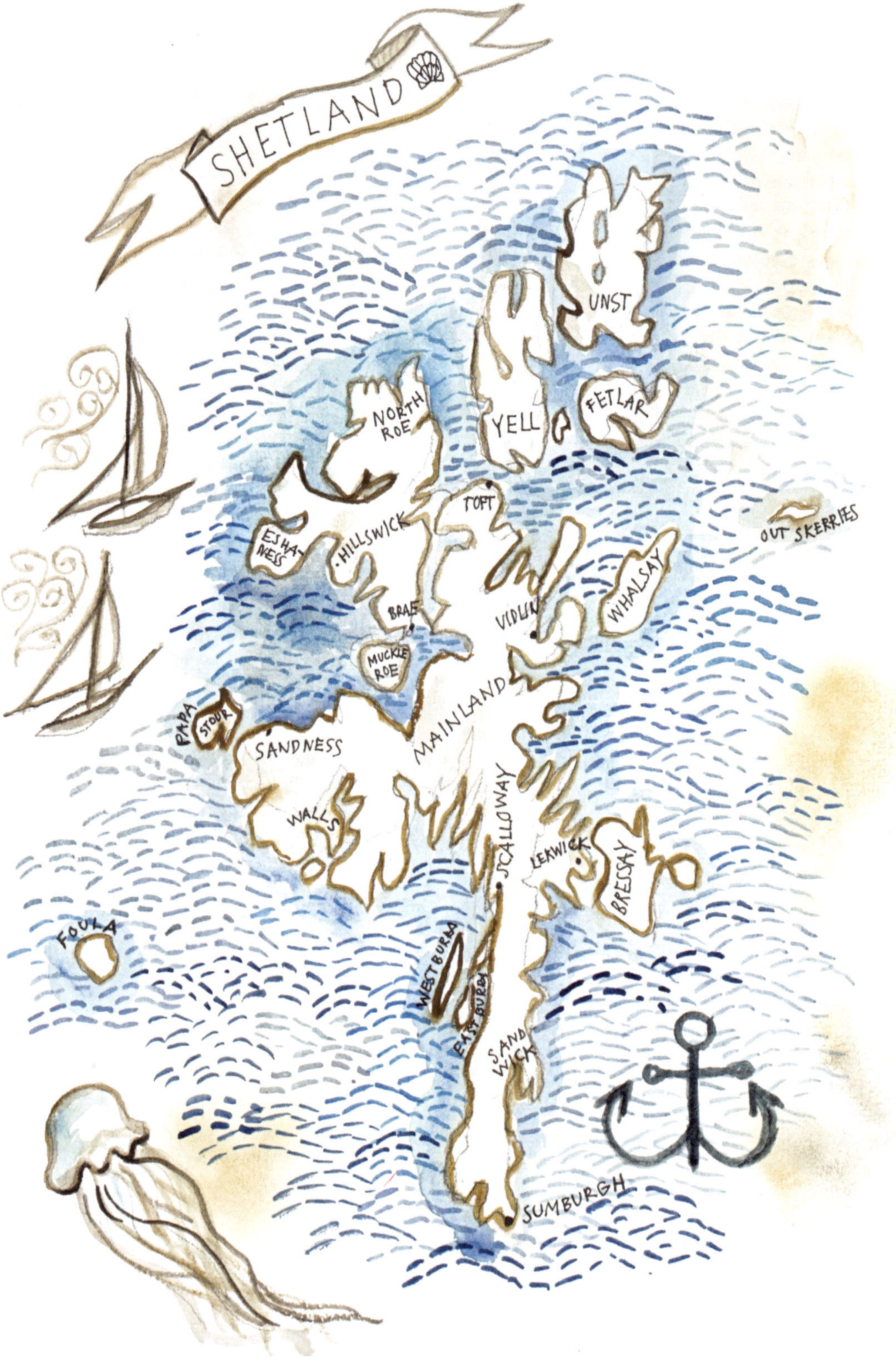

Shetland

[Sealtainn] *schottisches Gälisch*
[Shetland] *Scots*
[Hjaltland] *Altnordisch*

LAND: Großbritannien **LANDESTEIL:** Schottland **HAUPTORT:** Lerwick **FLÄCHE:** 1.468 km²
EINWOHNER: 22.920 (2019) **BEVÖLKERUNGSDICHTE:** 15 Einwohner/km²
GESTEIN: Sandstein, Speckstein, Basalt, Granit, Gneis - mit Variationen
SPRACHE UND DIALEKT: Englisch und shetländischer Dialekt

Shetland
– Eine Inselwelt aus Farben, Licht und Mustern

Die Shetlandinseln bilden eine schottische Inselgruppe in der Nordsee und dem Atlantik, im Nordosten von Großbritannien, zwischen Orkney, den Färöern und Norwegen. Die Inselgruppe besteht aus über 100 Inseln, doch nur 15 sind bewohnt. Die größte heißt Mainland, dort liegt auch der Hauptort Lerwick. Einige andere bewohnte Inseln sind Bressay, East Burra, West Burra, Fetlar, Foula, Muckle Roe, Papa Stour, Unst, Whalsay, Yell und Fair Isle.

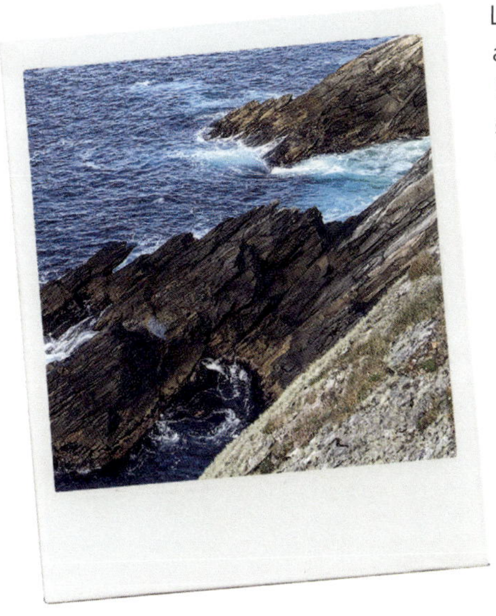

Shetland wurde im 9. Jahrhundert von Norwegen aus kolonisiert und Hjaltland genannt. Obwohl die Inseln 1472 schottisch wurden, überlebte die nordische Sprache Norn bis zum Anfang des 19. Jahrhunderts. Der shetländische Dialekt ist in Tonfall, Ausdruck und Wortschatz immer noch stark vom nordischen Einfluss geprägt. Man erreicht Shetland mit der Fähre von Schottland oder Orkney oder dem Flugzeug von Norwegen oder dem schottischen Festland.

LANDSCHAFT, FLORA UND FAUNA

Zentral- und West-Mainland ist geprägt von Buchten, Seen und kleinen, traditionellen Bauernhöfen. Hier liegt das Tal Tingwall, wo unter norwegischer Herrschaft das jährliche Parlament namens Allting abgehalten wurde. Die Küste im Norden von Mainland ist von dramatischen, schwarzen Basaltklippen und Schären geprägt. Die kleine Halbinsel, die sich von Lerwick aus 40 km nach Süden erstreckt, heißt südliches Mainland und beherbergt Seevogelkolonien und viele archäologische Fundstätten. Die Frühgeschichte ist bei Reisen auf der Insel stets präsent.

Die Insel Fetlar gilt als Garten Shetlands. Der Name kommt aus dem Altnordischen und bedeutet fettes Land, was sich auf die fruchtbare Erde hier bezieht. Noss, östlich von Bressay, ist ein Nationalpark mit großen Seevogelkolonien im Sommer.

Foula, altnordisch für Vogelinsel, man denke an das englische Wort *fowl*, ist ein wichtiges Vogelschutzgebiet mit der weltgrößten Population Großer Raubmöwen. Die Klippen Foulas sind mit bis zu 360 Meter die höchsten der Shetlandinseln.

Die abgelegenste Insel, Fair Isle, ist als Namensgeber der lokalen Stricktradition bekannt und für ihre großen Seevogelkolonien mit seltenen Zugvögeln im Frühjahr und Herbst.

Die Landschaft der Inseln wurde stark von weidenden Schafen geprägt, daher gibt es

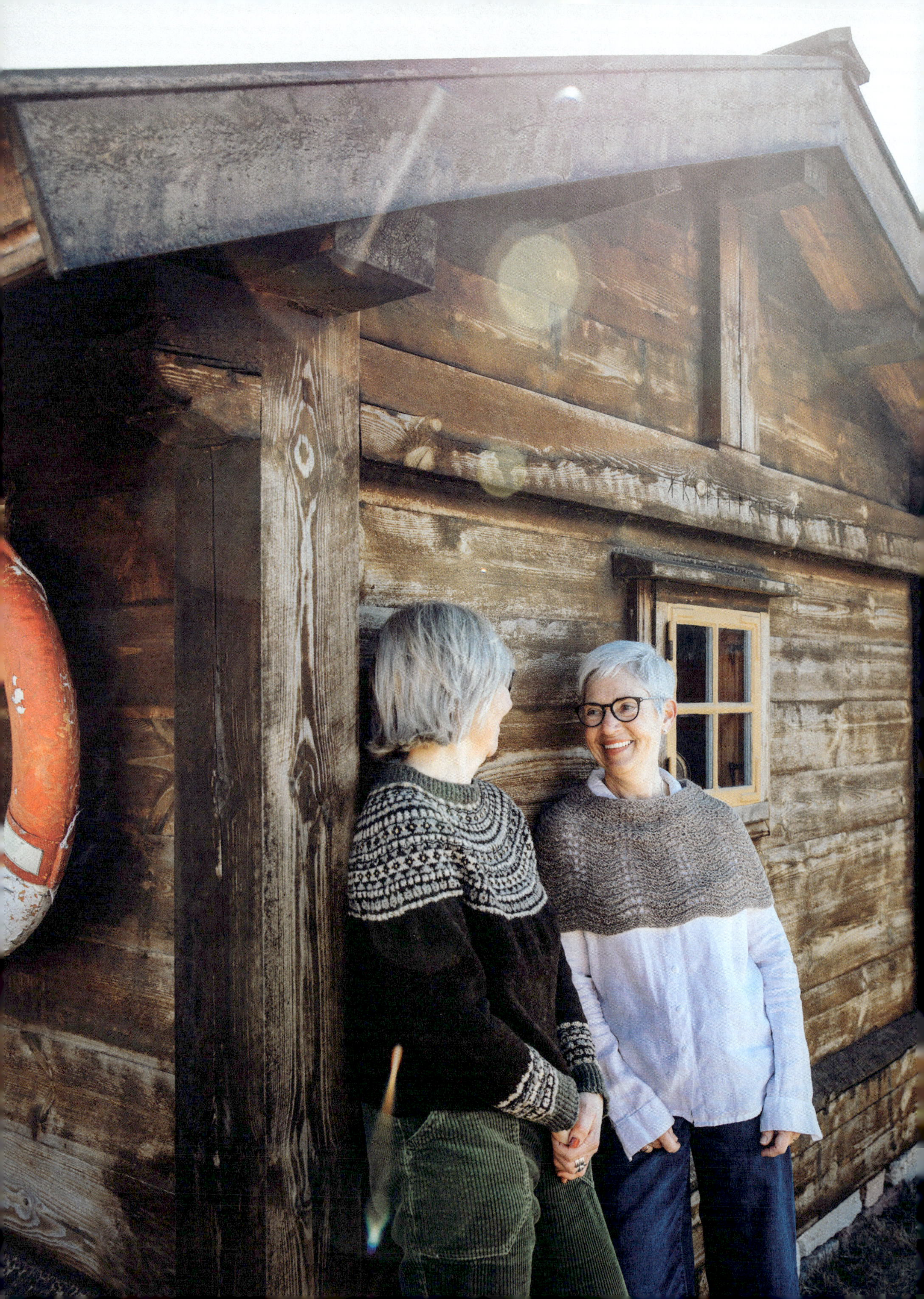

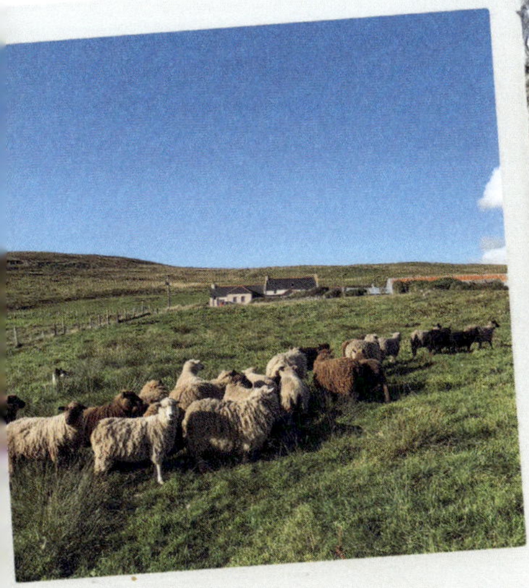

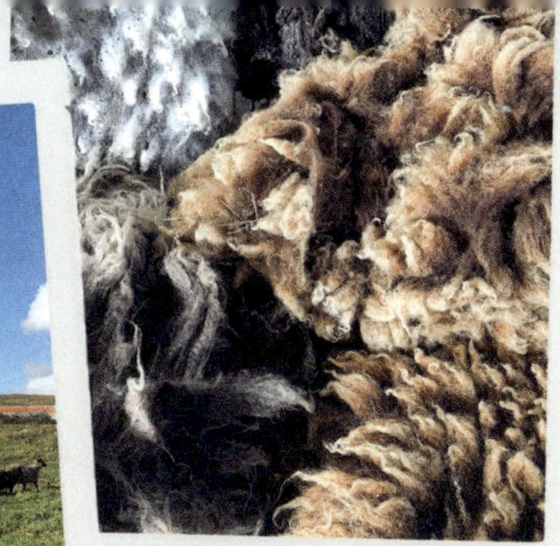

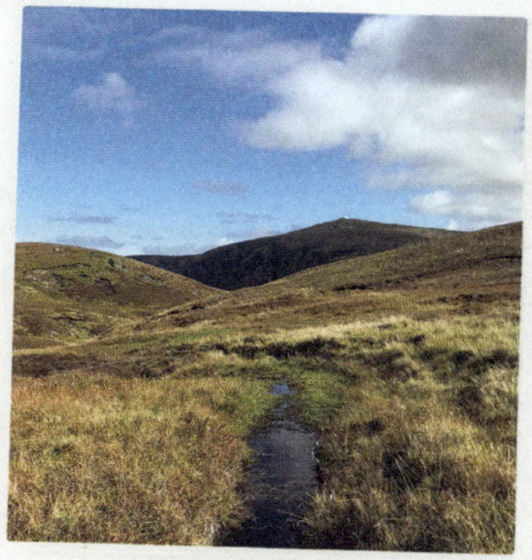

kaum Bäume. Die Flora besteht aus arktischen und alpinen Pflanzen, Wildblumen, Laubmoosen und Flechten. Auf den nördlichen, bergigen Teilen von Mainland und Unst wachsen arktische Arten. Die Hälfte der Inselfläche ist von Torf bedeckt – an manchen Stellen ist es über einen Meter dick. Das sind meist nährstoffarme Feuchtböden, auf denen nur wenige Pflanzen wachsen, darunter Wollgräser, Moorlilie, Kreuzblume und Blutwurz. Die verleihen dem Moor ein besonderes Aussehen. Hier, genau wie auf den Äußeren Hebriden, ist und war der Torf ein wichtiger Teil des Alltagslebens auf der Insel und auch der Wärmeversorgung.

Die Inseln haben eine der größten Vogelkolonien im Nordatlantik mit über einer Million Vögel. Jeden Sommer brüten Seevögel auf den Inseln, die meisten in großen Kolonien auf Hermaness, Foula, Mousa, Noss, Sumburgh Head und Fair Isle. Viele arktische Vogelarten überwintern auf Shetland, darunter Singschwan und Eistaucher. Nach der Brutsaison sind die Vogelkolonien leer. Die Seeschwalben ziehen nach Süden, die Alken und Sturmschwalben aufs Meer hinaus.

FAIR ISLE

Die Insel, die den traditionellen Einstrickmustern Shetlands ihren Namen leiht, ist die südlichste. Fair Isle bedeutet eigentlich Schafsinsel. Heute ist Fair Isle vor allem ein Zentrum der Ornithologie, aber man kann hier auch viel übers Stricken lernen. Das Besondere an der Tradition ist die typische Art, Muster und Farben zu kombinieren. Nie mehr als zwei Farben pro Reihe – aber 5 bis 7 besonders harmonierende Farben pro Kleidungsstück. Nicht schwierig zu stricken, doch die repetitiven, geometrischen Muster in Bändern machen süchtig.

Die Muster selbst findet man auch in skandinavischer Stricktradition – aber die Art der Farbgebung unterscheidet sich sehr. In einem Muster können Muster- wie Hintergrundfarbe mehrmals wechseln. Sehr effektvoll! Das Stricken war auf den Inseln ein wichtiger Erwerbszweig, und im Museum in Lerwick kann man ältere und modernere Kleidungsstücke sehen.

SHETLAND UND ICH

Wie sagte eine Freundin so passend, als wir zum ersten Mal zusammen nach Shetland reisten? »Ich kann nur abreisen, wenn ich weiß, wann ich wiederkomme.«

Das verstehe ich vollkommen. Die klare, frische Luft. Das Licht. Die Großzügigkeit und Neugier bei denen, die wir getroffen haben. Die Nähe und Kleinheit – die grandiose Landschaft und alles, was so bekannt und doch gleichzeitig ganz eigen ist.

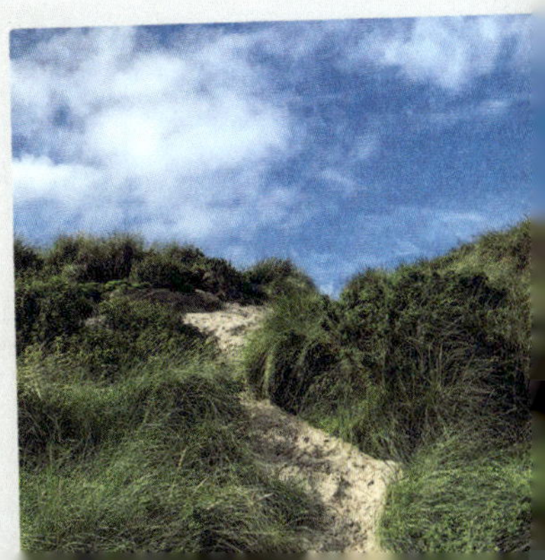

Die ruhige, freundliche Mentalität und der stille Stolz reizen immer wieder zum Besuch und lassen einen weich landen.

Die Landschaft der Inseln lädt eine begeisterte Wanderin wie mich dazu ein, sie zu Fuß zu entdecken. Da die Inseln dort liegen, wo mehrere Kontinentalplatten aneinanderstoßen, bieten sie eine besondere Landschaft. Obwohl sie relativ klein sind, gibt es mehrere unterschiedliche Gesteinsarten, die die Natur dramatisch verändern. An einem einzigen Tag kann man auf Lunna durch Heide wandern und dann in Eshaness auf eine völlig andere Landschaft stoßen. Mehr dazu im Folgenden.

STRICKSTÜCKE

Anstatt die traditionellen Fair-Isle-Muster zu nutzen, habe ich eigene entworfen, die teilweise in der Grundform auf den klassischen OXO-Bändern basieren - aber hier sind sie verändert, einfacher und haben noch linke Maschen dazubekommen und eine andere Art des Farbenstrickens. Ich finde, dass bunte Muster mit rechten und linken Maschen sehr gut zu Shetlandwolle passen, was man hier ausprobieren kann!

Der Pullover Eshaness ist das erste Modell im Shetlandkapitel. Die dramatische Landschaft bei Eshaness an der Nordwestküste von Mainland ist bekannt und sehr beeindruckend, dabei einladend und leicht zu erwandern. Die fast schwarzen Basaltklippen, die steil aus einem oft wilden Meer aufsteigen, die grüne Natur und der Leuchtturm.

Der Leuchtturm wurde 1929 von Stevenson erbaut und 1974 automatisiert. Seit Ende der 1990er ist er in Privatbesitz. Natürlich befindet er sich auch auf der Pulloverpasse - wo die Hauptfarbe die der braunschwarzen Klippen ist, dazu das weiche Graugrün der Flechten und das Weiß und Gelb des Leuchtturms.

Auf den Pullover Eshaness folgt ein Set mit Mütze und Fäustlingen, ein rustikaler Spitzenloop, in den man sich abends hineinkuscheln kann, und dann etwas, das für mich sowohl richtig nützlich als auch sehr britisch ist: ein Kannenwärmer. Meiner ist allerdings für eine Kaffeepresse, nicht für Tee. Mehr dazu auf Seite 105.

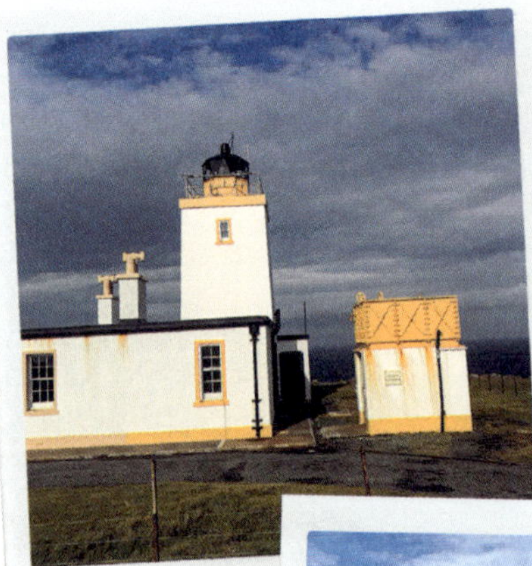

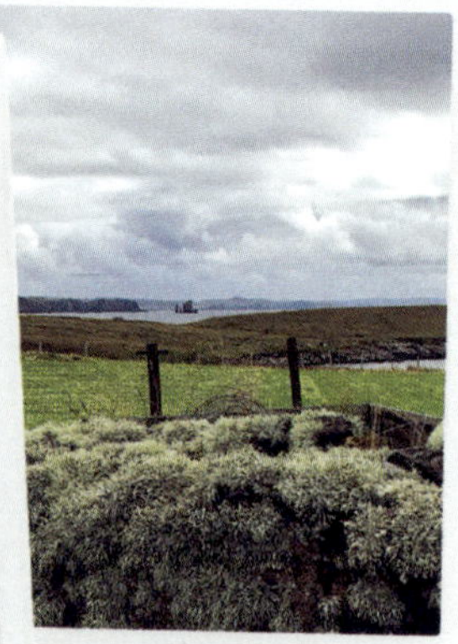

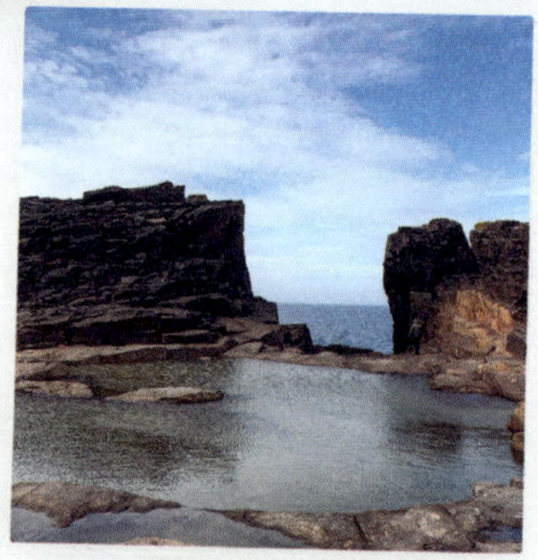

WEITERLESEN: ***Fair Isle Weekend*** von Mary Jane Mucklestone, Ella Gordon und Viviann Ross-Smith (Laine Publishing) Alle Shetlandkrimis von Ann Cleeves (Rowohlt) ***Die Birken wissen's noch*** von Lars Mytting (Insel Verlag) ***Traditional Fair Isle Knitting*** von Sheila McGregor (Dover Publications Inc.)

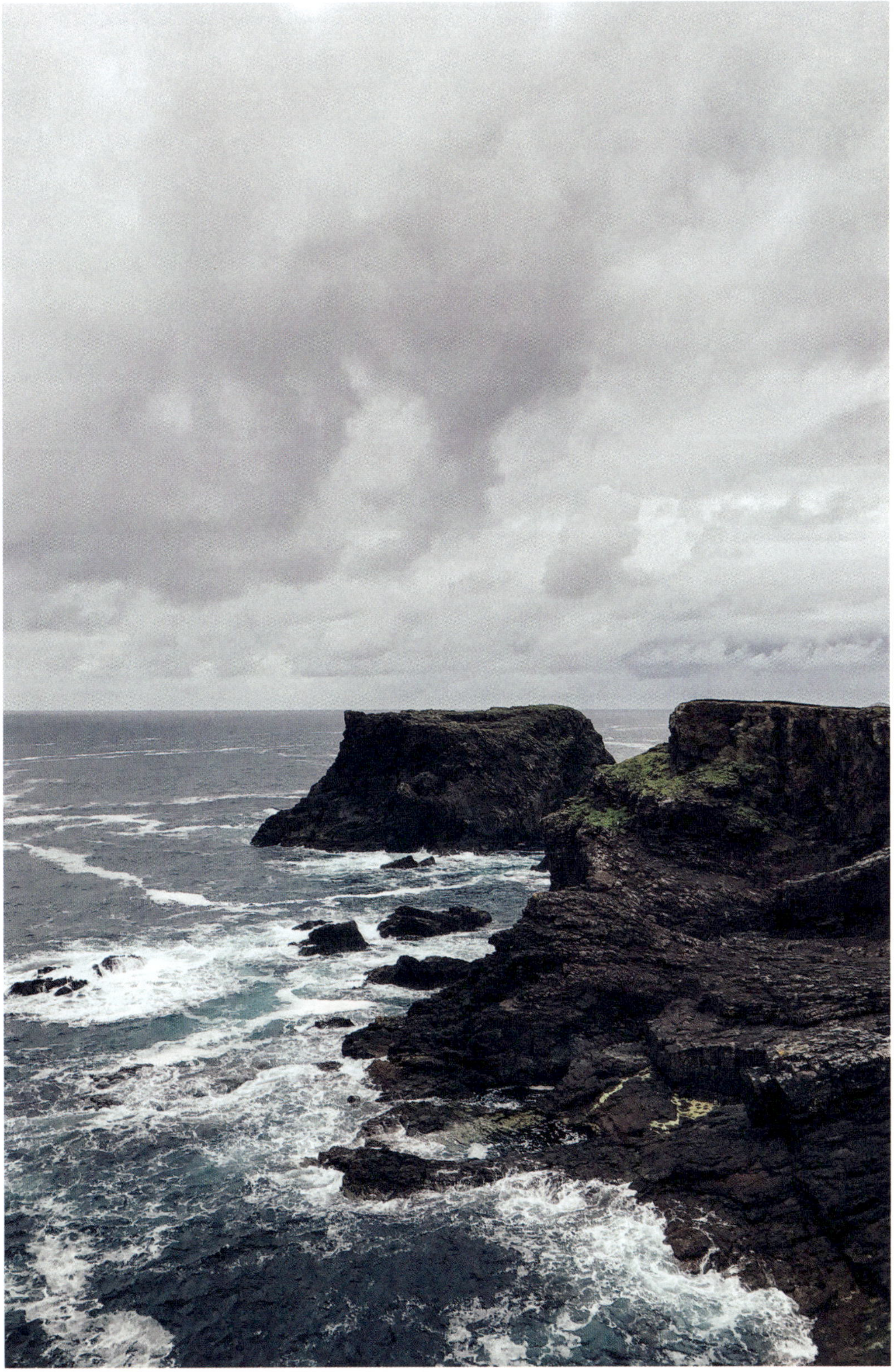

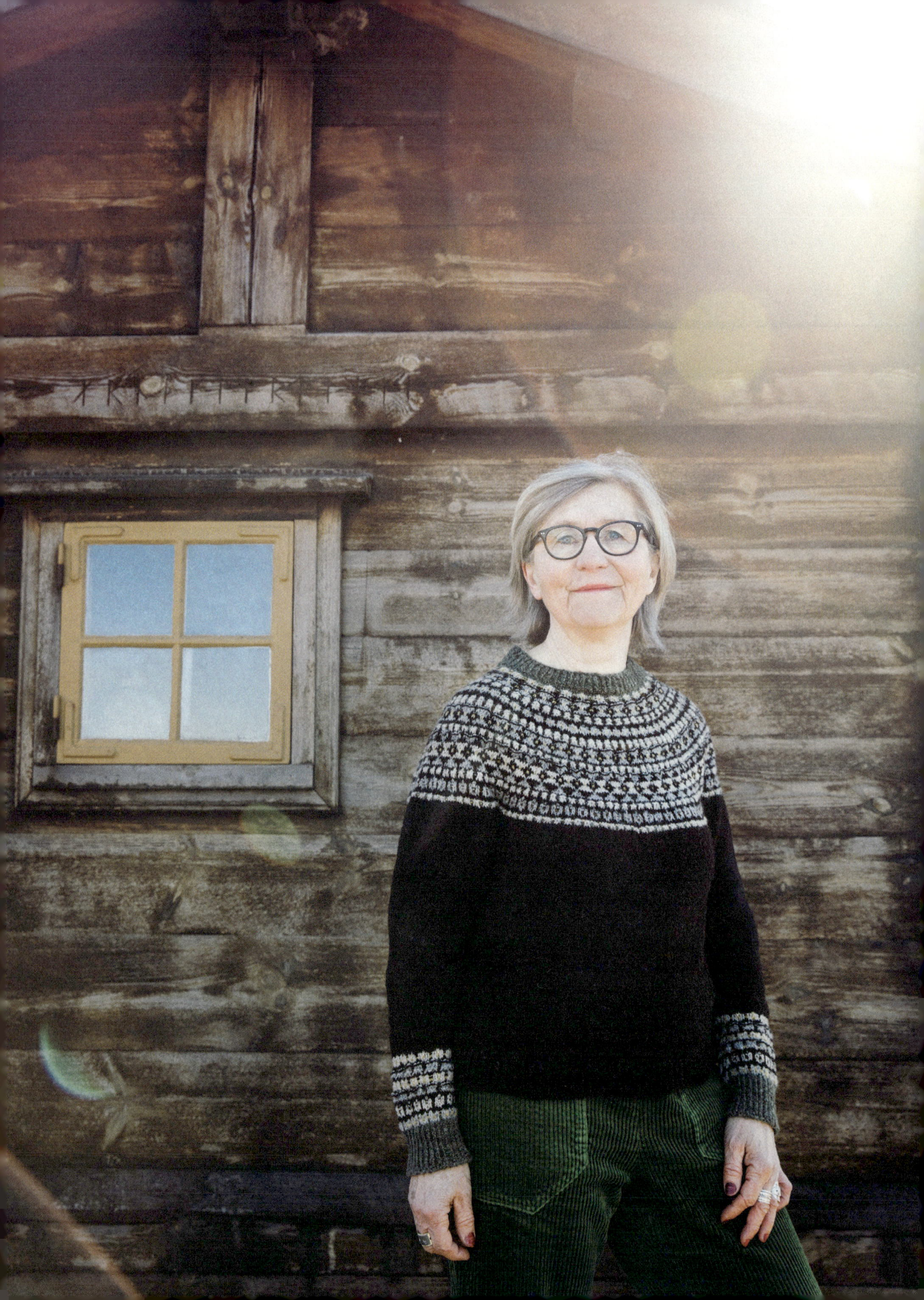

Pullover Eshaness

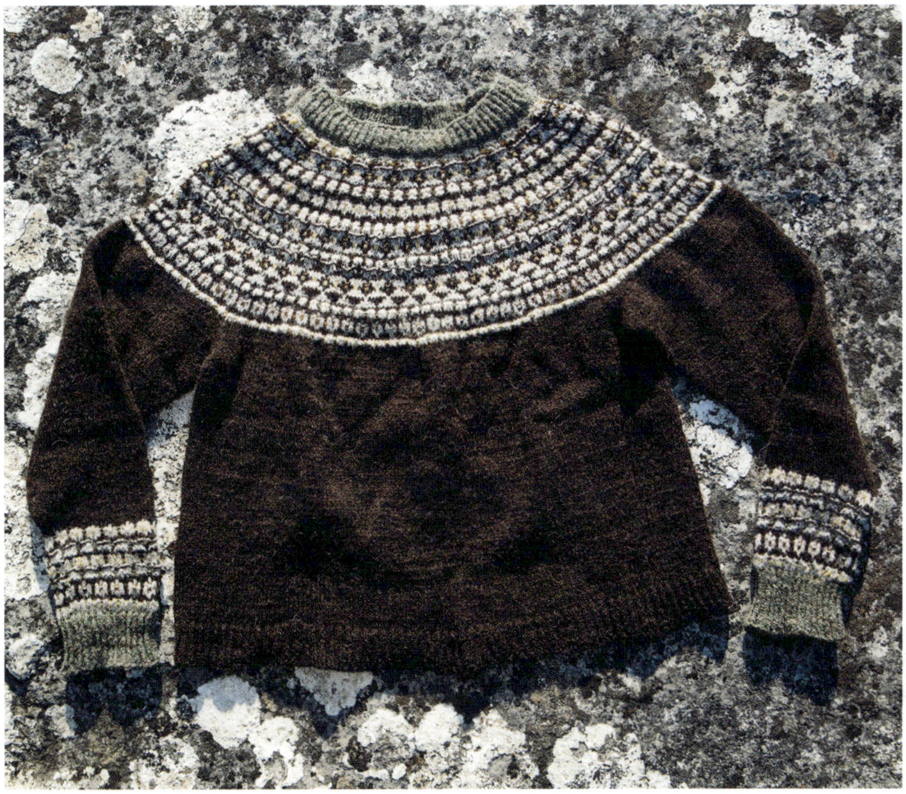

Shetland Nr. 1

Das grafische, sich wiederholende Muster ist von den OXO-Bändern der Fair-Isle-Tradition inspiriert, aber vereinfacht und mit linken Maschen kombiniert. Dadurch entsteht eine feine Struktur im Muster, außerdem macht es Spaß zu stricken. Ich habe zwei Sorten Shetlandwolle verwendet – Shetland Supreme und Jumper Weight, eine Wolle in den neun hübschen Nuancen des Shetlandschafs. Man kann sie wunderbar kombinieren und nach der Passe bequem rechts stricken.

Material: Shetland Supreme Jumper Weight 344 m/100 g und 2 Ply Jumper Weight 460 m/100 g von Jamieson & Smith

GRÖSSE:	**S**	**M**	**L**	**XL**	**XXL**	**XXXL**
Wolle:						
HF	225 g	250 g	275 g	275 g	300 g	325 g
MF 1	45 g	45 g	45 g	50 g	50 g	60 g
MF 2	25 g	30 g	35 g	35 g	40 g	40 g
MF 3	25 g	30 g	35 g	35 g	40 g	40 g
MF 4	10 g	15 g	15 g	15 g	20 g	20 g
MF 5	10 g	10 g	10 g	10 g	10 g	10 g

Farbe: Shetland Supreme Jumper Weight: Shetland black/dunkelbraun 2005 (HF), 2 Ply Jumper Weight von Jamieson & Smith: FC46 mix/graugrün (MF 1), Shaela/hellgrau 2003 (MF 2), Katmollet/hellbeige 2008 (MF 3), 121 mix/gelb (MF 4), FC44 mix/braun (MF 5)

Nadeln: Rundnadel 2,5 mm für die Rippen an Hals und Ärmel, 3,25 mm für glatt rechts und Bund-Rippen und 3,5 mm fürs Einstrickmuster

Maschenprobe: 24 M × 32 Rd glatt rechts auf Nadeln 3,25 mm = 10 × 10 cm

Zubehör: Maschenmarkierer, Faden zum Stilllegen von Maschen, Stopfnadel zum Fädenvernähen

Variante: Möchten Sie lieber eine Jacke? Lassen Sie die Runde in der vorderen Mitte beginnen und schlagen Sie 5 Steekmaschen zusätzlich an, daneben liegt der Rundenbeginn (siehe Jacke Eksta auf Seite 119).

Konstruktion: Der Pullover wird in Runden von oben nach unten gestrickt, der Nacken wird mit verkürzten Reihen verlängert. Die Runde beginnt in der hinteren Mitte. Die Ärmel werden auf einem Nadelspiel rund gestrickt.

Zunahmetipp: Ich stricke 1 M re, 1 rückwärtigen Umschlag, der Faden verläuft von hinten nach vorn über die Nadel, anstatt andersherum, und in der nächsten Rd wird die M ins vordere Maschenglied gestrickt = rechts neigende Zunahme, dann stricke ich bis zu den letzten 3 M – dort nehme ich links neigend zu, mit einem normalen Umschlag, der in der nächsten Rd re verschr gestrickt wird.

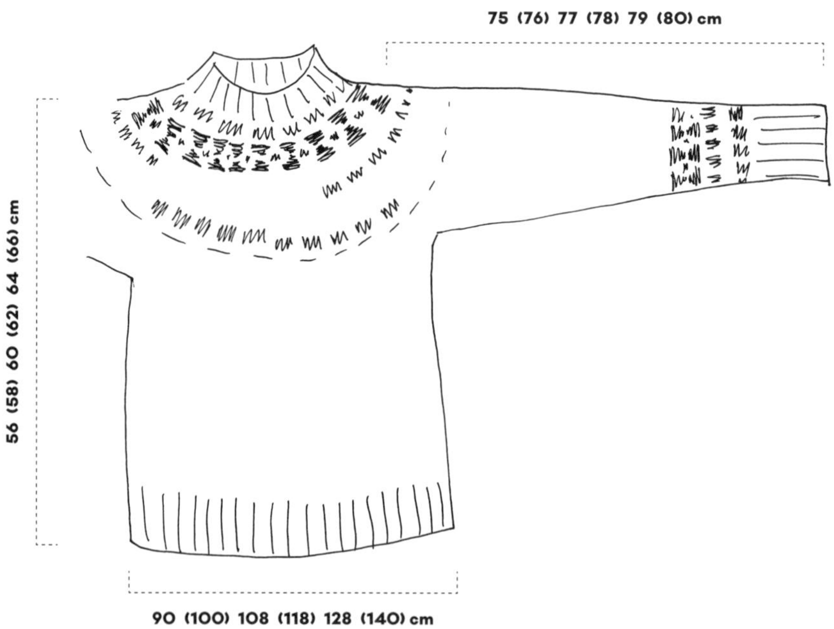

HAUPTSTRICKSCHRIFT

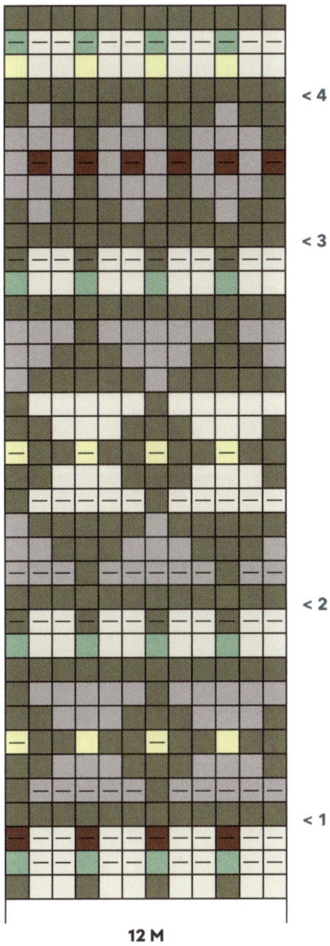

ÄRMELENDE

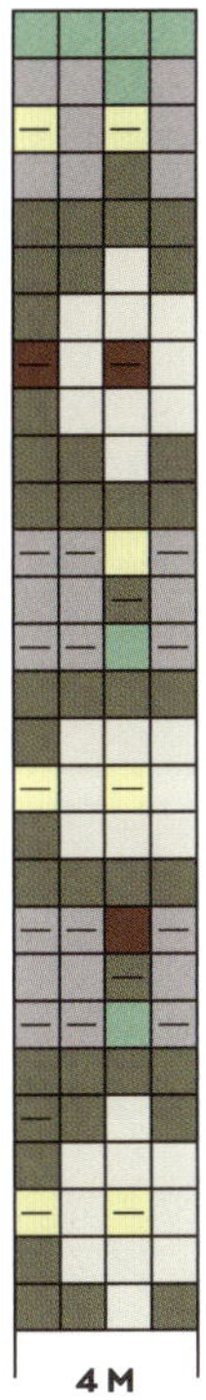

HALS

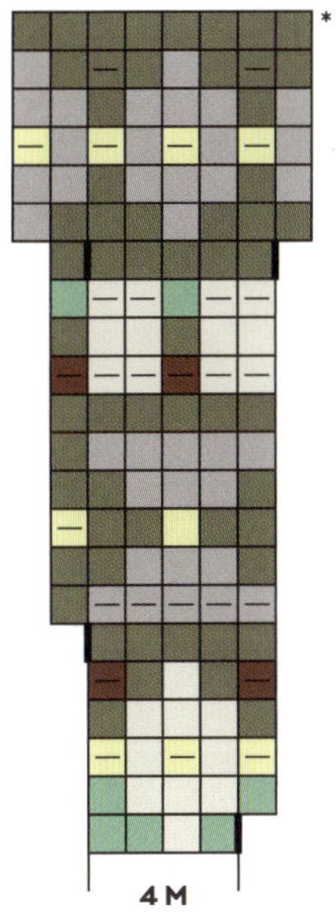

Für einen ausgestellten Pullover in A-Linie kann man nach Beendigung der Passe wie folgt am Körper zunehmen: Wenn das Strickstück 4 cm ab der Teilung misst, beidseitig der MM je 1 M zunehmen - also 4 M pro Runde. Ich stricke 1 M re, 1 rückwärtigen Umschlag, der Faden verläuft von hinten nach vorn über die Nadel, anstatt andersherum, und in der nächsten Rd wird die M ins vordere Maschenglied gestrickt = rechts neigende Zunahme, dann stricke ich bis zu den letzten 3 M - dort nehme ich links neigend zu, mit einem normalen Umschlag, der in der nächsten Rd re verschr gestrickt wird.

Sie möchten eine Tunika oder ein Kleid? Stricken Sie bis zur gewünschten Länge, nachdem die seitlichen Zunahmen beendet sind. Der Pullover kann auch mit Dreiviertelärmeln gestrickt werden. Dafür in jeder 8. Runde insgesamt 9-mal zunehmen = 254 (274) 294 (318) 344 (370) M.

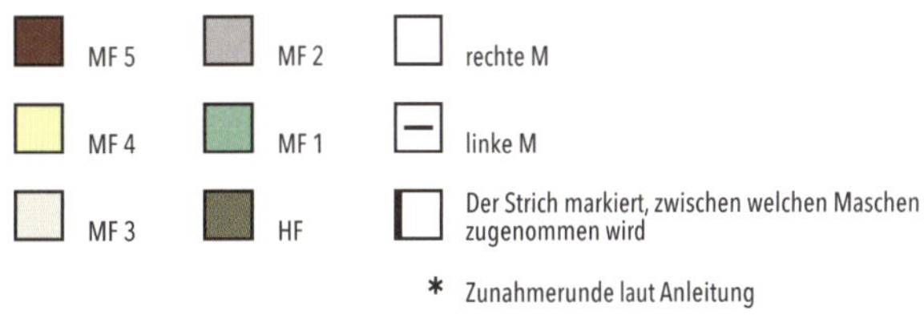

HALSAUSSCHNITT

Mit MF 1 und Nadeln 2,5 mm 124 (128) 136 (140) 148 (152) M anschlagen. 1 Rd re und den Rundenbeginn (hintere Mitte) und die Rundenmitte markieren. 2 Rd verschr Rippen,1 M re verschr, 1 M li stricken. Dann verkürzte Reihen im Nacken stricken. Dabei in der Rückreihe die linken M verschränkt und einen Umschlag links verschränkt mit der M daneben zus stricken.

11 (12) 12 (13) 13 (14) M im Rippenmuster stricken, Arbeit wenden, U, 22 (24) 24 (26) 26 (28) M stricken, wenden. Über die MM hinwegstricken, dann wie folgt:

HinR: U, 33 (36) 36 (39) 39 (42) M, wenden.
RückR: U, 44 (48) 48 (52) 52 (56) M, wenden.
HinR: U, 55 (60) 60 (65) 65 (70) M, wenden.
RückR: U, 66 (72) 72 (78) 78 (84) M, wenden.
HinR: U, 77 (84) 84 (91) 91 (98) M, wenden.
RückR: U, 88 (96) 96 (104) 104 (112) M, wenden.

Die ganze Rd in Rippen stricken.

Weiter Rippen stricken, bis die Arbeit in der vorderen Mitte ca. 2,5 cm misst. 1 Rd re, dabei gleichmäßig verteilt 20 M abnehmen = 104 (108) 116 (120) 128 (132) M. Auf Nadelstärke 3,5 mm wechseln und 1 Rd re.

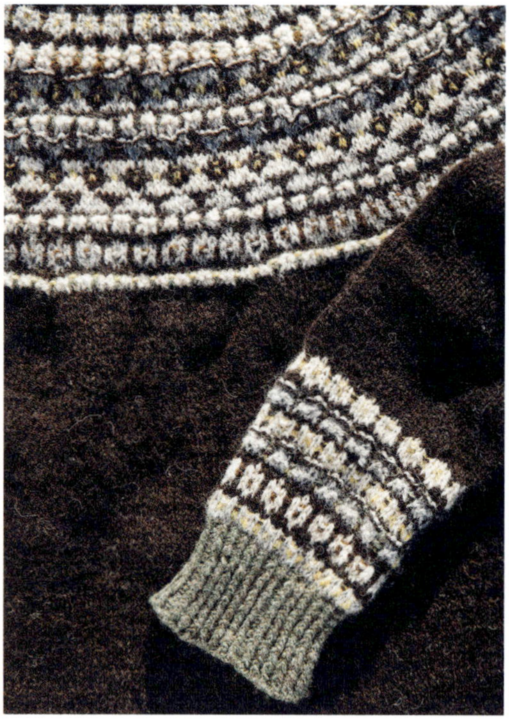 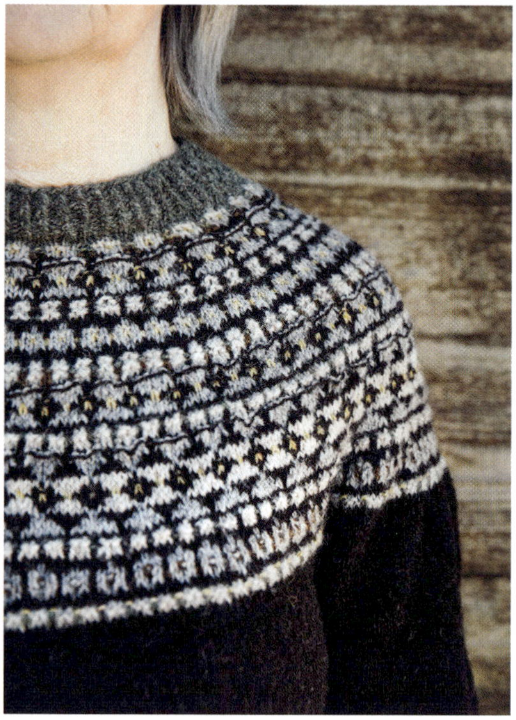

Jetzt das Muster laut der Strickschrift für den Hals stricken – die Musterwiederholung insgesamt 26 (27) 29 (30) 32 (33)-mal pro Rd stricken. Der fette Strich markiert eine Zunahme zwischen 2 M, dafür einen Umschlag machen, der in der folgenden Rd verschränkt gestrickt wird. In der letzten Rd der Strickschrift (mit einem Stern markiert) gleichmäßig verteilt 20 (24) 20 (24) 32 (36) M zunehmen: 228 (240) 252 (264) 288 (300) M.

Im Muster laut der Hauptstrickschrift stricken. Die Pfeile an der Seite markieren die Zunahmerunden, in denen man die angegebene Maschenzahl gleichmäßig verteilt zunimmt. Siehe Tipp auf Seite 11.

Pfeil 1: 24 (36) 36 (36) 36 (36) M zun = 252 (276) 288 (300) 324 (336) M.

Pfeil 2: 24 (24) 36 (36) 36 (36) M zun = 276 (300) 324 (336) 360 (372) M.

Pfeil 3: 24 (24) 24 (36) 36 (36) M zun = 300 (324) 348 (372) 396 (408) M.

Pfeil 4: 12 (24) 24 (24) 24 (24) M zun = 312 (348) 372 (396) 420 (432) M.

Am Ende der Passe misst das Strickstück in der vorderen Mitte ca. 21,5 cm ab Anschlag.

Auf Nadelstärke 3,25 mm wechseln und glatt rechts mit HF stricken. In der ersten Rd 7 (10) 14 (17) 20 (24) M gleichmäßig verteilt zunehmen.

1 (1) 1 (2) 3 (3) Rd re. In der nächsten Rd 7 (10) 14 (17) 20 (32) M gleichmäßig verteilt zunehmen = 326 (368) 400 (430) 460 (488) M.

Weiterstricken, bis die Arbeit in der vorderen Mitte 22 (24) 26 (28) 30 (32) cm ab dem Anschlag misst. Den Pullover jetzt anprobieren, falls die Passe noch nicht lang genug ist, um hier für Ärmel und Körper aufzuteilen, noch ein paar cm zusätzlich stricken.

Nächste Rd: 49 (54) 58 (64) 70 (75) M re (Rückenteilhälfte), die nächsten 64 (75) 83 (86) 90 (93) M für den Ärmel stilllegen, 10 (10) 12 (12) 14 (16) M provisorisch anschlagen (siehe Seite 14), 99 (109) 117 (129) 140 (151) M re (Vorderteil), die folgenden 64 (75) 83 (86) 90 (93) M für den Ärmel stilllegen, 10 (10) 12 (12) 14 (16) M provisorisch anschlagen und die restlichen 50 (55) 59 (65) 70 (76) M re (2. Rückenteilhälfte). Vorder- und Rückenteil und die Ärmel getrennt beenden.

KÖRPER

Gesamtmaschenzahl am Körper: 218 (238) 258 (282) 308 (334) M. Glatt rechts stricken, bis das Strickstück 27 cm an den angeschlagenen Ärmelmaschen misst. Den Pullover anprobieren!

Mit den Rippen beginnen oder weiterstricken, bis noch ca. 4 cm zur gewünschten Länge fehlen. 4 cm im Rippenmuster 1 M re verschr, 1M li stricken. Elastisch abketten (siehe Seite 12).

ÄRMEL

Die 64 (75) 83 (86) 90 (93) Ärmelmaschen auf ein 3,25-mm-Nadelspiel schieben. Den provisorischen Anschlag unterm Arm öffnen, diese Maschen auf die Nadel nehmen, außerdem beidseitig von diesen je 2 M aufnehmen. Den Rundenbeginn und die untere Ärmelmitte markieren (hier wird der Ärmel gemessen).

Nach 3 cm glatt rechts die 2 + 2 extra Maschen mit den Nebenmaschen re zus = 74 (85) 95 (98) 104 (109) M. Wenn der Ärmel 4 cm misst, unter dem Arm 2 M abnehmen, dafür 1 M re zus, bis zu den letzten 3 M vor dem MM re – 2 M re verschr zus, 1 M re = 2 M abgenommen.

In jeder 9. (7.) 5. (5.) 4. (4.) Rd 10 (3) 14 (7) 14 (8)-mal abnehmen und dann in jeder 8. (6.) 4. (4.) 3. (3.) Rd 1 (12) 5 (12) 7 (14)-mal = 52 (55) 57 (60) 62 (65) M.

Wenn der Ärmel ab der Teilung 35 (33) 32 (30) 28 (27) cm misst oder wenn zur gewünschten Länge noch 10 cm fehlen (in den größeren Größen ist der Ärmel kürzer, weil die Passe länger ist), 1 Rd re, in der die Maschenanzahl auf 51 (54) 57 (60) 63 (66) M korrigiert wird.

Noch 1 Rd re. Auf Nadelstärke 3,5 mm wechseln und laut Strickschrift stricken. Dann auf Nadelstärke 2,5 mm wechseln, 1 Rd re, in der die Maschenanzahl auf 52 (56) 56 (60) 64 (68) M korrigiert wird. 5 cm Rippen 1 M re verschr, 1 M li stricken. Im Rippenmuster abketten.

Der Ärmel misst ca. 45 (43) 42 (40) 38 (37) cm ab der Teilung. Den anderen Ärmel genauso stricken.

AUSARBEITEN

Alle Fäden vernähen, den Pullover vorsichtig mit Wollwaschmittel waschen und liegend trocknen lassen, dabei kann man ihn mit den Händen sanft in Form und auf Maß ziehen.

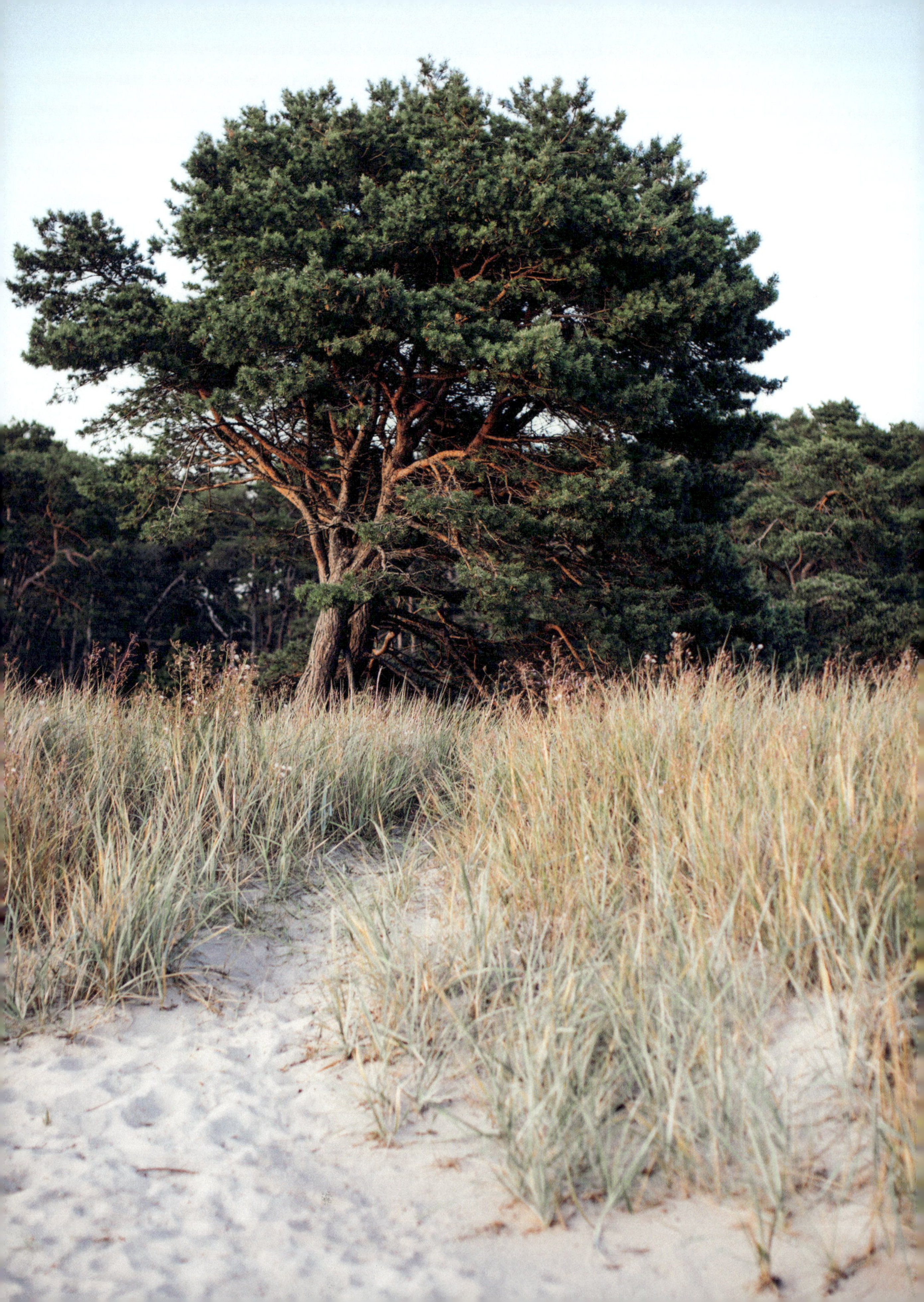

Fäustlinge Morgendämmerung

Mütze Morgendämmerung

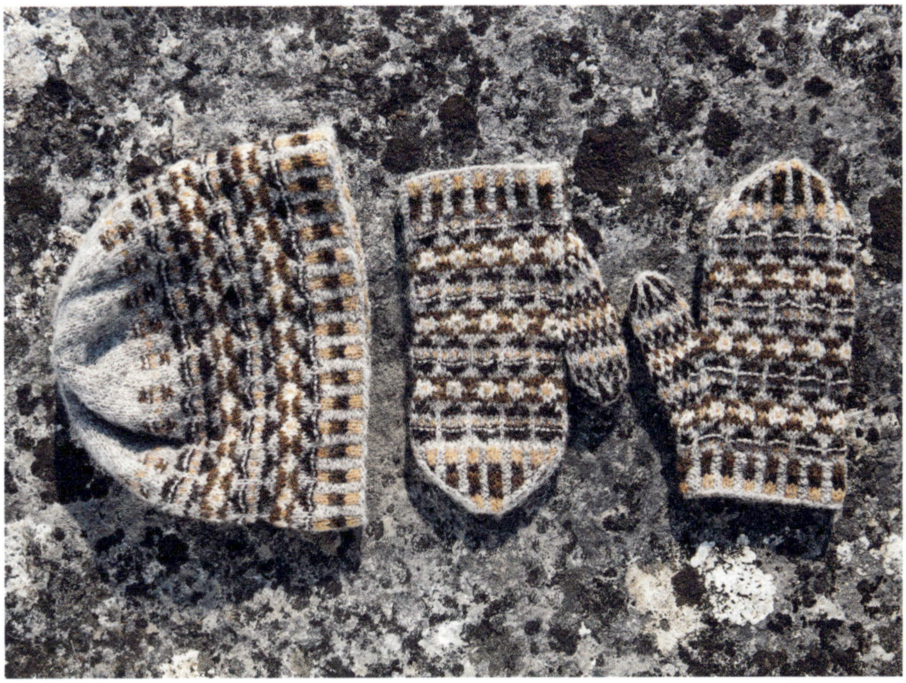

Shetland Nr. 2, Shetland Nr. 3

Rivin o da dim ist der shetländische Ausdruck für Morgendämmerung. Hier ist es der Name einer Mütze und eines Paars Fäustlinge in sanften, weichen Farben und sanfter, weicher Wolle. Das Muster, exakt dasselbe wie am Pullover Eshaness, ist meine Interpretation der traditionellen OXO-Bänder.

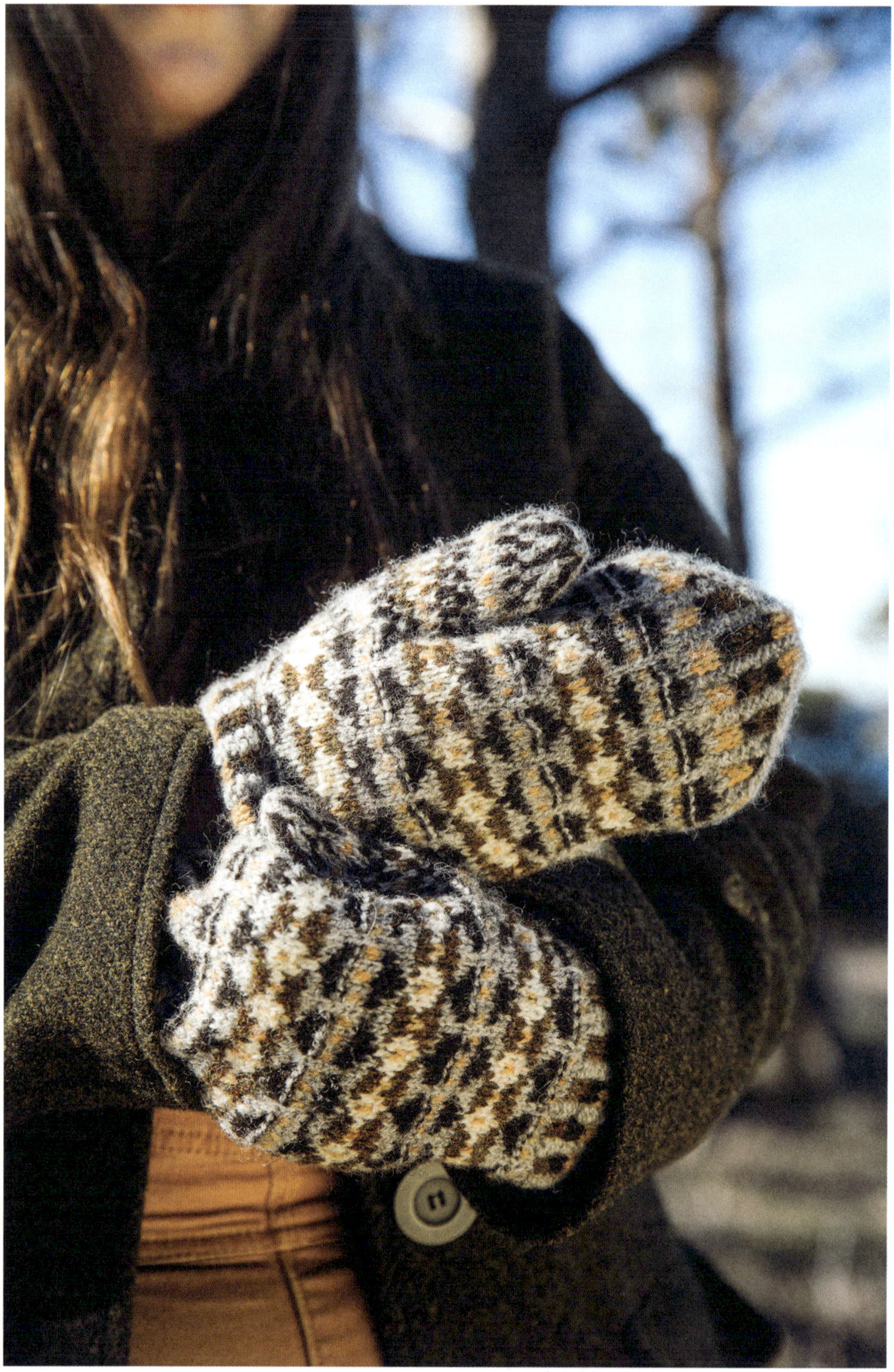

GRÖSSE HANDSCHUHE: EINHEITSGRÖSSE

Maße: Länge 20 cm, Breite ca. 9 cm

Material: Shetland Supreme Jumper Weight 344 m/100 g sowie 2 Ply Jumper Weight 460 m/100 g von Jamieson & Smith

Wolle: 30 g (HF), 15 g (MF 1), 15 g (MF 2), 10 g (MF 3), 10 g (MF 4)

Farbe: 2003/grau (HF), 2008/beige (MF 1), (2005/dunkelbraun (MF 2) (Supreme) FC44 mix/rindenbraun (MF 3), 1281 mix/aprikose (MF 4) (Jumper Weight)

Nadeln: Nadelspiel 3 mm

Maschenprobe: 30 M × 34 Rd im Muster auf Nadeln 3 mm = 10 × 10 cm.

Zubehör: Maschenmarkierer, Faden, um die Daumenmaschen stillzulegen, Stopfnadel zum Fädenvernähen

Variante: Man kann die Wolle auch auf dickeren Nadeln verstricken. Für größere Handschuhe würde ich die mehrfarbigen Rippen am Bund 2-mal und alles mit Nadelstärke 3,5 mm stricken.

Konstruktion: Die Handschuhe werden von unten nach oben in Runden gestrickt. Zuerst in mehrfarbigen Rippen und dann in einem einfachen Einstrickmuster mit rechten und linken Maschen. Der Daumenkeil wird seitlich und der Daumen im Muster gestrickt.

GRÖSSE MÜTZE: KLEIN (GROSS)

Maße: Passt Kopfumfang ca. 50/52 (54/56) cm, vom Anschlag bis zur Spitze ca. 25 cm

Material: Shetland Supreme Jumper Weight 344 m/100 g sowie 2 Ply Jumper Weight 460 m/100 g von Jamieson & Smith

Wolle: 30 g (35 g) (HF), 6 g (10 g) (MF 1), 6 g (10 g) (MF 2), 6 g (10 g) (MF 3), 6 g (10 g) (MF 4)

Farbe: 2003/grau (HF), 2008/beige (MF 1), 2005/dunkelbraun (MF 2) (Supreme), FC44 mix/rindenbraun (MF 3), 1281 mix/aprikose (MF 4) (Jumper Weight)

Nadeln: Rundnadel 3 mm für die mehrfarbigen Rippen und glatt rechte Spitze, 3,25 mm für das Einstrickmuster laut Strickschrift

Maschenprobe: 26 M × 28 Rd im Muster auf Nadeln 3,25 mm = 10 × 10 cm

Zubehör: Maschenmarkierer, Stopfnadel zum Fädenvernähen

Variante: Man kann einen Pompon von ca. 4 cm Durchmesser machen. Entweder einfarbig aus einer MF oder aus einem passenden Wollrest.

Konstruktion: Die Mütze wird von unten nach oben in Runden gestrickt, zuerst mit mehrfarbigen Rippen und dann in einem einfachen Einstrickmuster mit linken und rechten Maschen.

STRICKSCHRIFT HANDSCHUH

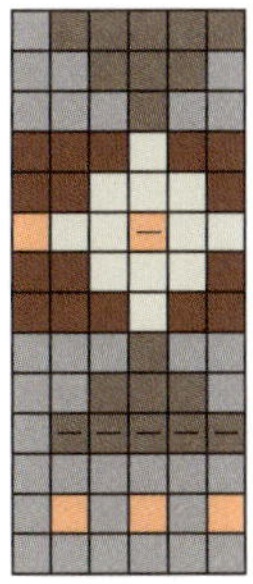

SPITZE

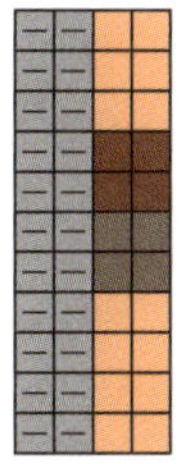

BUND

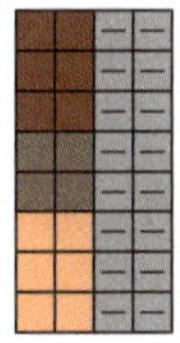

DAUMENKEIL

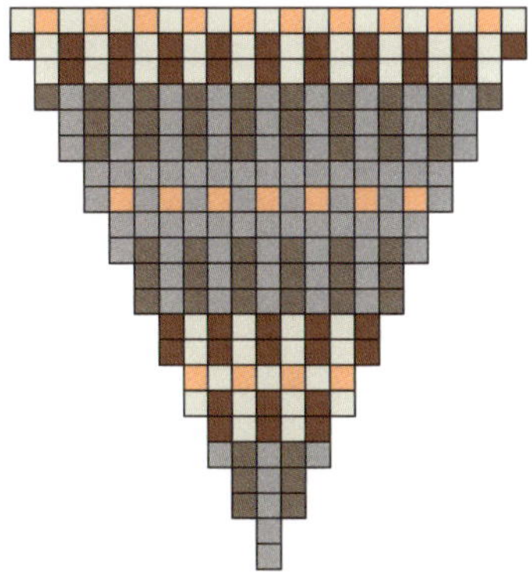

STRICKSCHRIFT MÜTZE

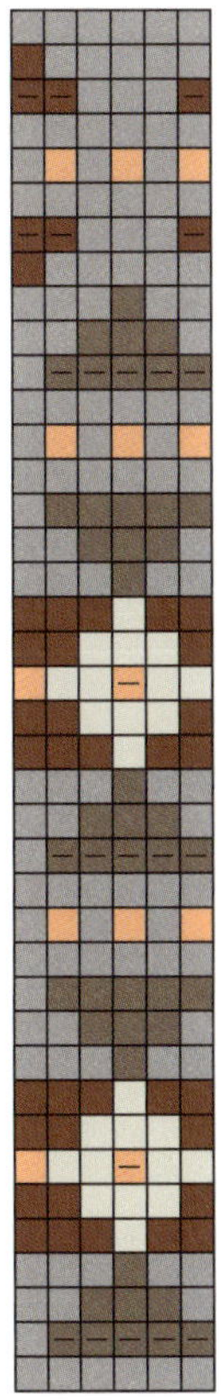

BUND

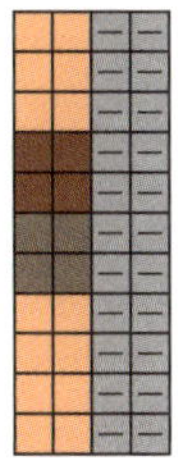

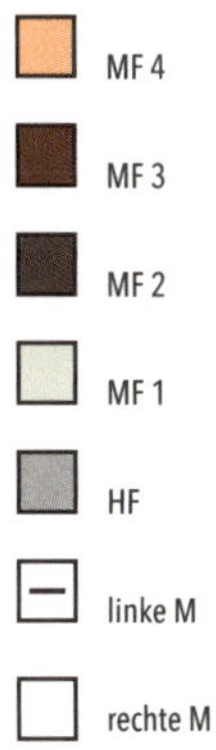

ANLEITUNG HANDSCHUHE

Mit HF und Nadelstärke 3 mm 60 M anschlagen und auf 4 Nadeln verteilen: Je 15 M. Mehrfarbige Rippen laut Strickschrift »Bund« stricken.

Der Hauptstrickschrift folgen und in der 2. Rd den Daumenkeil beginnen. Der Daumenkeil wird nach je 2 M an der jeweiligen Seite gestrickt - also zu Anfang von Nadel 1 beim rechten Handschuh und am Ende von Nadel 2 beim linken Handschuh.

In der ersten Rd wie oben beschrieben in jeder 2. Rd 2 M zunehmen. Gern einen Maschenmarkierer setzen. Den Daumenkeil laut seiner Strickschrift stricken und mit rechts bzw. links neigenden Zunahmen an den oben beschriebenen Stellen bis auf 21 M zunehmen. Diese Daumenmaschen stilllegen.

Für die Spitze abnehmen: Weiter im Muster stricken, bis der Handschuh den kleinen Finger bedeckt. Gern mit Rd 6 oder 14 enden.

Eine Rd mit HF, dabei zu Beginn von Nadel 1 und 3 je 1 M anschlagen: 62 M. Nun für die Spitze laut Strickschift und mit folgenden Abnahmen stricken, 7,5 Musterwiederholungen über Nadel 1 und 2 und 7,5 Musterwiederholungen über Nadel 3 und 4.

Die 2 neuen M - eine an jeder Seite - immer mit HF stricken und die beidseitigen Abnahmen neben den M ebenfalls immer mit HF stricken. Diese Maschen liegen also zwischen den Abnahmen und ergeben eine etwas festere Spitze.

Nadel 1: 1 M re (die neue), 2 M re verschr, im Muster stricken (auf Nadel 3 wdh).

Nadel 2: Bis zu den letzten 2 M im Muster stricken, 2 M re zus (auf Nadel 4 wdh).

Wie oben abnehmen und laut Strickschrift stricken, bis noch 7 + 7 M übrig sind. Die RandM mit der letzten M der vorigen Nadel re zus stricken. 6 + 6 M übrig. Die Maschen im Maschenstich zusammennähen oder -stricken (siehe Seite 12 bis 14).

DAUMEN

3 M innen am Daumen aufnehmen - HF, MF, HF oder dem Muster folgen. 21 + 3 = 24 M.

Den Daumen weiter im Muster stricken. Wenn der Daumen den halben Nagel bedeckt, wie folgt abnehmen:

2 M re verschr zus HF, 1 M mit HF, 1 M mit MF - bis Rundenende wdh = 18 M.

Eine Rd ohne Abnahmen stricken. 2 M mit HF re verschr zus, 1 M mit MF - bis Rundenende = 12 M. Eine Runde ohne Abnahmen stricken. 2 M mit MF re zus bis Rundenende = 6 M.

HF abschneiden. Den Faden mit einer Stopfnadel 2-mal durch die M ziehen und innen vernähen. Einen zweiten Handschuh mit dem Daumen auf der anderen Seite stricken.

AUSARBEITEN

Alle Fäden vernähen, die Handschuhe vorsichtig mit Wollwaschmittel waschen und liegend trocknen lassen, entweder auf einer Holzform, oder man kann sie auch mit den Händen sanft in Form und auf Maß ziehen.

ANLEITUNG MÜTZE

Mit HF auf einer 3-mm-Rundnadel 120 (132) M anschlagen. 1 Rd rechts. Laut Strickschrift »Bund« mehrfarbige Rippen stricken.

Auf Nadelstärke 3,25 mm wechseln und das Muster laut Hauptstrickschrift stricken - am Ende misst das Strickstück ca. 16 (17) cm. 6 Maschenmarkierer mit 20 (22) M Abstand setzen. MF abschneiden, der Rest wird in HF auf den dünneren Nadeln gestrickt.

In der nächsten Rd vor jedem MM 1 M abnehmen, dafür 2 M re zus stricken. So in jeder 2. Rd abnehmen, bis 30 M übrig sind. Jetzt in jeder Rd abnehmen, bis 12 M übrig sind. Den Faden abschneiden, 2-mal durch die Maschen ziehen und gut vernähen.

AUSARBEITEN

Alle Fäden vernähen, die Mütze vorsichtig mit Wollwaschmittel waschen und liegend trocknen lassen, dabei kann man sie mit den Händen sanft in Form und auf Maß ziehen.

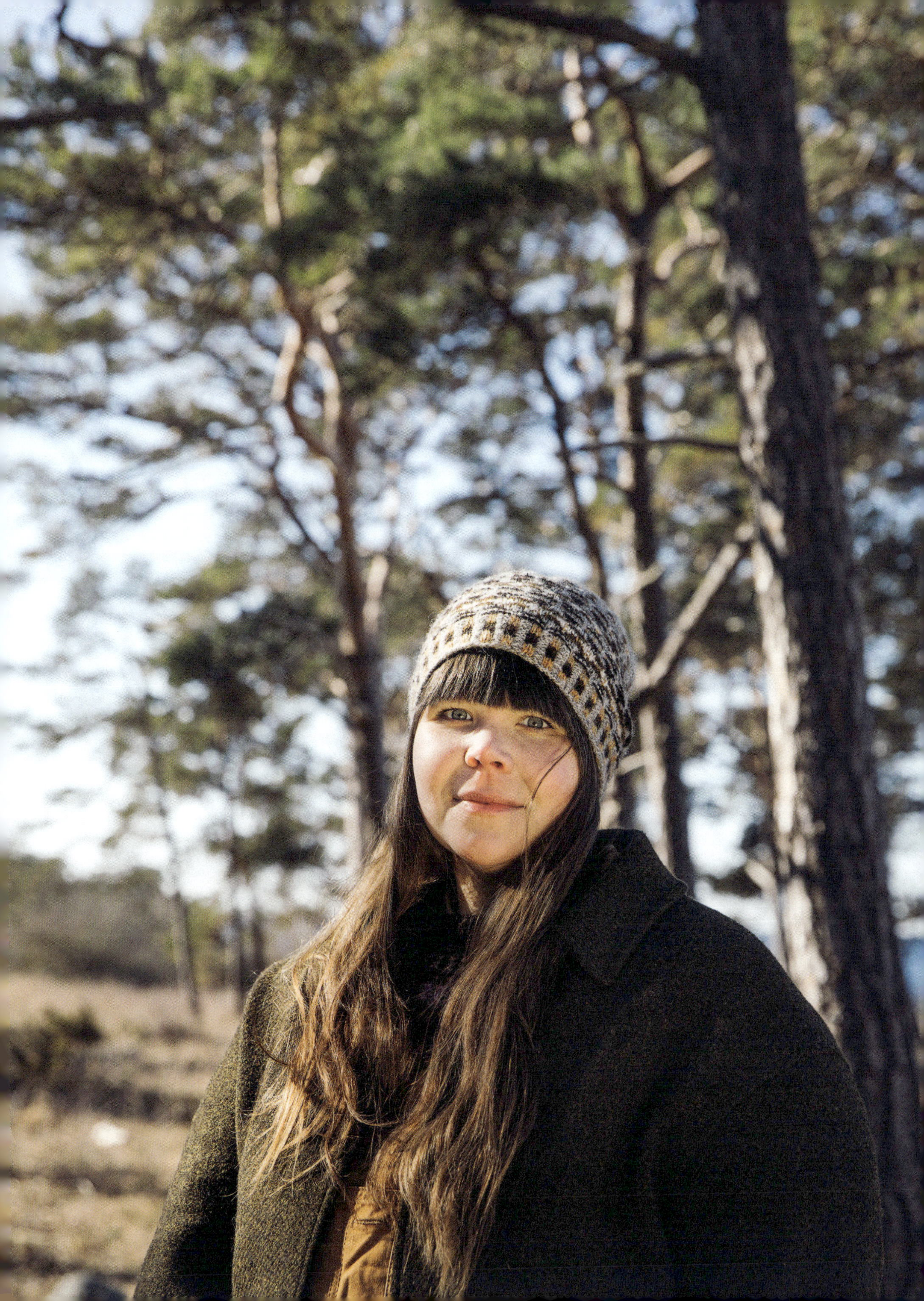

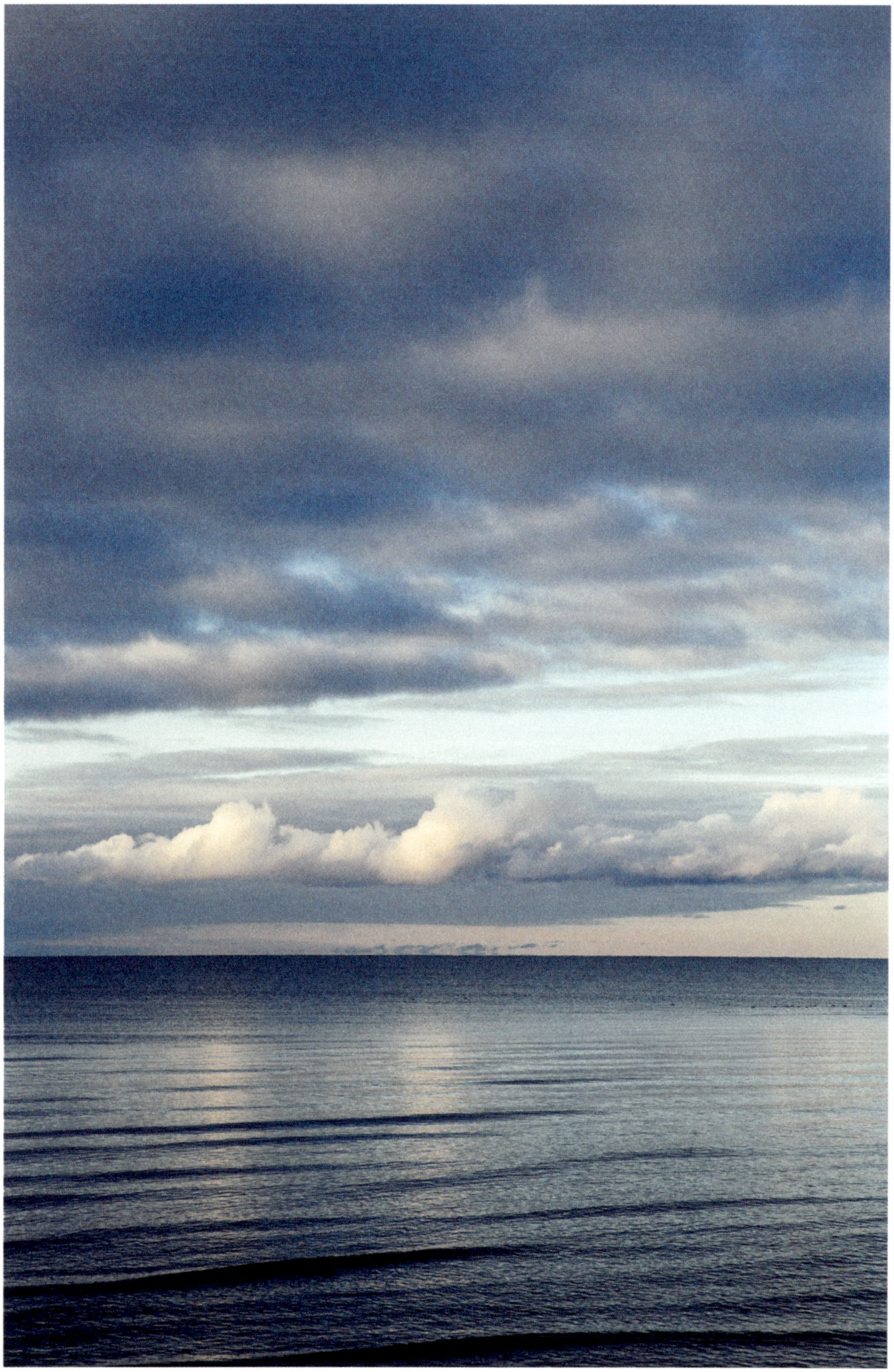

Spitzenloop Hömin

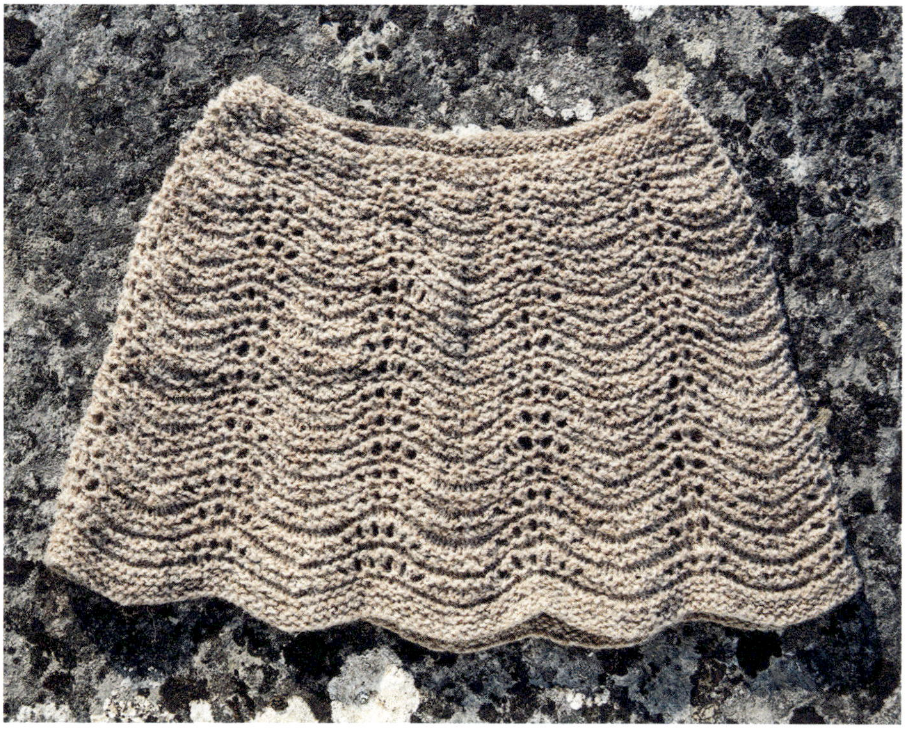

Shetland Nr. 4

Hömin bedeutet Abenddämmerung auf Shetländisch. Ich liebe die blaue Stunde, wenn man einen ruhigen Moment genießt, kurz bevor es dunkel wird. Das kann draußen, vielleicht bei einem abendlichen Bad, passieren oder drinnen mit einer Kerze. Hömin ist ein Spitzenloop, der mich zur blauen Stunde gerade genug wärmt. Es ist ein traditionelles Spitzenmuster, das sich oft und in vielen Variationen in der shetländischen Tradition der Strickspitze findet. Es ist einfach und schön zu stricken und noch bequemer zu tragen.

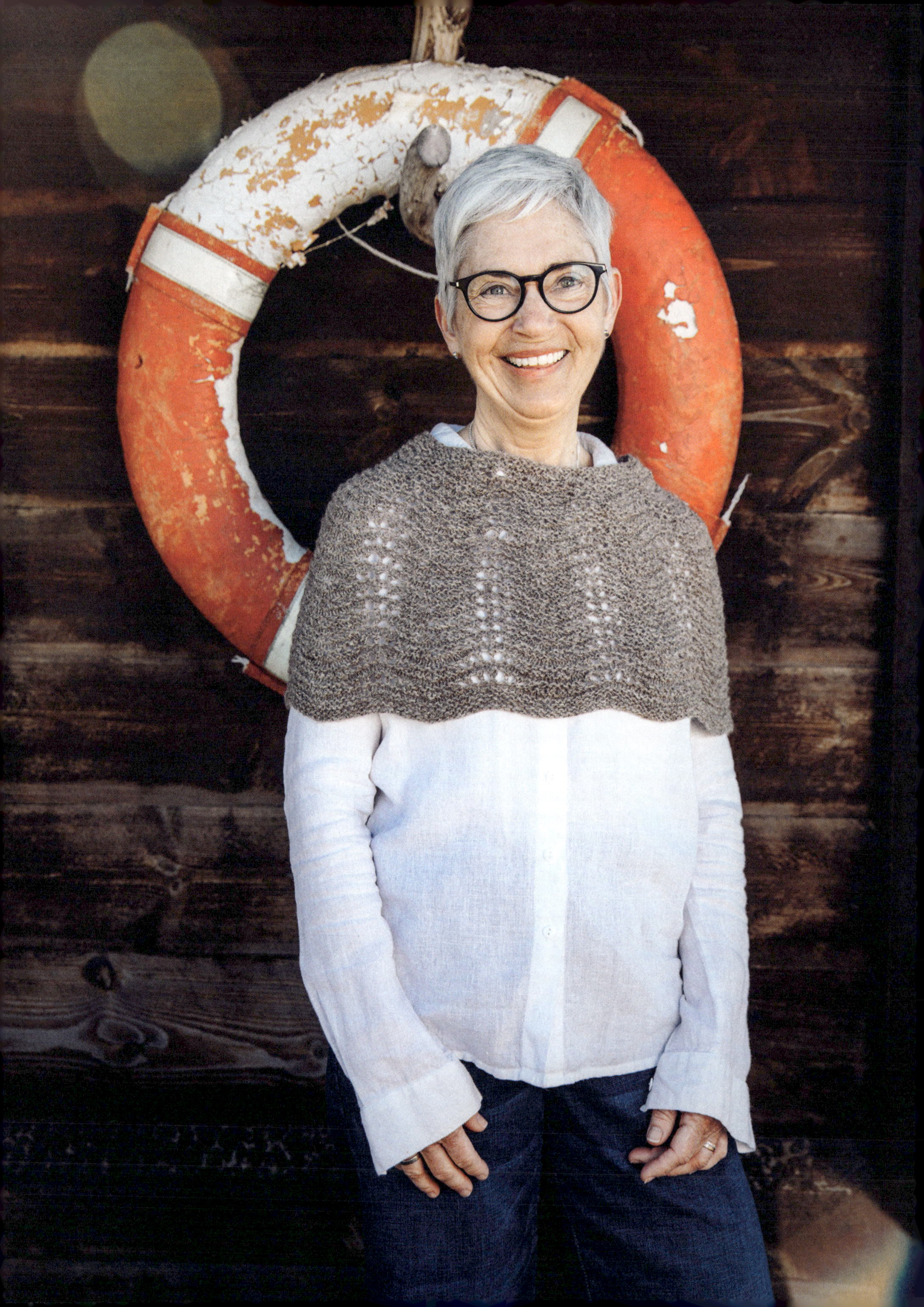

GRÖSSE: ERWACHSENE

Maße: 27 cm breit am Hals, 46 cm an der Unterkante, 34 cm von der oberen Kanten im Nacken bis zur Unterkante

Material: Shetland Supreme Jumper Weight 344 m/100 g von Jamieson & Smith

Wolle: 80 g

Farbe: 2002 Mooskit/dunkelbeige

Nadeln: Rundnadel 4 mm

Maschenprobe: 19 M × 24 Rd im Muster auf Nadeln 4 mm = 10 × 10 cm

Zubehör: Maschenmarkierer, Stopfnadel zum Fädenvernähen

Variante: Möchten Sie einen größeren Spitzenloop? Vor dem Waschen ist jede Musterwiederholung oben ca. 8 cm breit und unten ca.10 cm.
Größer wird er mit einer Musterwiederholung mehr - bei einer weniger passt er einem Kind! Oder stricken Sie ihn auf größeren Nadeln und vielleicht mit einem dickeren Garn. Er sieht auch gestreift aus Wollresten schön aus oder wieso nicht aus Ihrer handgesponnenen Wolle? Wenn man will, kann man im Nacken auch verkürzte Reihen stricken, wie bei den Pullovern im Buch. Siehe z. B. Eshaness auf Seite 89 als Tipp!

Konstruktion: Der Loop wird von unten nach oben in Runden gestrickt. Oben und unten hat er eine kraus rechte Kante. Kraus rechts wird in der Rd 1 Rd re, 1 Rd li gestrickt.

- O U
- – linke M
- // 3 M re zus
- / 2 M re zus
- □ rechte M
- \\\\ 3 M re verschr zus
- \\ 2 M re verschr zus
- ■ keine M

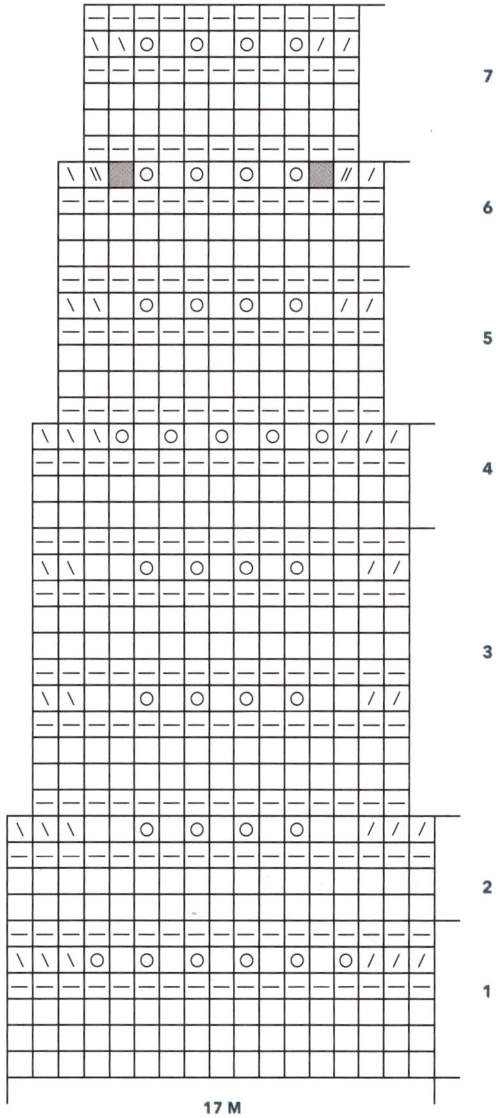

170 Maschen anschlagen und zur Rd schließen. 1 Rd links, dann * 1 Rd re, 1 Rd li* wdh *–* 3-mal.

Das Muster laut Strickschrift stricken.

Musterabschnitt 1: 4-mal
Musterabschnitt 2: 1-mal
Musterabschnitt 3: 3-mal
Musterabschnitt 4: 1-mal
Musterabschnitt 5: 2-mal
Musterabschnitt 6: 1-mal
Musterabschnitt 7: 2-mal

Nach Musterabschnitt 7, 1 Rd re und 1 Rd li stricken. Dann in einer Rd pro Musterwiederholung 2 M abnehmen = 10 Musterwiederholungen à 9 M.

Noch 1 linke und 1 rechte Rd stricken, dann links abketten.

AUSARBEITEN

Fäden vernähen, den Loop vorsichtig mit Wollwaschmittel waschen und liegend trocknen lassen, dabei kann man ihn mit den Händen in Form und auf Maß ziehen.

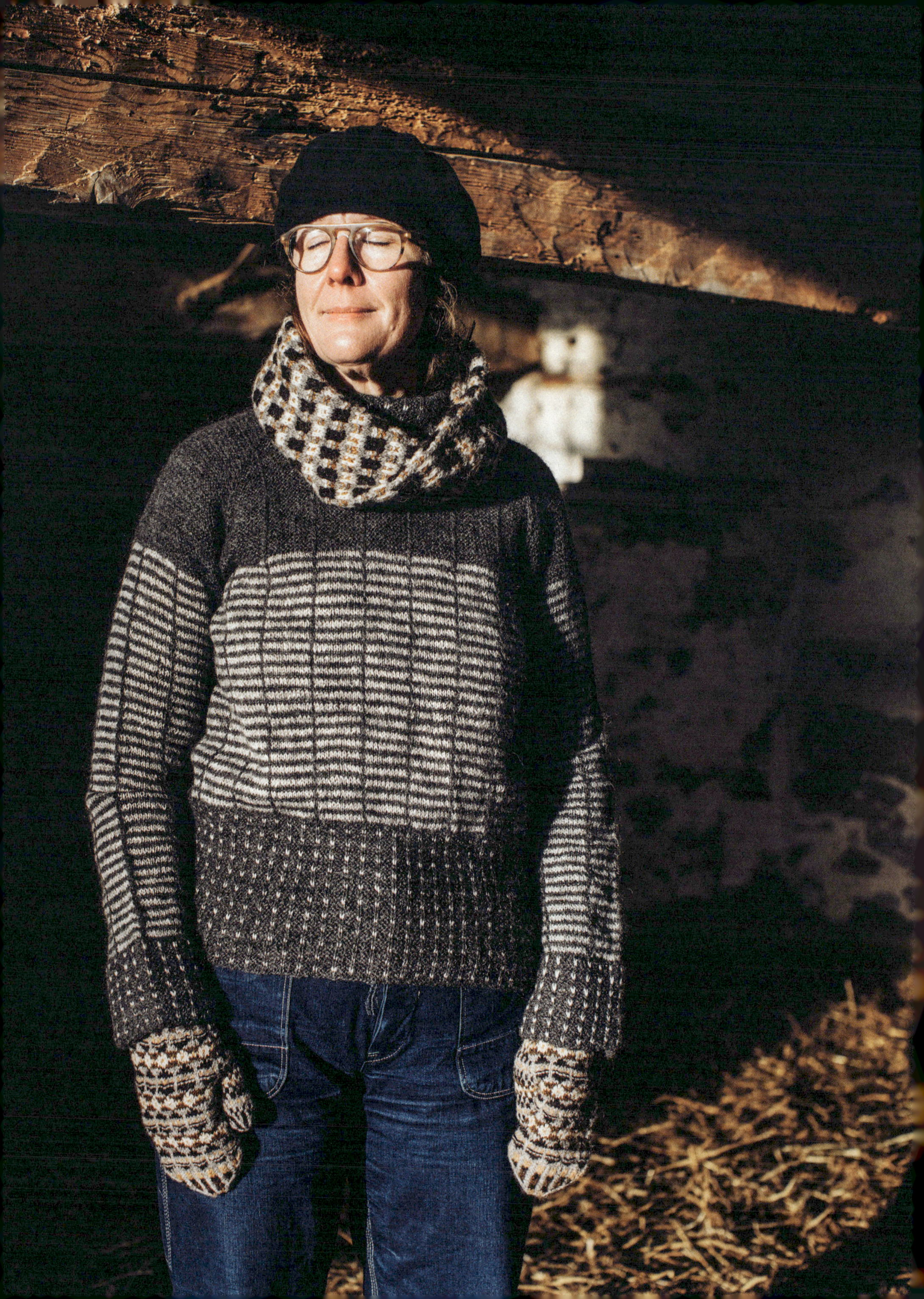

Kannenwärmer
Cozy

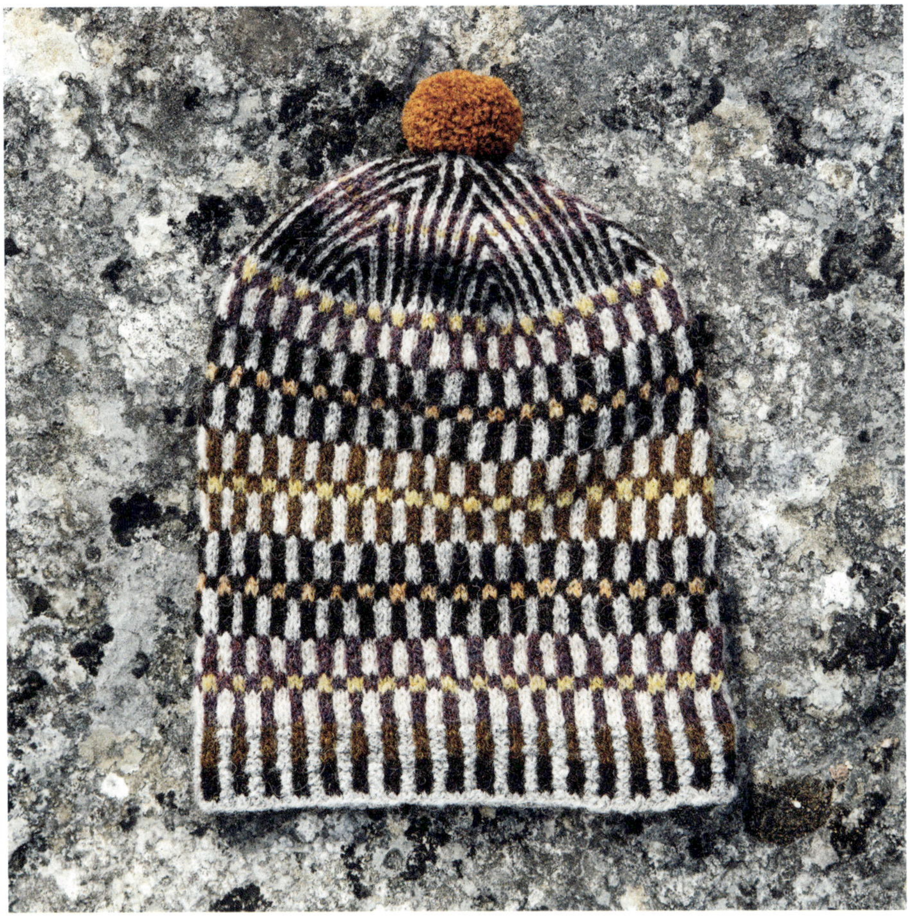

Shetland Nr. 5

Ganz einfach – eine Hülle für meine Kaffeepresse – ein Shetland-Coffee-Cozy. Ein Kannenwärmer hat etwas sehr Fürsorgliches: Ich möchte, dass wir jetzt eine Weile hier sitzen und der Kaffee warm bleibt. Diese schlichte, innige Sorge verbinde ich mit Shetland, und hier wird sie in einem grafischen Muster ausgedrückt, das sowohl mit der Tradition flirtet als auch zum Spiel mit Farben einlädt.

GRÖSSE: EINHEITSGRÖSSE

Maße: 32 cm von Anschlag bis zur Spitze, Breite in der Mitte 23,5 cm

Material: Shetland Supreme Jumper Weight 344 m/100 g und 2 Ply Jumper Weight 460 m/100 g von Jamieson & Smith

Wolle: 23 g (HF 1), 15 g (HF 2), 20 g (MF 1), 10 g (MF 2), 10 g (MF 3), 5 g (MF 4), 5 g (MF 5) und 10 g für den Pompon

Farbe: 2003/grau (HF 1), 2008/beige (HF 2), 2005/dunkelbraun (MF1) - (Supreme), FC44 mix/rindenbraun (MF 2), 87 mix/lila (MF 3), 1281 mix/aprikose (MF 4), 121 mix/gelb (MF 5), 122/ rost (Pompon) - (Jumper Weight)

Nadeln: Rundnadel 3 mm für die mehrfarbigen Rippen, 3,5 mm für das Einstrickmuster laut Hauptstrickschrift

Maschenprobe: 30 M × 26 Rd im Muster auf Nadeln 3,5 mm = 10 × 10 cm

Zubehör: Maschenmarkierer, Faden zum M stilllegen, Stopfnadel zum Fädenvernähen

Variante: Machen Sie eine Mütze daraus! Dafür die Maschenprobe und Höhe anpassen.

Konstruktion: Der Kannenwärmer wird von unten nach oben in Runden gestrickt. Zuerst mit mehrfarbigen Rippen und dann in einem einfachen Einstrickmuster. Die Abnahmen an der Spitze ergeben ein grafisches Muster, und das alles wird von einem Pompon gekrönt!

HAUPT-STRICKSCHRIFT

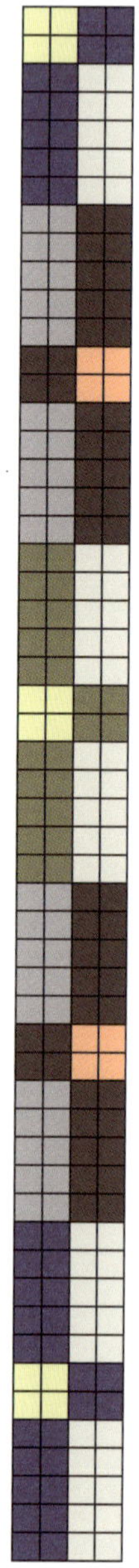

SPITZE

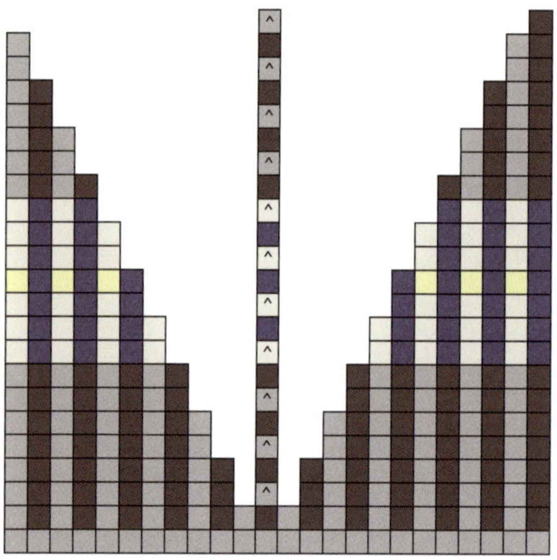

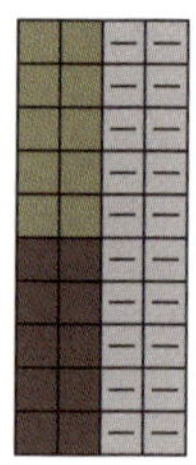

MEHRFARBIGE RIPPEN

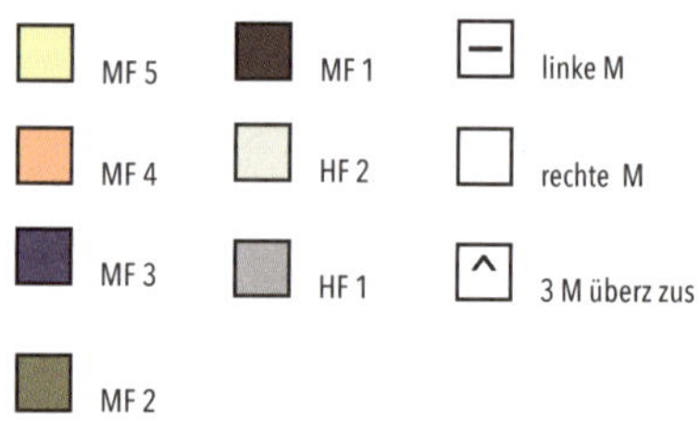

Mit HF und der 3-mm-Nadel 144 M anschlagen. Das Muster laut Strickschrift stricken, zuerst die mehrfarbigen Rippen, dann mit Nadelstärke 3,5 mm die Hauptstrickschrift. Dann folgt die Strickschrift für die Spitze mit den Abnahmen. Den Faden ein paar Mal durch die restlichen M ziehen und innen vernähen.

AUSARBEITEN

Fäden vernähen und den Wärmer vorsichtig mit Wollwaschmittel waschen und liegend trocknen lassen, dabei kann man ihn mit den Händen in Form und auf Maß ziehen. Wenn Sie möchten, machen Sie einen Pompon und dämpfen Sie ihn, bevor er oben befestigt wird.

Tipp! Selbst kleinste Wollreste kann man hier verarbeiten!

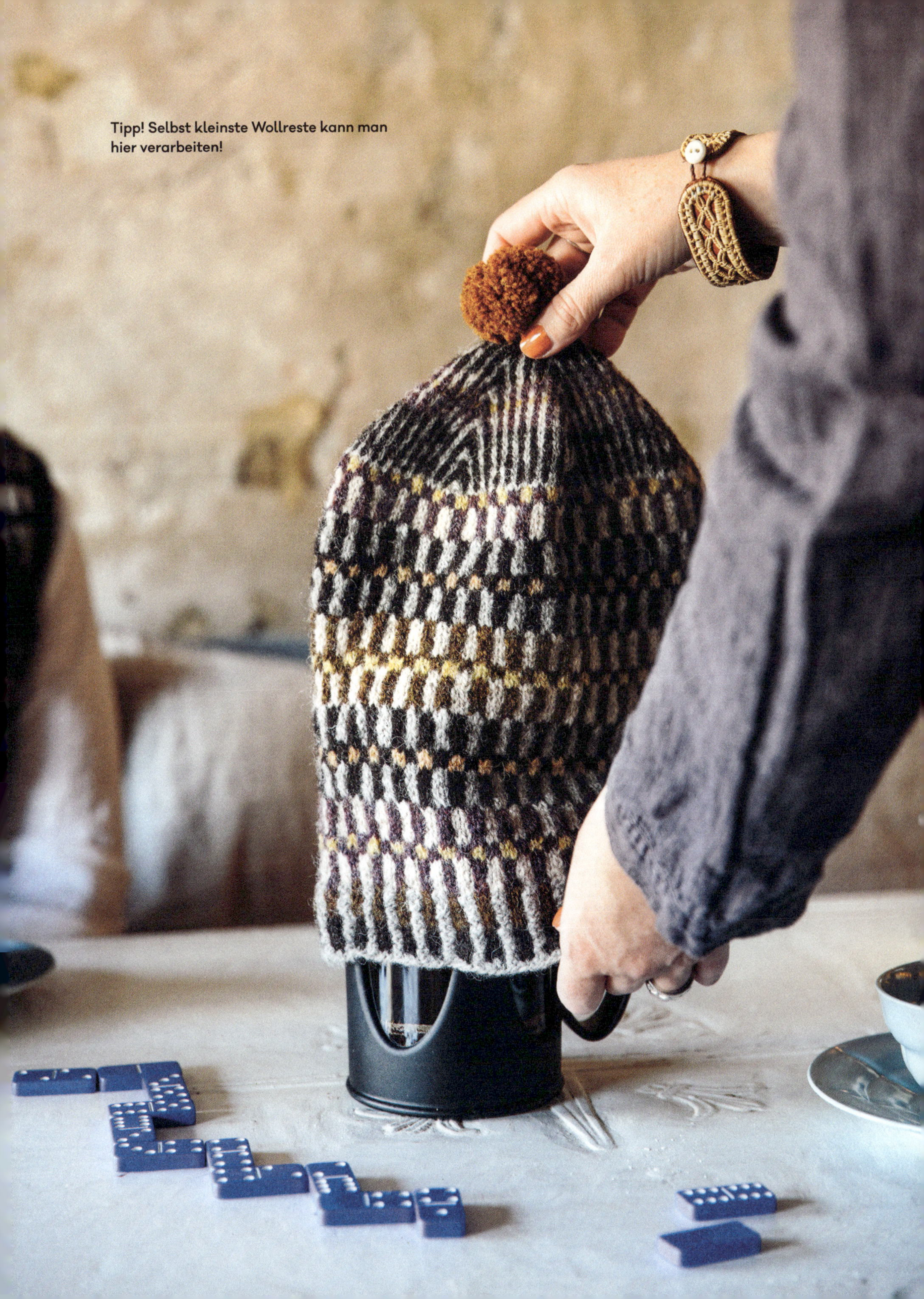

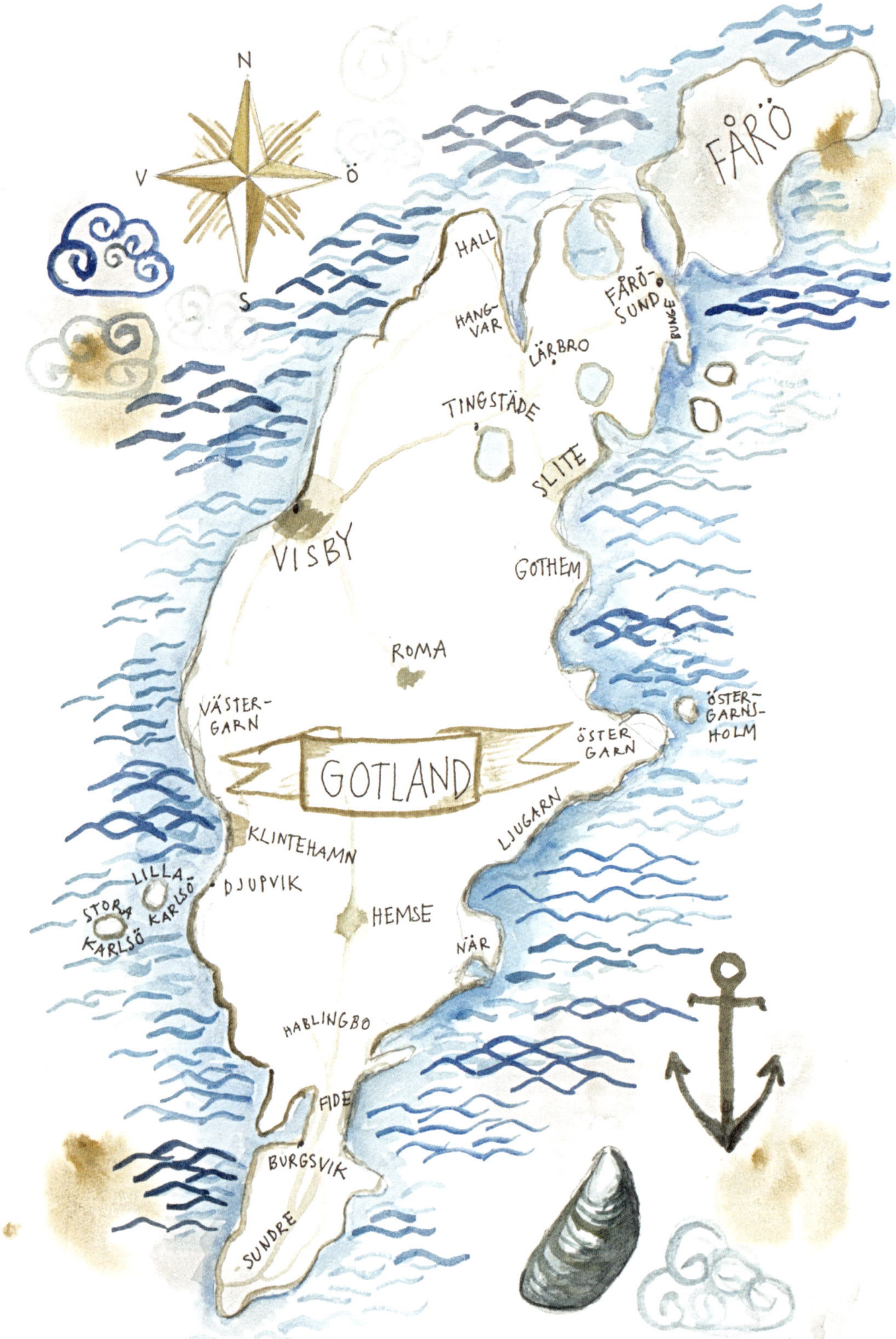

N
V
Ö
S
FÅRÖ
HALL
HANG-VAR
LÄRBRO
FÅRÖ-SUND
BUNGE
TINGSTÄDE
SLITE
VISBY
GOTHEM
ROMA
VÄSTER-GARN
GOTLAND
ÖSTER GARN
ÖSTER-GARNS-HOLM
KLINTEHAMN
LJUGARN
LILLA KARLSÖ
DJUPVIK
STORA KARLSÖ
HEMSE
NÄR
HABLINGBO
FIDE
BURGSVIK
SUNDRE

Gotland

LAND: Schweden **LANDESTEIL:** Gotland **HAUPTORT:** Visby **FLÄCHE:** 3.183,7 km²
EINWOHNER: 60.124 (2020) **BEVÖLKERUNGSDICHTE:** 18,9 Einwohner/km²
GESTEIN: Kalkstein **DIALEKT:** Varianten des Gotländischen, Fårömål sowie Gutamål

Gotland

– Die Insel, die unser Zuhause wurde – karg, freundlich und beständig

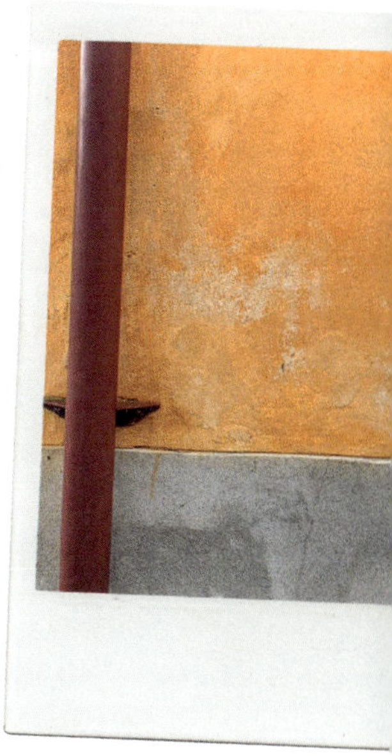

Gotland ist die größte schwedische Insel und liegt in der Ostsee, ca. 100 Kilometer vor dem schwedischen Festland. Zu Gotland gehören auch die Inseln Fårö, Karlsöarna, Gotska Sandön, Östergarnsholm und noch ein paar kleinere.

Die Natur auf Gotland ist anders als im restlichen Schweden. Das liegt einerseits an der isolierten Lage und andererseits an der späteren Rationalisierung von Forst- und Landwirtschaft. Es ist vor allem das karge Kalkgestein, das die Bedingungen für eine sehr spezielle Flora und Fauna schafft. Hier gibt es mehrere endemische Arten (das sind Arten, die nur in dieser Region vorkommen) wie die Gotland-Ringelnatter, brauner Augentrost und die Gotland-Küchenschelle.

Die Vorgeschichte Gotlands reicht mehr als 400 Millionen Jahre zurück bis in die Silurzeit. Damals lag das heutige Schweden nah am Äquator, und Gotland war wahrscheinlich ein tropisches Korallenriff in einem seichten und warmen Meer, reich an Tierarten wie Seelilien, Armfüßer und Trilobiten.

Aus toten Organismen, Schlamm und Korallen entstanden am Riff über Jahrmillionen Gesteine wie Kalkstein und Mergel.

LANDSCHAFT, FLORA UND FAUNA

Daher ist gotländisches Gestein reich an Fossilien, ein Spaziergang an den Steinstränden bestätigt das. Ihre heutige Form erhielt die Insel während und nach der letzten Eiszeit. Gotland sieht ein bisschen wie eine Hochzeitstorte aus, wie es im Westen gleich einer Treppe aus hohen, steilen Felswänden ansteigt, die sich unter der Wasseroberfläche fortsetzen und zu abrupter Tiefe führen. Der Osten dagegen ist ebener mit flachen Stränden.

Auf der Insel gibt es baumloses, felsiges Land, niedrige Kiefernwälder und Laubwiesen, Weide- und Ackerland. Trotz starker Entwässerung gibt es noch einige Seen wie Tingstäde Träsk und Bästeträsk. An den Küsten wechseln sich Kiesbänke, Dünen und Raukar (Kalksteinsäulen) mit langen Sand- und Steinstränden ab. Die Flora ist artenreich, darunter viele Orchideenarten.

Das Vogelleben ist intensiv! So gibt es hier unter anderem den einzigen Vogelberg der Ostsee, auf zwei Inseln vor Gotlands Westküste – Lilla und Stora Karlsö, wo Tordalk und Trottellumme brüten.

Nördlich von Fårö, auf Gotska Sandön und Lilla Karlsö gibt es Kegelrobbenkolonien. Viele Säugetiere des schwedischen Festlands, wie Elch, Dachs oder Wiesel, fehlen. Für mich vom Festland Zugezogene sind die

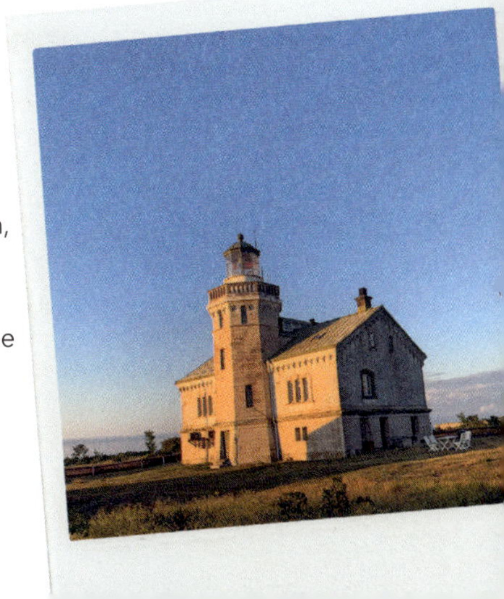

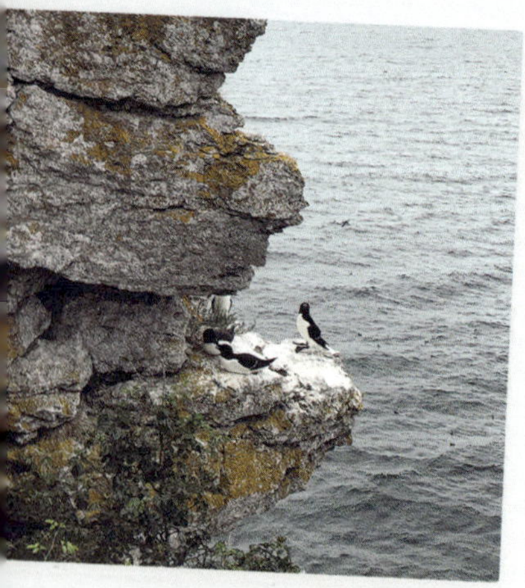

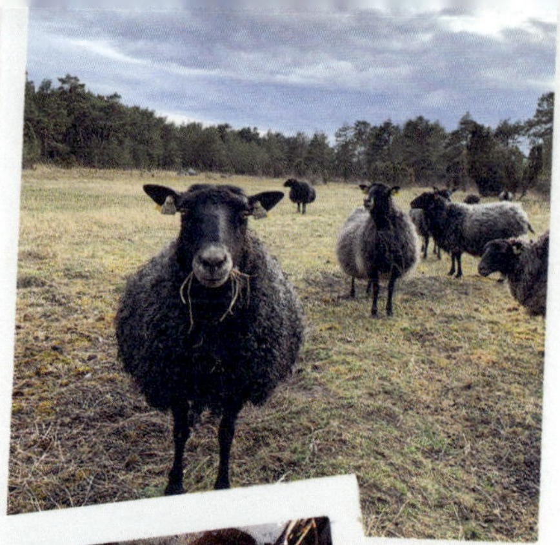

vielen Austernfischer, Igel und Leberblümchen (die hier nicht unter Naturschutz stehen) immer noch faszinierend. Wenn Austernfischer und Kiebitze kommen, dann fühle ich jedesmal aufs Neue den Frühling und das Leben.

92 mittelalterliche, immer noch genutzte Kirchen machen Gotland zur kirchenreichsten Gemeinde Schwedens. Die Geschichte und Traditionen der Insel sind im Alltag immer noch sichtbar, in Bildsteinen, Hügelgräbern und besonderen Ortsnamen. 2019 gab es laut Agrarbehörde auf Gotland 68.300 Schafe: Mutterschafe, Böcke und Lämmer. Das sind 12 Prozent des gesamten Landes. Eine sinnvolle Verteilung. Mehr über die beiden Schafrassen, die vor allem mit Gotland verbunden sind, finden Sie auf Seite 20.

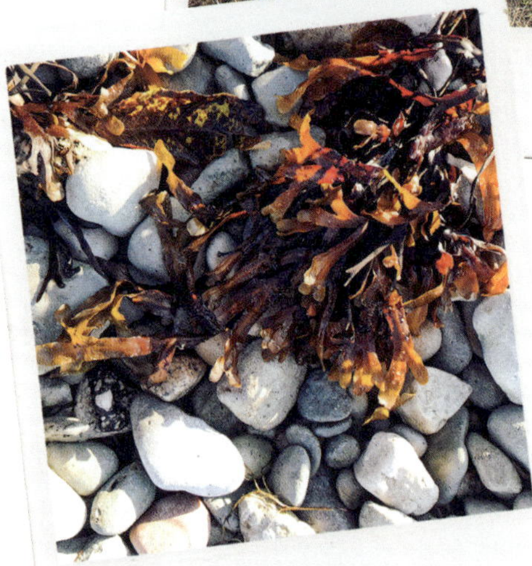

GOTLÄNDISCHE STRICKTRADITION UND HERMANNA STENGÅRD

Hermanna Stengård wurde 1861 in Väskinde auf Gotland geboren. Sie war Lehrerin, auch fürs Nähen, in der Volksschule in Rone. Sie begann aus persönlichem Interesse alte gotländische Strickmuster und -stücke zu sammeln. 1925 veröffentlichte sie diese im Buch »Gotländsk sticksöm«. Ihre Sammlung wurde katalogisiert und wird heute vom Handarbeitsbund Gotlands in der Sammlung des Gotlands Museums in Visby verwaltet. Sie hat viele Designer und Experten inspiriert und wurde über die Jahre in Strickbüchern zur skandinavischen Stricktradition verbreitet.

2014 wurde Hermannas Buch neu gedruckt. Darin finden sich viele gestrickte Fragmente und Kleidungsstücke mit Ursprung auf der Insel, während manches offensichtlich woanders herkommt. Ich hatte das große Vergnügen, die Sammlung zu besichtigen und sie Kursteilnehmern zu zeigen, und habe sie auch für meine eigenen Entwürfe genutzt.

Vieles ist mit grafischen, inzwischen klassischen Mustern wie Rosen, Sonnenrädern und Preiselbeerzweigen gestrickt, anderes mit Hebemaschen oder Strukturmustern.

GOTLAND UND ICH

Ich war gerade erwachsen, als ich zum ersten Mal nach Gotland kam. Es war Sommer und Mittelalterwoche. Ich war hier, um Volksmusik zu spielen, aber habe etwas mehr von der Insel gesehen als Visby und war, wie so viele vor mir, vom Licht fasziniert. Das Licht, die Ruhe und die See sind greifbar. Das Meer und der Wind. Als ich viel später zurückkehrte, wurde der Grund dafür gelegt, hierher zu ziehen.

Hierher, wo Stadt und Land nah sind, wo immer Wind weht. Wo fast niemand darauf wartet, dass andere Leute Dinge erledigen. Ich habe sonst noch nie so tatkräftige und

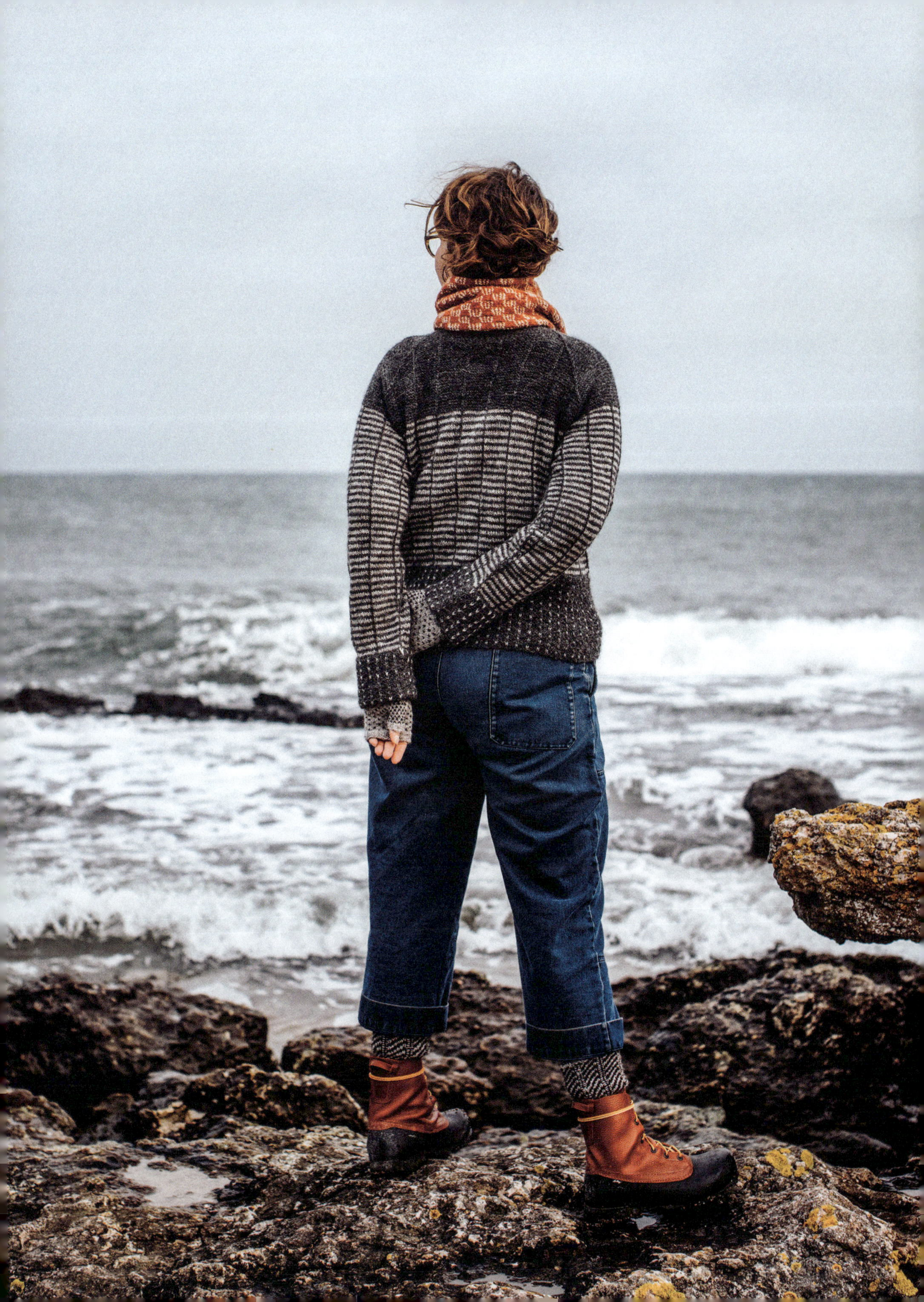

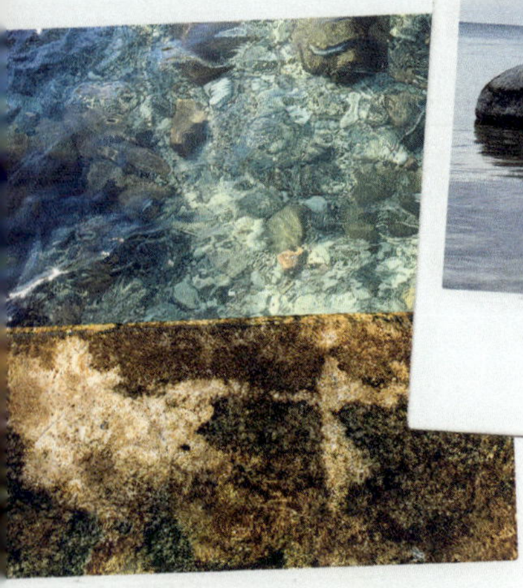

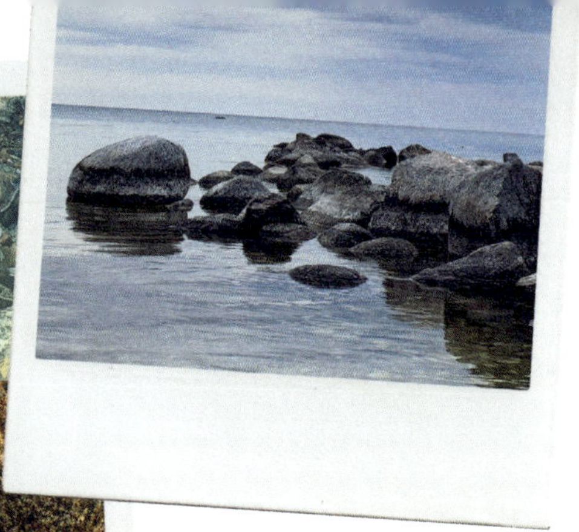

freundliche Menschen getroffen. Ich glaube, man wird dann selbst so.

Die Sehnsucht nach dem Land ist groß - aber ich fühle mich unsagbar reich, wenn ich meinen Rucksack mit Badesachen packe und über die Klippe nach Norden laufe. Über den Galgberg, durch den Wald hinunter ans Meer und direkt hinein. Dort bin ich dann allein mit meinem Atem und dem Meer. Ganz im Hier und Jetzt. Natürlich ist es einfacher, im Meer zu baden, wenn es das ganze Jahr über nur einen Katzensprung entfernt ist - was für ein Segen. Ich kann hier das Leben tief einatmen. Unseren Alltag wirklich erleben. Nah beieinander, nah an der Natur.

Alles gibt es hier gleichzeitig - gestern, heute und morgen. Innovation, Kulturerbe und das Hier und Jetzt. Dadurch ensteht eine spannende Dynamik. Wenn man hier wohnt, kann man die Vergangenheit nicht ignorieren - und das führt merkwürdigerweise zu einer Vorwärtsbewegung, als fiele der nächste Schritt leichter, wenn man auf festem Boden steht. Vielleicht ist das so.

Farbinspirationen findet man überall, auch in unserer kleinen Stadt. Es ist eine große, kleine Insel mit abwechslungsreicher und herausfordernder Natur. Das Wetter, das Licht, das Meer. Alles ist beständig und veränderlich. Wir verbringen viel Zeit draußen, wandern die Küste entlang, langsam um die Insel - bei jedem Wetter. Schon komisch, dass die Abgeschiedenheit für uns zur Nähe wird.

STRICKSTÜCKE

In diesem Kapitel bin ich von einem Strickstück und einem Fragment aus dem Gotlands Museum bzw. der Sammlung des Handarbeitsbunds von Gotland ausgegangen.

Das eine ist ein Paar Strümpfe (Detailbild auf Seite 123), das ich 2017 zum ersten Mal gesehen habe. Die Strümpfe sind maschinengestrickt mit einem Hebemaschenmuster am Bein und oben auf dem Fuß. Sie stammen aus einem Nachlass aus Eksta im Südwesten Gotlands und gehören zu den schönsten, die ich je gesehen habe. Ich habe das Muster fürs Handstricken angepasst und eine Anleitung für Strümpfe, einen klassischen Pulli und eine hübsche Jacke geschrieben. Alles aus robuster Wolle, anderes wäre undenkbar.

Das zweite Stück ist ein Fragment oder ein kleiner Probelappen (siehe Seite 130), aus dem ein federleichter Frühlingsschal wurde.

Beim ersten Strickstück des Kapitels hat mir meine Freundin Ulla Persson viel geholfen. Ein modernisierter Fischerpullover - Stainbodi.

WEITERLESEN: ***De kom från öar*** von Malin Haawind (Piratförlaget) ***Det var en Mal en ö - sagor mellan istiderna*** von Ulf Palmenfeldt (Gotlandica Förlag) ***Gotlands fossil - en geologisk historia*** von Sara Eliasson (Fornsalens Förlag) ***Gotländsk sticksöm*** von Hermanna Stengård (Bokförlaget Rediviva) ***Gotländsk sticksöm*** von Violet Bergdahl und Ella Skoglund (Stockholm: LT) ***Gotländska sticRandMönster*** von Inger und Ingrid Gottfridsson (Gotlandica Förlag) ***Hide*** von Eva Sjöstrand (Wessmans Musikförlag AB) ***Sandöflicka*** von Märta Fohlin (Norstedts) ***Fårets gröna öga - en bok om en ö*** von Olle Hammarlund (Till & Från Förlag) ***Gotlands kvinnokarta - en guide till 50 platser*** von Elin Hägg

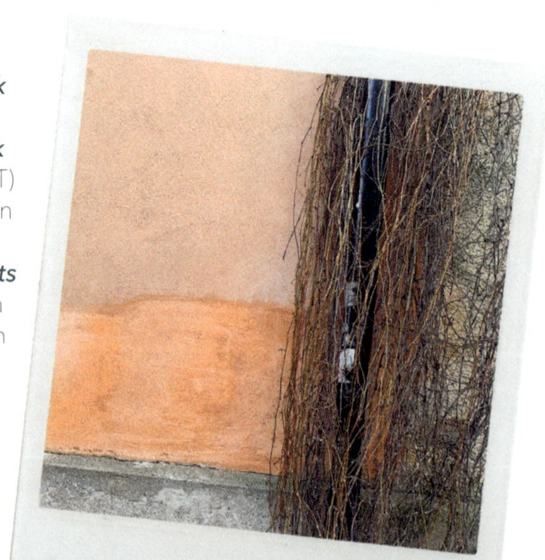

Pullover Stainbodi

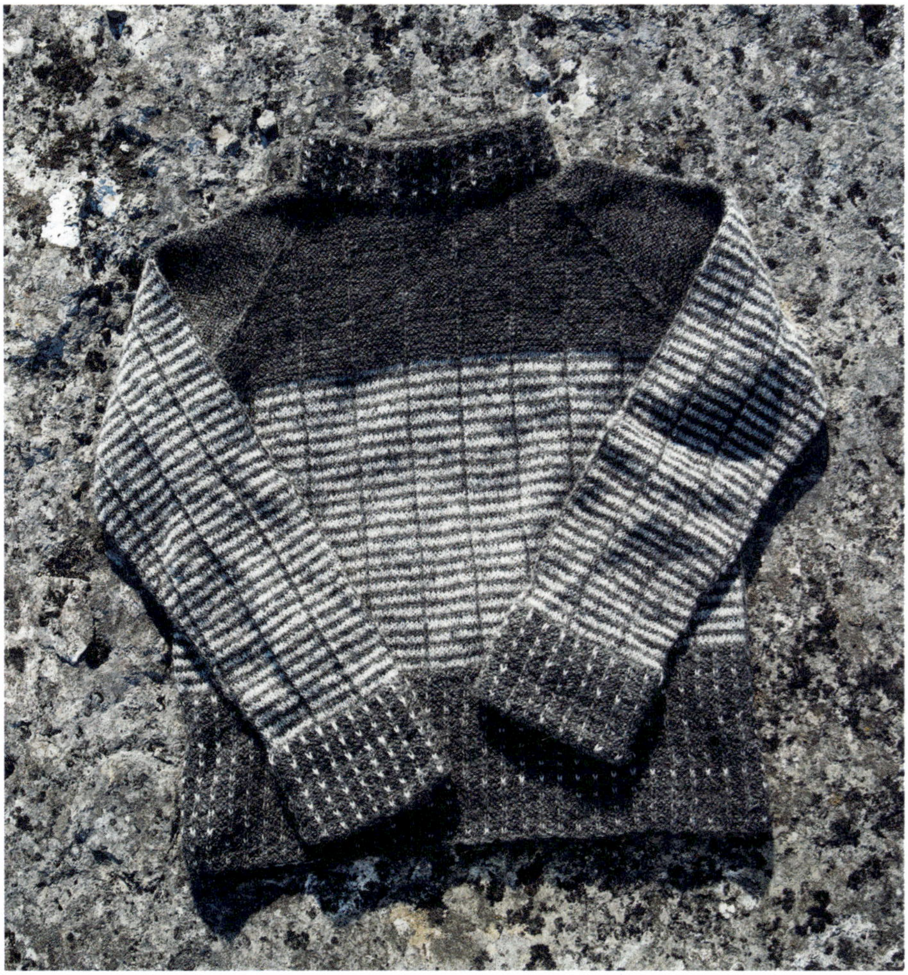

Gotland Nr. 1

Ein modernisierter Fischerpullover – robust und elegant, warm, ohne aufzutragen. Die Grautöne des Gotlandschafs, außerdem ältere Fischerpullover und die Kalkstein-Strandhütten mit Trockenmauern waren die Inspiration für den Pullover Stainbodi.

Material: Gotlandsgarn 2, 400 m/100 g

GRÖSSE:	**S**	**M**	**L**	**XL**	**XXL**	**XXXL**
Wolle:						
HF	235 g	260 g	285 g	320 g	340 g	370 g
MF 1	80 g	90 g	100 g	110 g	115 g	130 g
MF 2	15 g	15 g	20 g	20 g	25 g	25 g

Farbe: 292/grafit (HF), 298/ljusgrå (MF 1) und 211/vitgrå (MF 2)

Nadeln: Rundnadel 2,5 mm für die Belege an Ärmel- und Halsbund, ansonsten 3 mm

Maschenprobe: 24 M × 34 Rd im Einstrickmuster laut Hauptstrickschrift auf Nadeln 3 mm = 10 × 10 cm

Zubehör: Maschenmarkierer, Fäden oder Maschenhalter, um M stillzulegen samt Stopfnadel zum Fädenvernähen sowie eine extra Rundnadel und ein Nadelspiel, um den Bund zusammenzustricken

Konstruktion: Der Pullover wird auf Rundnadeln von unten nach oben gestrickt, mit gemustertem Bund, mehrfarbigem Muster an Körper und Ärmeln und einem kraus rechten Bund mit Hebemaschen. Kraus rechts wird in Runden 1 Rd re, 1 Rd li gestrickt. Die Ärmel werden rund auf einem Nadelspiel gestrickt. Die Runde beginnt an der rechten Seite. Der Bund an Ärmeln und Hals liegt doppelt und wird innen zusammengestrickt, damit er fester ist.

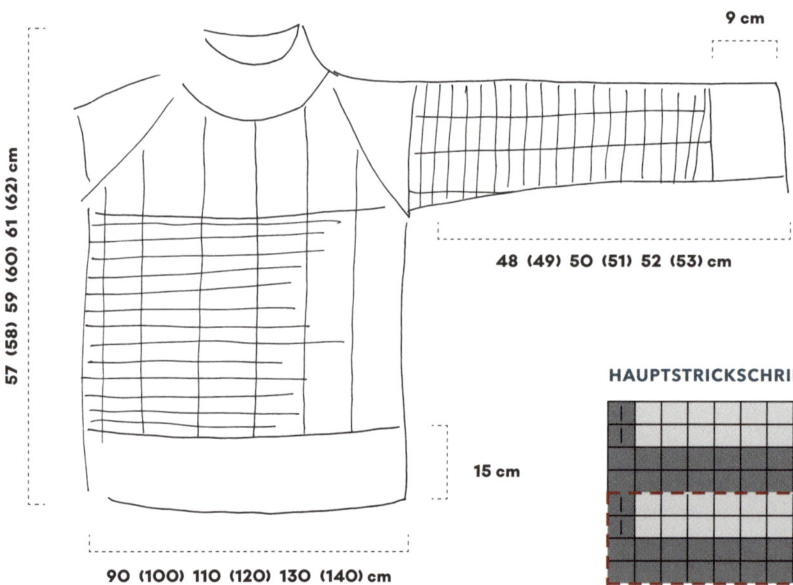

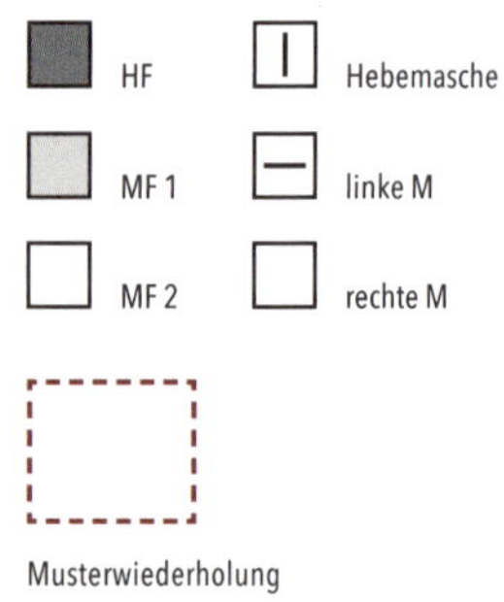

HAUPTSTRICKSCHRIFT

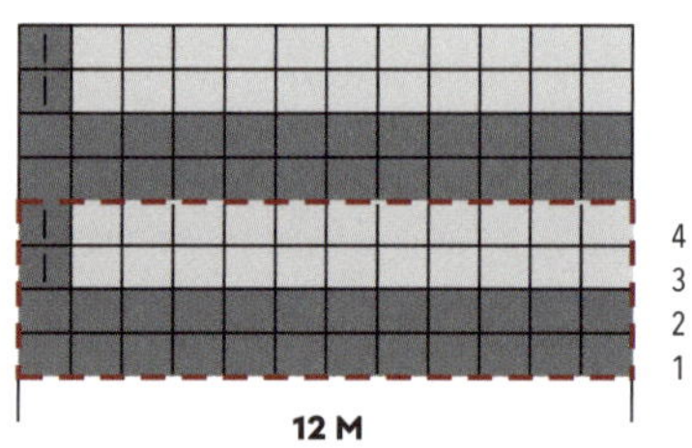

BUND

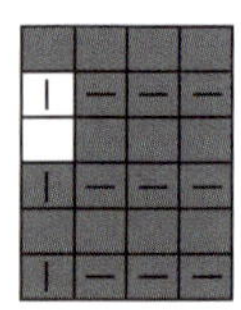

KÖRPER

Mit Nadelstärke 2,5 mm und HF 216 (240) 264 (288) 312 (336) M anschlagen und zur Rd schließen. Den Rundenbeginn markieren und die Rundenmitte – nach 108 (120) 132 (144) 156 (168) M. Laut Strickschrift für den Bund stricken und den weißen Faden locker führen, damit die Punkte deutlich hervortreten. Den Bund 15 cm lang stricken, d.h. ca. 11 Punkte. Auf Nadelstärke 3 mm wechseln und laut der

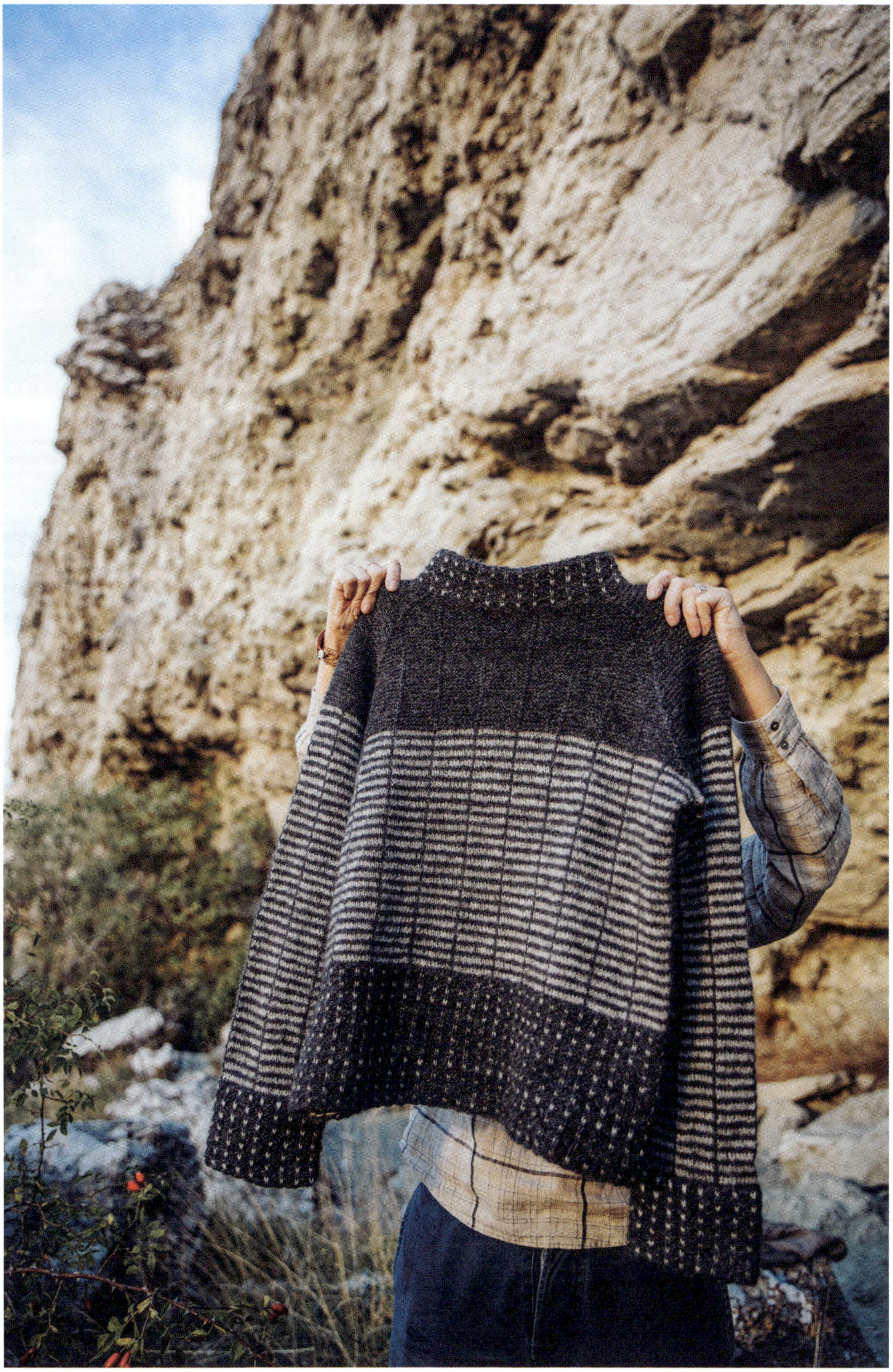

Hauptstrickschrift stricken, bis die Arbeit 40 (41) 42 (43) 44 (45) cm misst. Mit einer Rd 4 der Strickschrift enden. Beiseitelegen und die Ärmel stricken.

ÄRMEL

Man beginnt mit dem inneren Bund. Mit HF und Nadelstärke 2,5 mm 60 (60) 72 (72) 84 (84) M provisorisch anschlagen (siehe Seite 14). 8 cm laut Strickschrift »Bund« stricken – aber nur mit HF. Die letzte Rd als Umschlagkante markieren. Auf Nadelstärke 3 mm wechseln und mit HF und MF 2 laut Strickschrift »Bund« stricken. An der markierten Kante umschlagen, wenn der gemusterte Teil 8 cm misst (ausprobieren!). Dann in der letzten Rd der Strickschrift die M mit den M des Anschlags wie folgt zusammenstricken: Den Anschlag öffnen und die Maschen auf eine neue Nadel schieben – dann die Nadeln parallel halten und in der letzten Rd der Strickschrift mit HF je 1 M von jeder Nadel zusammenstricken.

3 cm laut Hauptstrickschrift im Muster stricken. Nach der ersten M der Rd einen MM setzen und einen vor den letzten 2 M der Rd – 3 M zwischen den Maschenmarkierern. Beidseitig dieser 3 M wird zugenommen.

Ärmelzunahmen: Die erste Zunahme wird in den Streifen gestrickt, während die zweite (nach 6 cm) mit HF gemacht wird und dann wie eine Hebemasche mit HF gearbeitet, damit das Muster leichter weitergeführt werden kann. Die folgenden Zunahmen wie die erste stricken – also im Streifen.

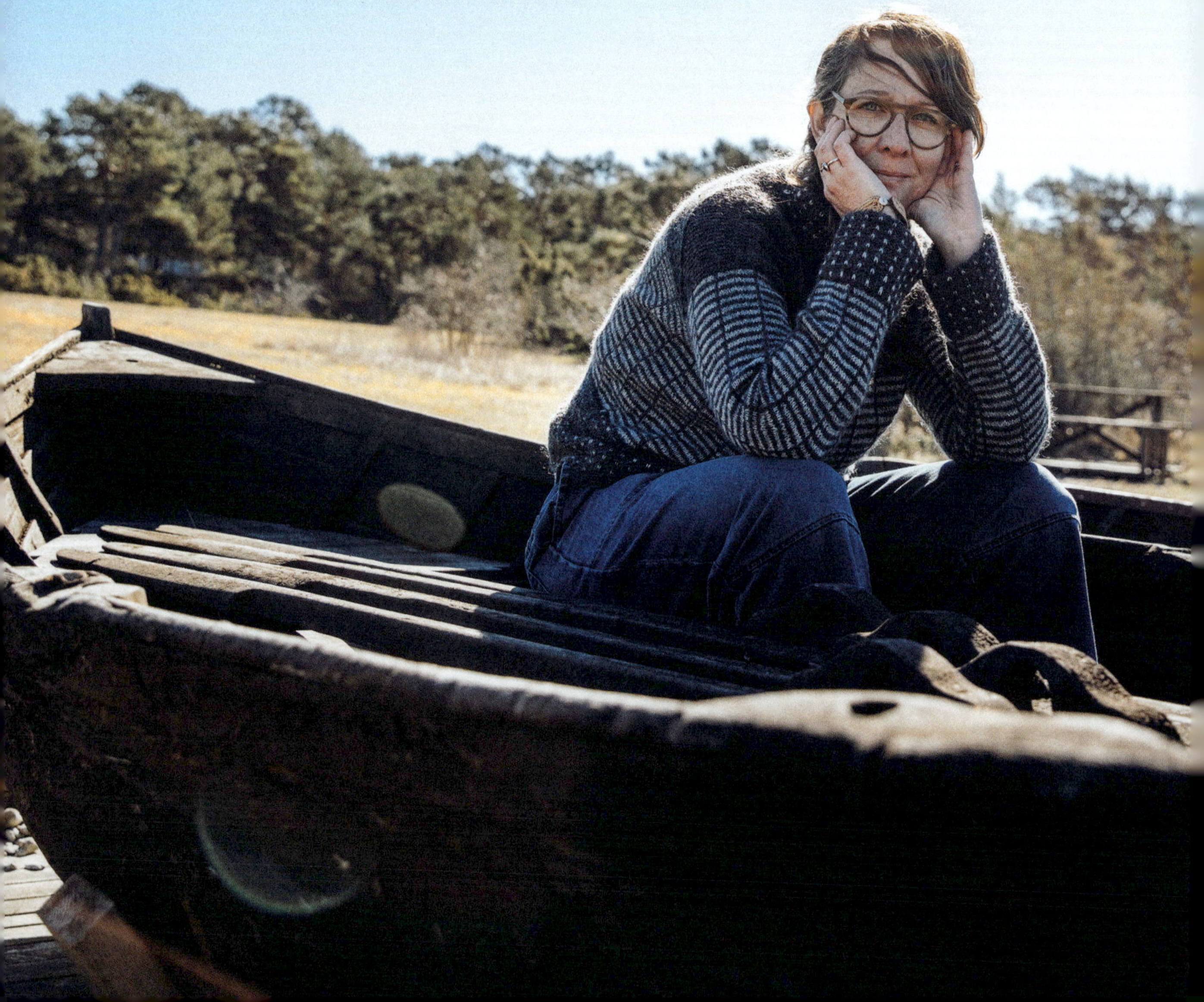

Die Zunahmen folgen dem Muster/Streifen und ergeben in der unteren Ärmelmitte einen Keil. Darauf achten, dass der Ärmelkeil nicht in allen Größen komplette Musterwiederholungen hat. Die neuen Maschen ins Muster integrieren.

Wie folgt zunehmen: Alle 3 (3) 3 (2,5) 2,5 (2,5) cm insgesamt 9 (13) 12 (16) 14 (19)-mal zun = 78 (86) 96 (104) 112 (122) M. Dann ohne Zunahmen weiterstricken, bis der Ärmel 48 (49) 50 (51) 52 (53) cm misst und in derselben Rd der Strickschrift enden wie am Körper. 13 M unterm Ärmel stilllegen - die 3 Mittelmaschen und beidseitig davon je 5 M. Beiseitelegen und einen zweiten Ärmel stricken.

PASSE

Zunächst gegenüber den 13 M, die am Ärmel stillgelegt wurden, an jeder Seite 13 M am Körper stilllegen. Jetzt liegen sich also an jeder Seite 13 + 13 stillgelegte M gegenüber. Die Ärmel und Vorder- und Rückenteil auf dieselbe 3-mm-Nadel nehmen - Die Rd beginnt nun zwischen rechtem Ärmel und Rückenteil. Den Rundenbeginn markieren sowie die anderen 3 Übergänge, damit man den Überblick behält. Es sind jetzt 320 (360) 404 (444) 484 (528) M.

Jetzt kraus rechts stricken (1 Rd re, 1 Rd li). In der linken Rd weiterhin an Vorder- und Rückenteil dieselben M wie vorher abheben - aber nicht an den Ärmeln, die werden komplett kraus rechts gestrickt.

2 Rd kraus rechts. 1 M re, dabei je 1 ÄrmelM und 1 M der KörperM an der Stelle, an der sie aufeinandertreffen, re zus stricken. Diese M sind die Raglanmaschen, die in allen linken Rd abgehoben werden - beidseitig dieser Maschen MM setzen. Weiter kraus rechts stricken. Die nächste re Rd ist eine AbnahmeRd - wie alle folgenden rechten Rd.

Wie folgt abnehmen: Bis 1 M vor der Raglanmasche stricken. 2 M re wie für 2 M re zus abheben, noch eine 1 M wie zum re Stricken abh. Jetzt alle 3 M re verschr zus stricken, dabei landet die Raglanmasche ganz oben, und an jeder Raglannaht sind 2 M abgenommen.

So weiter abnehmen, bis der glatt rechte Teil 14 (15) 16 (17) 18 (19) cm misst. Mit einer linken Rd enden und beidseitig der 13 vorderen, mittleren Maschen MM setzen. Den Faden abschneiden und nach diesen vorderen 13 Mittelmaschen beginnen und in Reihen kraus rechts, also jede R re, stricken. Raglanmaschen in der RückR mit dem Faden vor der Arbeit abheben.

Weiter wie bisher in jeder 2. Rd die Raglanabnahmen stricken, dabei gleichzeitig mit verkürzten R den Halsausschnitt formen.

Bis 2 M vor MM stricken, einen neuen MM setzen, 1 M abh, den Faden vor die Arbeit nehmen - zwischen die abgehobene und die nächste M - die abgehobene M zurück auf die linke Nadel heben, wenden und bis 2 M vor dem MM an der anderen Seite der vorderen Mittelmaschen stricken.

Wdh, bis noch 12 M zwischen den Raglanmaschen am Ärmel übrig sind.

BUND AM HALS

Bis zur Mitte der einen Schulter re. Das ist jetzt der Rundenbeginn. 1 Rd re stricken, dabei die M mit dem jeweiligen Umschlag re zus stricken. Dann laut Strickschrift »Bund« stricken, bis der Bund 5,5 cm misst, und mit einer Rd 2 der Strickschrift enden. MM setzen, um die Umschlagkante zu markieren. Auf Nadelstärke 2,5 mm wechseln und wie bei der Innenseite am Ärmelbund 5,5 cm nur mit HF stricken.

Locker abketten und einen langen Faden stehen lassen, mit dem man dann näht: Den Bund auf die linke Seite klappen und locker annähen.

AUSARBEITEN

Die M am Armloch im Maschenstich (siehe Seite 12) schließen. Alle Fäden vernähen, den Pullover vorsichtig mit Wollwaschmittel waschen und liegend trocknen lassen, dabei kann man ihn mit den Händen in Form und auf Maß ziehen.

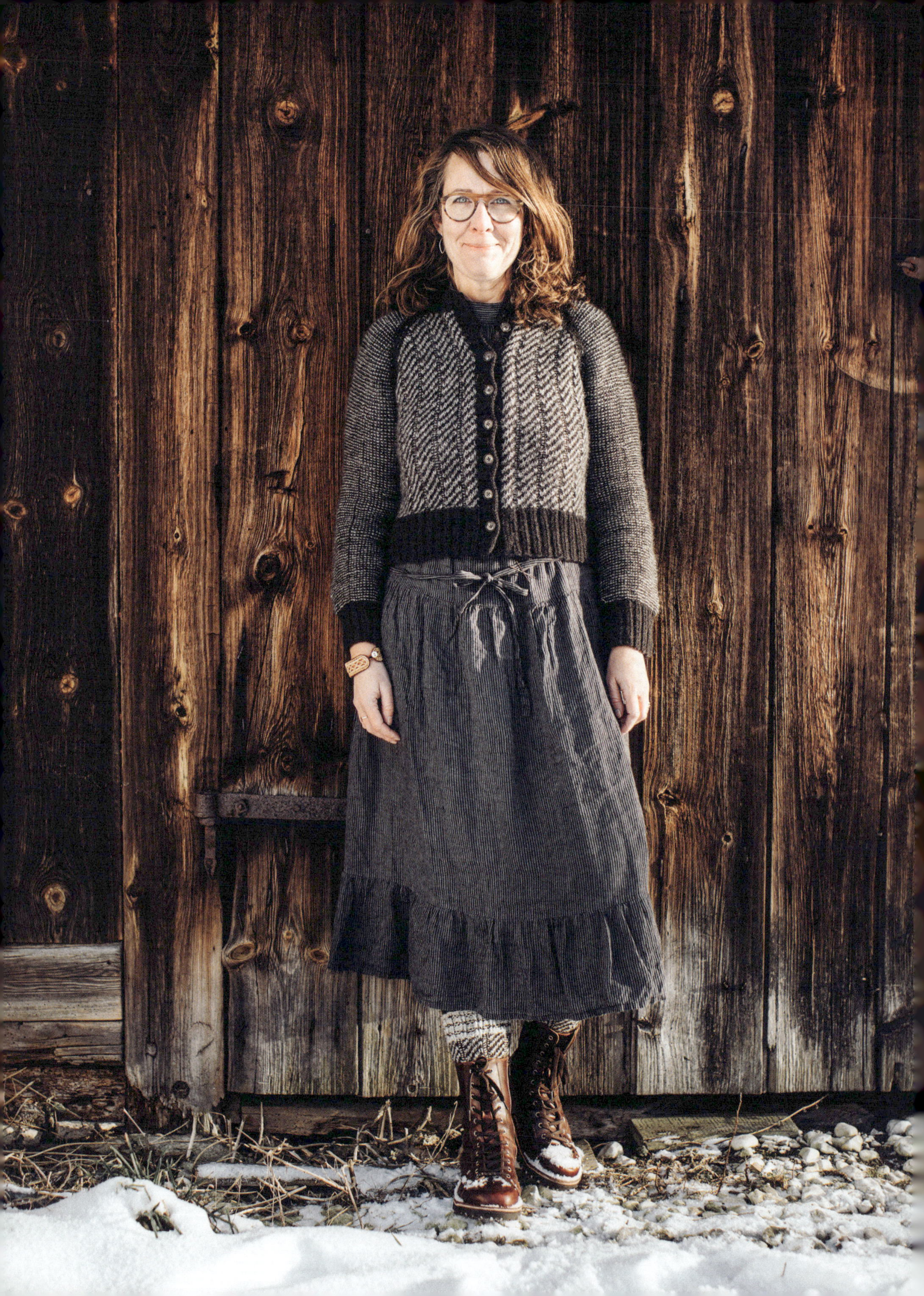

Jacke Eksta

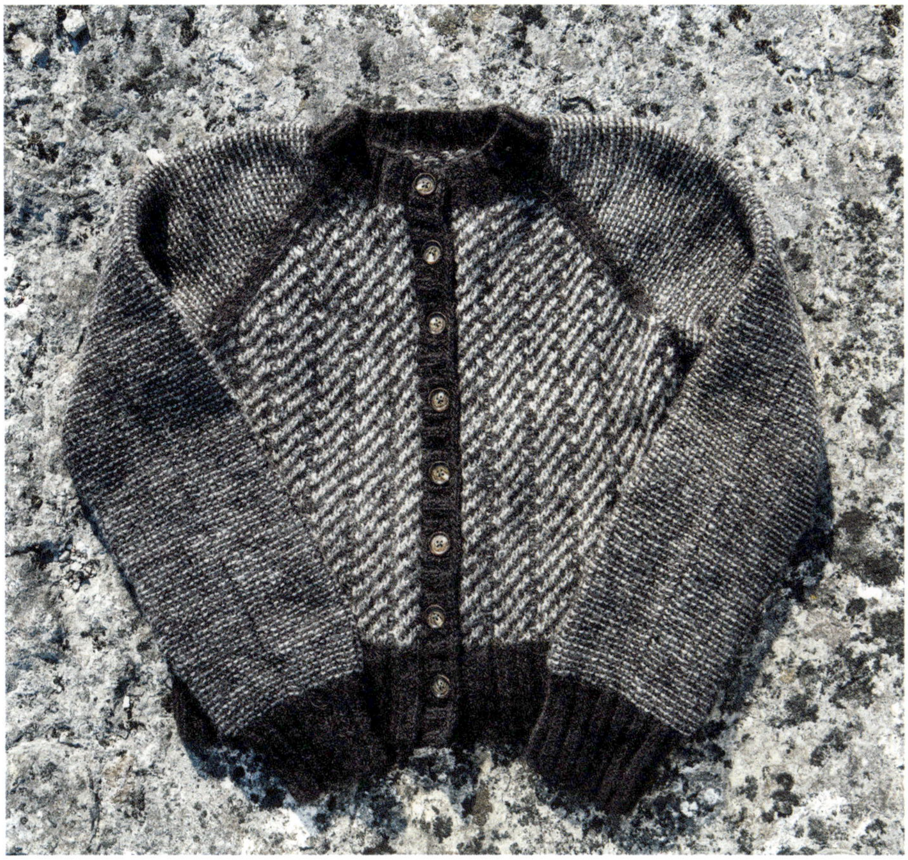

Gotland Nr. 2

Hier ist aus dem Muster der Strümpfe in Eksta eine warme, etwas engere und elegante Jacke geworden. So kurz, wie ich sie gestrickt habe, passt sie wunderbar zu einem Kleid. Bei der Jacke ist die Hintergrundfarbe dunkel und die Musterfarbe hell, beim gleichnamigen Pullover ist es umgekehrt!

Material: Strikkegarn von Tant Kofta 220 m/100 g

GRÖSSE:	**S**	**M**	**L**	**XL**	**XXL**	**XXXL**
Wolle:						
HF	280 g	300 g	350 g	380 g	425 g	500 g
MF	190 g	200 g	220 g	250 g	300 g	325 g

Farbe: Mylla (HF), Silver (MF)

Nadeln: Rundnadel 3 mm für die Rippen an Hals und Ärmel, 3,5 mm zum Musterstricken und für Bund-Rippen

Maschenprobe: 21 M × 28 Rd im Muster auf Nadeln 3,5 mm = 10×10 cm

Zubehör: Maschenmarkierer, Fäden zum Maschenstilllegen, Stopfnadel zum Fädenvernähen, extra Nadeln für den Maschenstich

Konstruktion: Die Jacke wird von unten nach oben gestrickt, mit so wenigen Nähten wie möglich, fünf Steekmaschen vorn und einer Knopfleiste mit Kordelkante, s.u. Die Runde beginnt neben den Steekmaschen. Die Ärmel werden getrennt gestrickt, dann werden Passe und Hals in einem Stück gearbeitet.

Raglanabnahmen: Bis 3 M vor der Raglanmarkierung stricken, 2 M re zus, 1 M re, MM, 1 M re, aaz = 2 M pro Raglannaht abgenommen und 8 M pro Runde

Doppelte Abnahmen: Bei den Abnahmen am Hals wollte ich nur mit HF abnehmen - deswegen werden dort Doppelabnahmen gestrickt. Wo bisher 2 M re zus gestrickt wurden, sind es jetzt 3 M re zus, und aaz wird durch aaaz ersetzt, siehe Seite 16.

Alle Abnahmen werden mit HF gestrickt, landen sie in einer Runde ohne HF, werden sie in der nächsten Runde gearbeitet.

Die Steekmaschen werden beim Anschlag am Rundenende ergänzt. Die Steekmaschen immer wie folgt stricken: 2 M li mit HF, 1 M re mit MF, 2 M li mit MF. Die Rippenkante wird mit 2 M re begonnen und beendet.

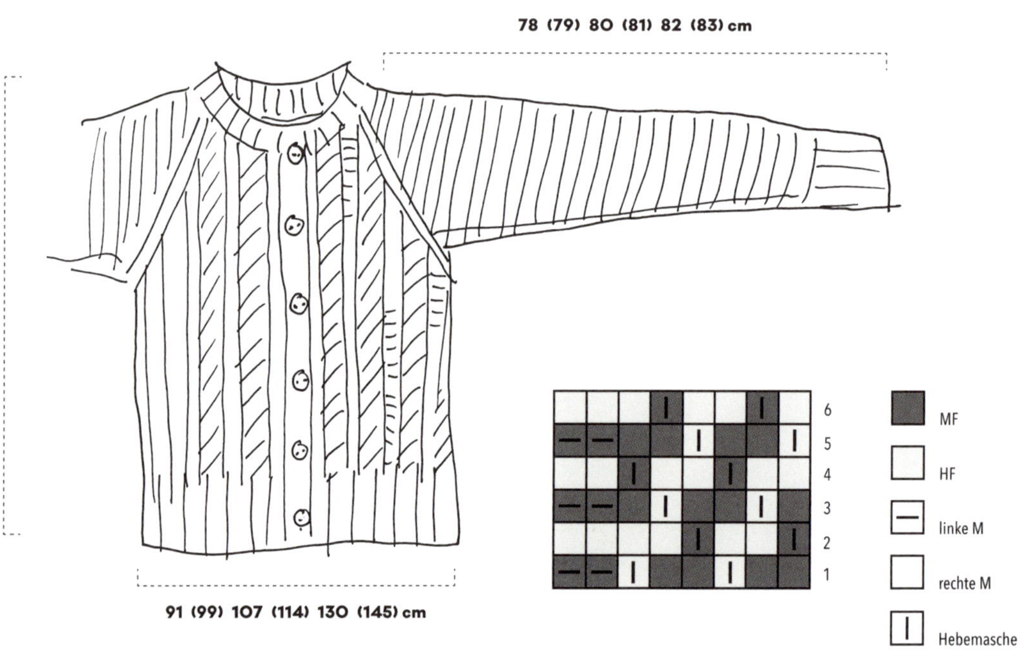

KÖRPER

195 (211) 227 (243) 275 (307) M mit HF auf Nadelstärke 3,5 mm anschlagen. 8 cm verschr. Rippen stricken - 2 M re verschr, 2 M li.

Das Muster laut Strickschrift stricken, bis die Arbeit 31 (32) 33 (32) 33 (34) cm misst, und mit einer Runde mit MF enden. Wie folgt M für die Ärmel stilllegen: 43 (47) 51 (55) 63 (71) M des rechten Vorderteils, 8 M stilllegen, 88 (96) 104 (112) 128 (144) M des Rückenteils, 8 M stilllegen, 43 (47) 51 (55) 63 (71) M des linken Vorderteils, 5 Steekmaschen.

ÄRMEL

52 (56) 56 (60) 64 (64) M mit HF auf Nadelstärke 3 mm anschlagen. 9 cm verschr Rippen stricken - 2 M re verschr, 2 M li.

Auf Nadelstärke 3,5 mm wechseln und 1 Rd re stricken. Die 1. M der Rd markieren, sie ist die untere Ärmelmitte und wird nur mit HF gestrickt, beidseitig dieser Masche werden die Zunahmen gestrickt.

In Runden nur mit MF wird die Mittelmasche mit dem Faden hinter der Arbeit abgehoben. Die Ärmel werden kraus rechts gestrickt - also 1 Rd re mit HF und 1 Rd li mit MF. Zugenommen wird immer in HF-Runden. In der 2. Rd nach den Rippen beidseitig der Mittelmasche je 1 M zunehmen: MittelM stricken, rechts neigend zun, bis RdEnde im Muster stricken, links neigend zunehmen. 2 M zugenommen.

Die Zunahmen nach 9 (6) 5 (4) 2 (1,5) cm wdh und dann im Abstand von 11 (8) 7 (6) 4 (3,5) cm noch 4 (4) 6 (6) 8 (10)-mal wdh = 64 (68) 72 (76) 84 (88) M. In 55 (55) 54 (54) 53 (53) cm Höhe - darauf achten, in derselben Farbe wie beim Vorder- und Rückenteil zu enden - 8 M in der unteren Ärmelmitte stilllegen. Dass die Ärmel in den größeren Größen kürzer sind, liegt daran, dass die Passe dort länger ist. Beiseitelegen und einen zweiten Ärmel stricken.

PASSE

Die Ärmel sowie Vorder- und Rückenteil auf eine Nadel schieben - die Ärmelmaschen an die stillgelegten M an Vorder- und Rückenteil anpassen = 291 (315) 339 (363) 411 (451) M.

An allen Übergängen zwischen Vorder- und Rückenteil und Ärmeln MM setzen - 4 MM. Weiter wie bisher an Vorder- und Rückenteil bzw. den Ärmeln im Muster stricken, bis die Arbeit 33 (34) 35 (34) 35 (36) cm misst. Jetzt wie zu Beginn beschrieben die Raglanabnahmen stricken.

Die Raglanmaschen (die Abnahmen und die 2 M beidseitig der MM) nur mit HF stricken. In Runden mit nur MF werden die Raglanmaschen abgehoben. Darauf achten, dass an Vorder- und Rückenteil und an den Ärmeln in unterschiedlichen Abständen abgenommen wird und dass nach einer Weile gleichzeitig der Halsausschnitt geformt wird - vor dem Stricken alles durchlesen.

Ärmelabnahmen: In jeder 4. Rd 7 (6) 5 (5) 2 (2)-mal, dann in jeder 2. Rd 12 (15) 18 (20) 27 (29)-mal abnehmen.

Körperabnahmen: In jeder 2. Rd 25 (25) 25 (26) 25 (23)-mal abn, dann 1 (2) 3 (4) 6 (10)-mal Doppelabnahmen.

HALS UND HALSAUSSCHNITT

Wenn die Arbeit 41 (43) 45 (45) 47 (49) cm misst und die letzte Rd eine Strickschrift-Rd mit MF ist, die mittleren 23 (25) 27 (29) 31 (33) M stilllegen und die Rd zu Ende stricken. Wie bisher im Muster und mit Raglanabnahmen stricken, aber jetzt in R, dabei gleichzeitig mit HF an jeder Seite am Rundenbeginn für den Halsausschnitt abnehmen: 4-mal 2 M, 4-mal 1 M = pro Seite 6 M abgenommen.

Weiter mit Raglanabnahmen, aber ohne Halsabnahmen stricken, bis alle Raglanabnahmen gestrickt wurden = 72 (78) 84 (86) 104 (110) M.

Auf Nadelstärke 3 mm wechseln und 1 Rd re mit HF stricken, in der an allen MM Raglanabnahmen gestrickt werden, ca. 11 M seitlich am Hals aufnehmen, die stillgelegten M stricken und ca. 11 M an der anderen Halsseite aufnehmen.

In der nächsten Rd 24 (28) 32 (32) 48 (52) M gleichmäßig verteilt abnehmen: 87 (91) 95 (99) 103 (107) M.

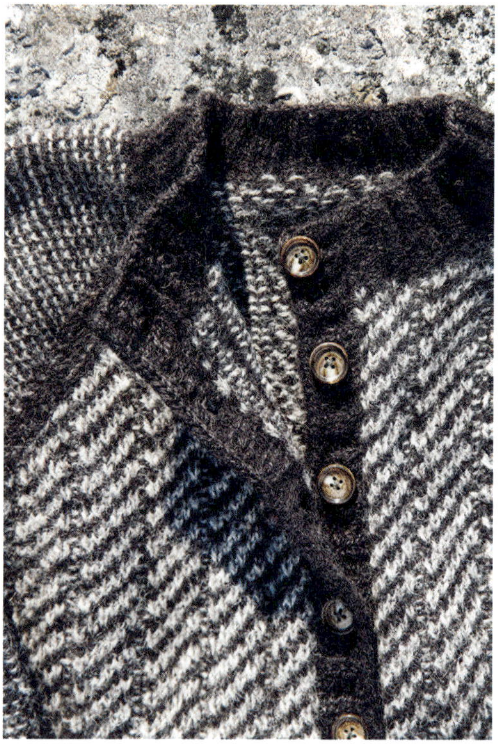

Möchten Sie sehen, wie ich schneide? Schauen Sie es sich unter »Stricktipps« auf meinem Instagramkonto @wynja an.

4 cm verschr Rippen stricken – 2 M re verschr, 2 M li, die Rippenkante mit je 2 M re beginnen und beenden.

Im Rippenmuster locker abketten.

KNOPFLEISTEN

Ich stricke die Knopfleisten lieber, bevor ich das Strickstück aufschneide. Bei Kleidungsstücken aus reiner Wolle schneide ich einfach in die Steekmaschen und befestige die Kante dann mit Langettenstich.

Natürlich können Sie auch vor dem Schneiden beidseitig der Mittelmasche entlang nähen oder häkeln.

Aus der gesamten vorderen Kante mit einer langen Rundnadel Maschen aufnehmen. Man nimmt also aus der letzten re M vor den linken Steekmaschen M auf. Dabei immer gleich aufnehmen – im hinteren, vorderen oder aus beiden Maschengliedern. Die beste Methode hängt von der Wolle und der Maschenprobe ab. Probieren Sie es also mit ungefähr 10 M aus, bevor Sie weitermachen.

Ich finde, ca. 2 M pro 3 Rd aufzunehmen, ist eine gute Faustregel. Bei mehr wellt sich die Kante, bei weniger spannt sie. Ich möchte eine recht feste und gleichmäßige Kante. Denken Sie daran, bis ganz an den Rand Maschen aufzunehmen – das ist besonders wichtig, wenn man gerippte Knopfleisten strickt, die sich etwas zusammenziehen. Die gerade aufgenommenen Maschen beim ersten Mal verschränkt stricken – also in das hintere Maschenglied. Dadurch ist die Masche geschlossen und fester.

Die Knopfleisten ungefähr so breit wie den Bund am Hals und im selben Rippenmuster stricken. Gern mit einer Kordel abketten, wie ich hier. Das ergibt eine elegante und feste Kante. Traditionell befinden sich die Knöpfe einer Damenjacke links und einer Herrenjacke rechts.

Zuerst die linke Knopfleiste stricken, ca. 2,5 cm breit, mit Kordel abketten (siehe nächste Seite), jetzt die Plätze für die Knöpfe markieren, um herauszufinden, wie eng sie sitzen sollen. Dann die Knopflöcher so einstricken, dass sie zu den Markierungen passen. Die M für die zweite Knopfleiste aufnehmen, in der ersten R re verschr stricken, dann noch 2 R stricken, dann die Knopflöcher arbeiten, dafür 2 M re zus und 1 U stricken.

In der nächsten R bleibt die Maschenzahl gleich, weiter wie vorher Rippen stricken. Den Faden rund ums Knopfloch etwas anziehen, wenn nötig kann man hinterher noch im Langettenstich ums Knopfloch nähen.

Machen Sie gern eine »Knöpfprobe« mit Maschenmarkierern, um herauszufinden, wie viele Knöpfe in welchem Abstand es sein sollen! Ich schlage 8 (8) 9 (9) 10 (10) Knöpfe für die Jacke Eksta vor.

Die Knöpfe nähe ich erst an, wenn alles andere fertig ist, die Fäden vernäht sind und die Jacke gewaschen ist.

MIT KORDEL ABKETTEN

Eine Strumpfnadel, gern etwas dünner dazunehmen. 3 neue M auf der rechten Nadel auf der Rückseite anschlagen, wenden. *2 M re. Die nächsten 2 M re verschr stricken. Diese 3 M zurück auf die linke Nadel schieben.*

Ab * -* wdh bis Rundenende und abketten. Fäden vernähen.

AUSARBEITEN

Alle Fäden vernähen, die Jacke (noch gleicht sie einem Pullover) vorsichtig mit Wollwaschmittel waschen und liegend trocknen lassen, mit den Händen sanft in Form und auf Maß ziehen. Gerne die Klappkanten mit Wäscheklammern fixieren, damit sie glatt trocknen.

AUFSCHNEIDEN

Eine Hand auf dem Strickstück - eine Zeitung oder ein Buch zwischen Vorder- und Rückenteil - und mit einer kleinen, scharfen Schere vorsichtig das Vorderteil in der Mitte der Steekmaschen aufschneiden.

Die aufgeschnittenen Kanten umklappen, wenn gewünscht kann man sie mit Nadeln oder Wäscheklammern feststecken.

Bei einer Jacke aus reiner Wolle nähe oder häkle ich nicht vorher an der Kante entlang, sondern schneide einfach in die Steekmasche. Eventuell kann man die linken Steekmaschen mit einer Filznadel etwas filzen.

Denken Sie daran, dass Strickstücke elastisch sind, und achten Sie darauf, die Kante beim Annähen nicht zu spannen, sondern ganz locker zu halten. Die Kanten im Langettenstich mit ca. 5 mm Stichabstand fest- und die Fäden vernähen.

Wenn gewünscht, die genähte Kante bügeln, mit warmer Einstellung und einem nassen Küchentuch über der Knopfleiste.

KNÖPFE ANNÄHEN

Ich habe gern Gegenknöpfe auf der Rückseite. Das ist robust, elegant und haltbar. Außerdem kann ich so mehr hübsche Knöpfe einsetzen. Als Gegenknopf wähle ich kleinere, am liebsten solche aus Glas - wie man sie manchmal an älteren, hochwertigen Stücken findet.

Nähgarn auf der linken Seite befestigen. Ein Streichholz unter den Knopf legen, damit der nicht zu fest sitzt. Die Nadel durch den Knopf auf die rechte Seite führen, am Streichholz vorbei, dann nach unten, durch Knopf, Jacke und Gegenknopf. Weiter durch die Knopflöcher beider Knöpfe nähen. Am Ende die Nadel auf der linken Seite zwischen Gegenknopf und Strickstück führen, das Streichholz entfernen und die Nadel unter den Knopf auf der rechten Seite führen. Den Knopf leicht anziehen und den Faden ein paar Mal um die Fäden zwischen Jacke und Knopf wickeln.

Faden auf der Rückseite neben dem Gegenknopf vernähen. Man kann das Nähgarn mit einem Faden HF verbergen, für einen einheitlichen Eindruck. Wenn die Wolle zu dick ist, den Faden teilen.

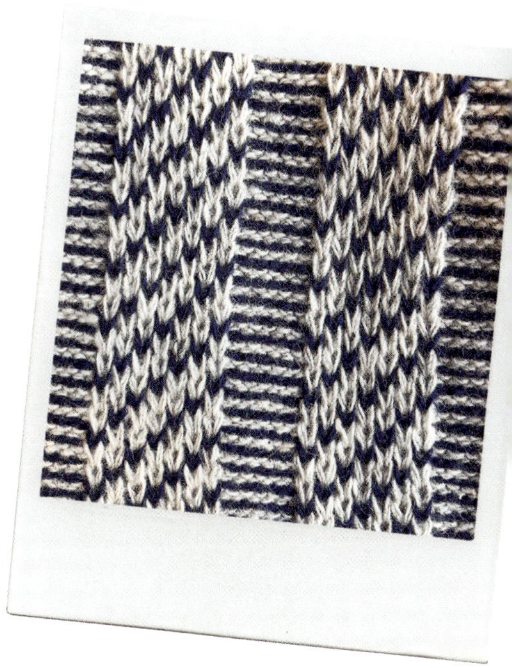

Die maschinengestrickten Strümpfe aus Eksta im Detail. Heute in der Sammlung des Gotlands Museums. Eine Nahaufnahme meiner Interpretation des Musters sehen Sie auf Seite 137.

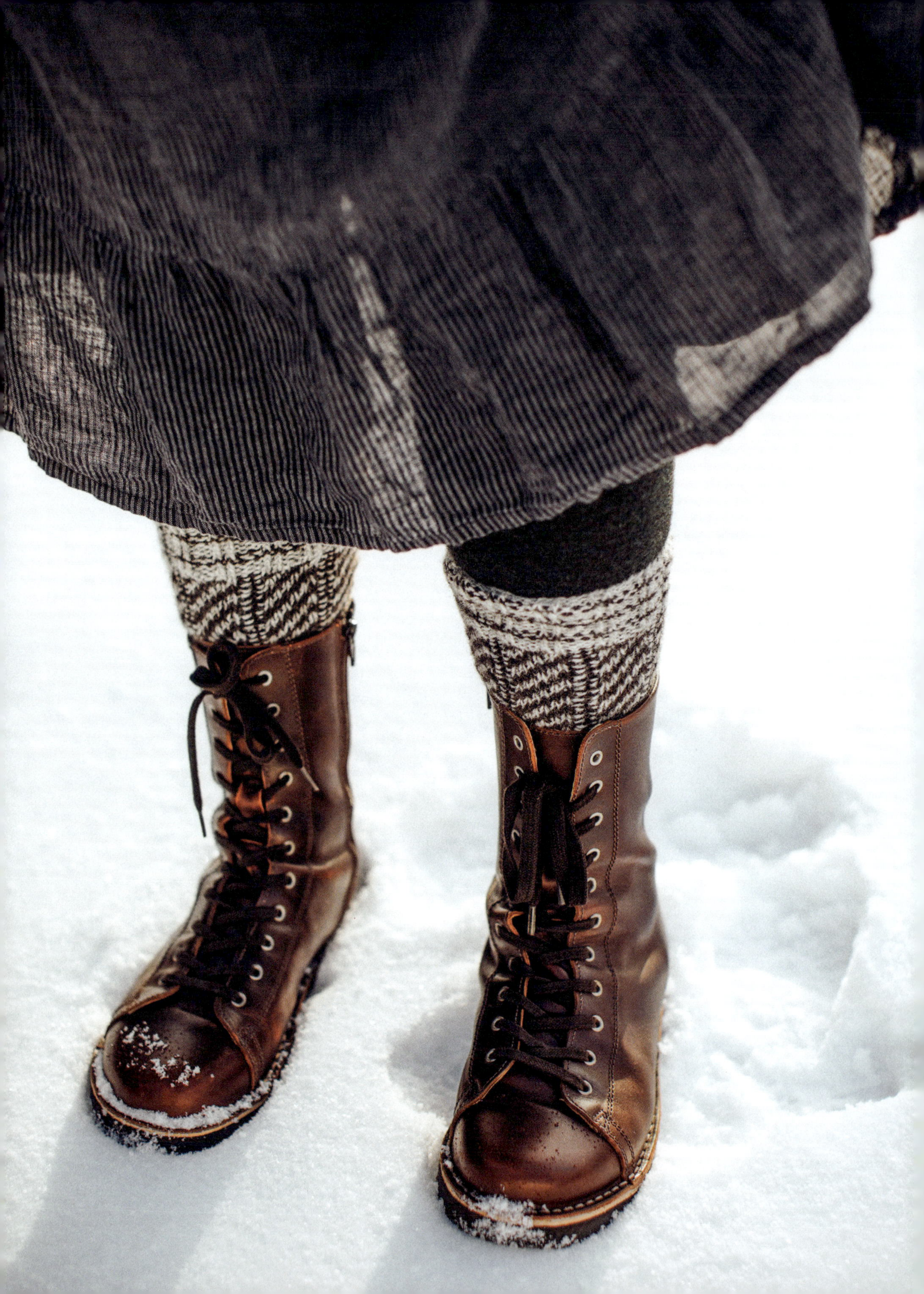

Socken Eksta

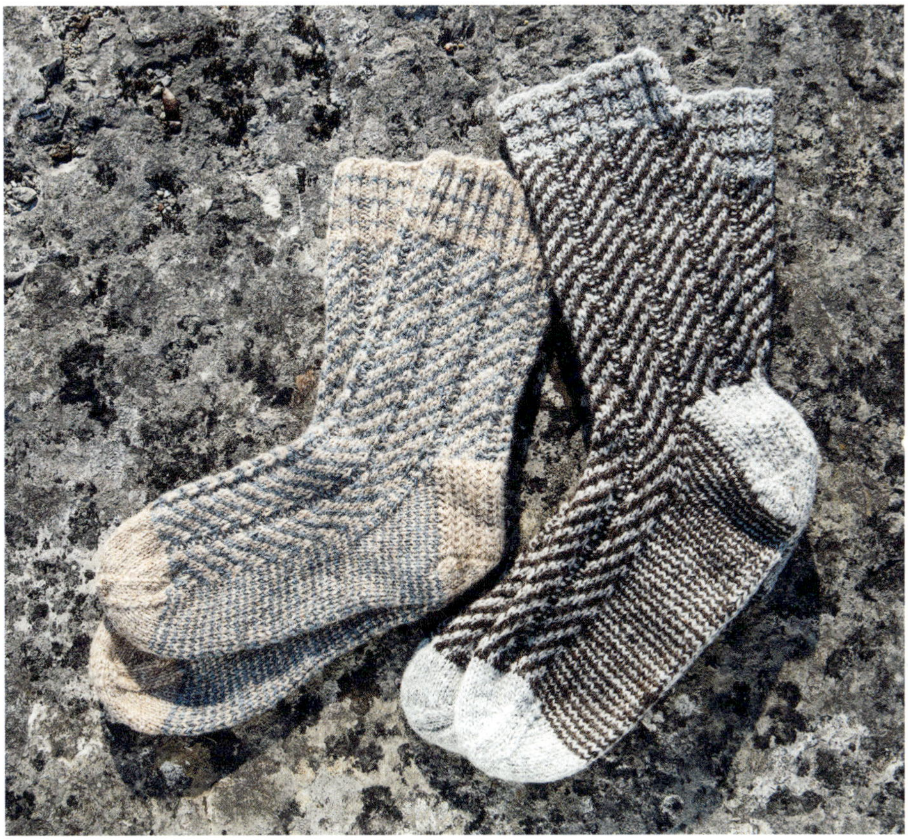

Gotland Nr. 3

Da dieses Muster von einem Paar Strümpfe stammt, fand ich es gut, meine eigene Interpretation davon zu stricken. Das Muster ist nicht kompliziert zu stricken, aber verlangt etwas Konzentration. Doch versprochen: Nach eine Weile ist man drin!

GRÖSSE: ERWACHSENE

Maße: Bein 19 cm, Beinbreite 11 cm, Fußlänge nach Maß

Material: Tukuwool Sock von Tukuwool, 320 m/100 g

Wolle: 85 g (HF), 40 g (MF)

Version Eksta: Humu/grau (HF), Rae/dunkelbraun (MF)
Version Im Schilf: Runo/beige (HF), Aava/graublau (MF)

Nadeln: Nadelspiel 3 mm für die Rippen und Ferse, ansonsten 3,25 mm

Maschenprobe: 22 M × 20 Rd glatt rechts auf Nadeln 3,25 mm = 10×10 cm

Zubehör: Evtl. Maschenmarkierer, Stopfnadel zum Fädenvernähen, Faden oder Maschenhalter für die Fersenmaschen

Variante: Den Fuß einfarbig stricken

Konstruktion: Die Strümpfe werden von oben nach unten auf einem Nadelspiel und mit Muster am Bein wie am Fuß gestrickt. Am Rundenbeginn die Fäden sorgfältig verschränken. Nicht zu fest ziehen, sonst wird es am Bein zu fest und eng. Die Wollmenge für alle Strümpfe ist für Schuhgröße 41/42 berechnet und die Anleitung für ein Nadelspiel geschrieben.

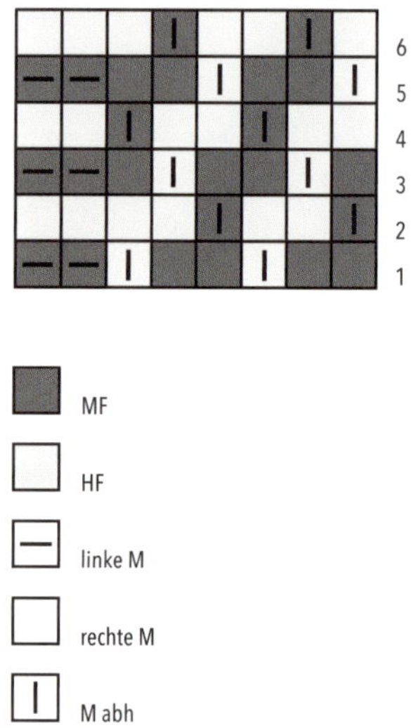

Mit HF und Nadelstärke 3 mm 56 M anschlagen. Verschränkte Rippen stricken - 2 M re verschr, 2 M li. Die ersten 3 Rippen-Rd mit HF, dann 1 Runde mit MF, 4 Rd HF, 3-mal. 1 Rd mit HF re, dann das Muster laut Strickschrift stricken bis das Bein 19 cm oder die gewünschte Länge misst.

Die letzte Rd vor der Ferse in der Strickschrift markieren, damit Sie später wissen, wo Sie weitermachen müssen. Die ersten 30 M stilllegen, dann die Ferse mit Nadelstärke 3 mm über die restlichen 26 M stricken. Die Fersenwand wird mit HF mit Hebemaschen zu Verstärkung gestrickt.

Rd 1: RandM wie zum re Stricken abh, *1 M li, 1 M abh*, wdh *-*, 1 M li.

Rd 2: RandM wie zum li Stricken abh, li. 28 Runden wdh, also bis die Arbeit 5 bis 6 cm oder die gewünschte Länge misst.

FERSE

R 1 (HinR): 1. M re abh, 13 M re, aaz, 1 M re, wenden.

R 2 (RückR): 1. M li abh, 3 M li, 2 M li zus, 1 M li, wenden.

R 3 (HinR): 1. M re abh, re bis 1 M vor der Lücke, aaz, 1 M re, wenden.

R 4 (RückR): 1. M li abh, li bis 1 M vor der Lücke, 2 M li zus, 1 M li, wenden.

R 3 und 4 wdh, bis alle FersenM gestrickt sind - 14 M. In der letzten R nur aaz und 2 M li zus stricken.

Die FersenM auf zwei Nadeln verteilen. Die Rd beginnt nun in der Sohlenmitte. Mit einer richtigen Rd laut Ihrer Mustermarkierung beginnen. In allen Rd mit MF die 1. M abh. 7 M re, 16 M aus der seitlichen Fersenwand aufn - 1 M vor den 14 RandM und 1 M danach, um Lücken zu vermeiden. Das gilt, wenn 28 Rd gestrickt wurden, ansonsten die Maschenzahl anpassen.

Die M oben am Fuß im Muster stricken und auf Nadeln 2 und 3 aufteilen = je 15 M.

An der anderen Seite der Fersenwand 16 M aufn und die SohlenM re stricken.

Die SpannM auf Nadel 2 und 3 im Muster stricken, die SohlenM auf Nadel 1 und 4 in Streifen – die aufgenommenen M auf Nadel 1 und 4 beim ersten Mal re verschr stricken, das sieht ordentlicher aus. In allen Rd mit MF die 1. M abh, dadurch entsteht in der Sohlenmitte ein Streifen. In Rd mit HF die M normal re stricken.

Wie folgt für den Zwickel abnehmen:

Rd 1: Bis zu den letzten 3 M auf der Nadel 1 re, 2 M re zus, 1 M re. Nadel 2 und 3 im Muster stricken. Nadel 4: 1 M re, aaz, bis RdEnde re.

Rd 2: Ohne Abnahmen stricken.

Diese Runden wdh, bis 56 M übrig sind.

Jetzt weiter stricken bis die Socke den kleinen Zeh bedeckt – dann für die Spitze abnehmen. Mit einer Runde re mit HF enden – die Spitze mit HF und den dünneren Nadeln stricken.

SPITZE

Rd 1: Nadel 1: Bis zu den letzten 3 M re – 2 M re zus, 1 M re. Nadel 2: 1 M re, aaz – restl M re. Nadel 3: Bis zu den letzten 3 M re – 2 M re, 1 M re. Nadel 4: 1 M re, aaz – restl M re.

Rd 2: Rechts.

So abnehmen, bis noch 36 M übrig sind. Dann in jeder Runde abnehmen, bis noch 8 SpannM und 6 SohlenM übrig sind – noch einmal am Spann abnehmen, 12 M übrig.

Nadel 1 re stricken. Alle SohlenM auf eine Nadel und alle SpannM auf eine andere Nadel schieben. Den Faden abschneiden, dabei ca. 30 cm stehen lassen und die Spitze im Maschenstich schließen (siehe Seite 12).

Einen zweiten Strumpf stricken.

AUSARBEITEN

Alle Fäden vernähen, Strümpfe waschen und liegend trocknen lassen.

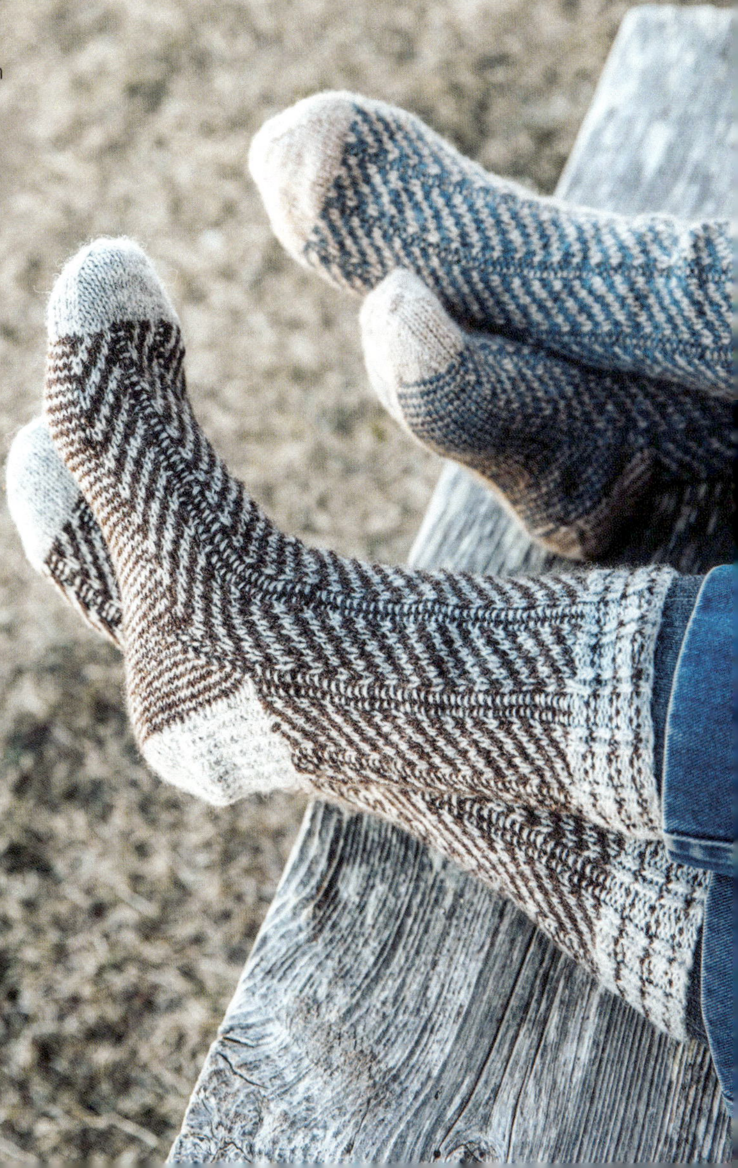

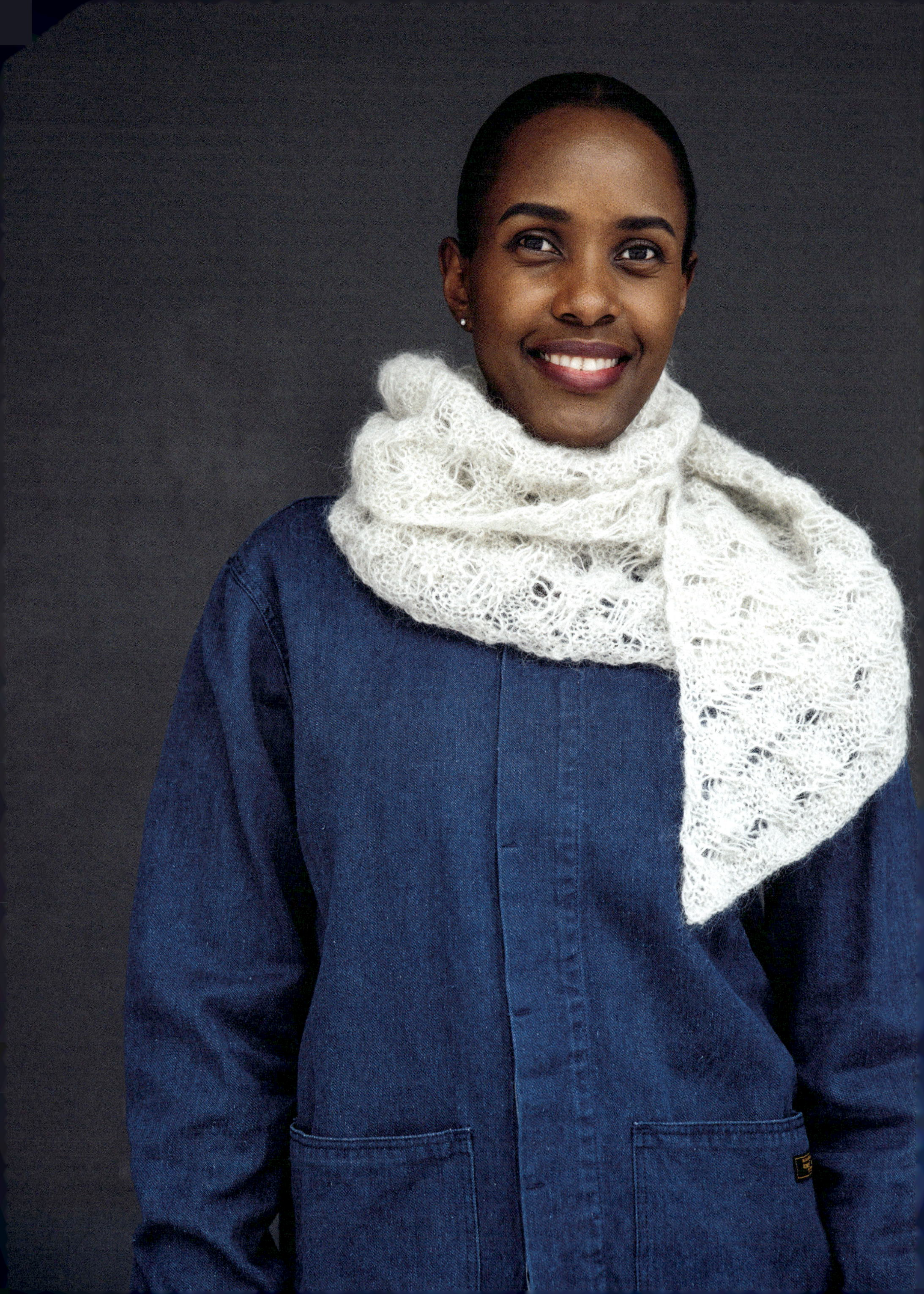

Schal Langghalu

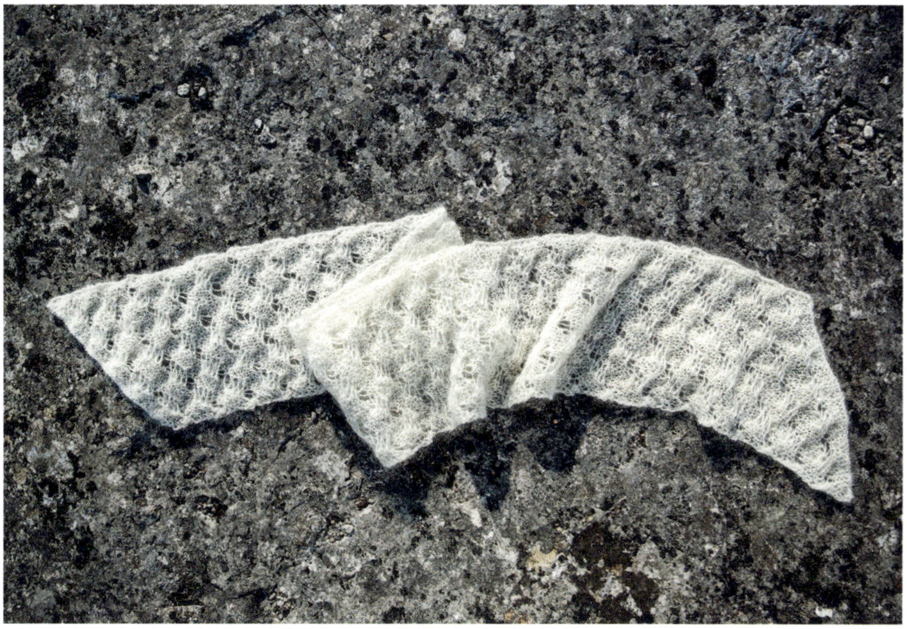

Gotland Nr. 4

Ein leichter, zarter Schal aus dünner Wolle – ein Frühlingszeichen, genau wie die Bachstelze, die auf Gotländisch Langghalu heißt! Das einfache, grafische Spitzenmuster findet sich in einem Fragment in der Sammlung des Handarbeitsbunds von Gotland.

GRÖSSE: EINHEITSGRÖSSE
Maße: Länge ca. 150 cm, Breite ca. 20 cm
Material: Töis von Gotlands Spinneri 345 m/100 g
Wolle: 100 g
Farbe: Vitgrå
Nadeln: Rundnadel 4 mm
Maschenprobe: 24 M × 30 Rd kraus rechts auf Nadeln 4 mm = 10 × 10 cm
Zubehör: Evtl. Maschenmarkierer, Stopfnadel zum Fädenvernähen, eine zusätzliche Hilfsnadel
Variante: Den Schal länger oder mit mehr Musterwiederholungen (je 8 M) stricken.

Konstruktion: Gerader Schal, bei dem an einer Seite zu- und der anderen abgenommen wird, damit die Enden schräg werden. Das Muster besteht aus verkreuzten Langmaschen, und die Struktur des Schals ist etwas »blasig«.

48 M auf Nadelstärke 4 mm anschlagen.

Kraus rechts:

R 1 (RückR): 1 M li, re bis zur letzten M, 1 M re in hinteres Maschenglied.

R 2 (HinR): 1 M li, 1 M re, 1 Umschlag, re bis zu den letzten 4 M, 2 M re zus, 1 M re, 1 M re in hinteres Maschenglied.

Rd 1 und 2 insgesamt 4-mal wdh.

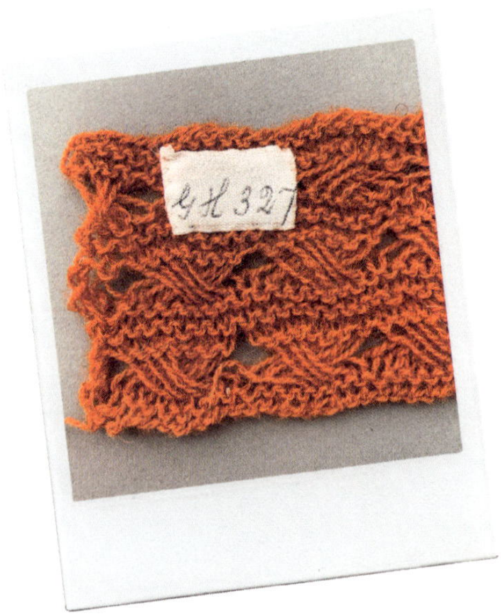

Strickmuster IG LH 0327 aus der Sammlung des Handarbeitsbunds von Gotland ist die Basis des Schals. Spitze mit kraus rechten Reihen und Langmaschen. Doppelseitig, grafisch und leicht. Perfekt für dünne Wolle wie diese hier!

Verkreuzte Langmaschen:

Rd 1 (RückR): 1 M re, dabei den Faden 2-mal um die Nadel wickeln, insgesamt 4-mal wdh = 4 M. 1 M re, dabei den Faden 4-mal um die Nadel wickeln, insgesamt 40-mal wdh = 40 M. 1 M re, dabei den Faden 2-mal um die Nadel wickeln, insgesamt 4-mal wdh = 4 M.

Rd 2 (HinR): Die ersten 2 Langmaschen auf eine Hilfsnadel vor die Arbeit legen. 2 M re. Die ersten 2 Maschen auf die linke Nadel schieben und re stricken. 4 Langmaschen auf eine Hilfsnadel vor die Arbeit legen. 4 M re. Die 4 M von der Hilfsnadel auf die linke Nadel schieben und re stricken. Wdh, bis noch 4 M übrig sind. Die zwei Langmaschen auf eine Hilfsnadel vor die Arbeit legen. 2 M re. Die 2 M von der Hilfsnadel auf die linke Nadel schieben und re stricken. Jetzt abwechselnd die kraus rechten Reihen und die mit verkreuzten Langmaschen stricken, bis zur gewünschten Länge oder bis die Wolle aufgebraucht ist. Mit kraus rechten Reihen enden und mit derselben Spannung wie beim Anschlag abketten.

AUSARBEITEN

Fäden vernähen, den Schal vorsichtig mit Wollwaschmittel waschen und liegend trocknen lassen, dabei kann man ihn sanft mit den Händen in Form und auf Maß ziehen, so dass das Muster sich öffnet.

Pullover Ekstra

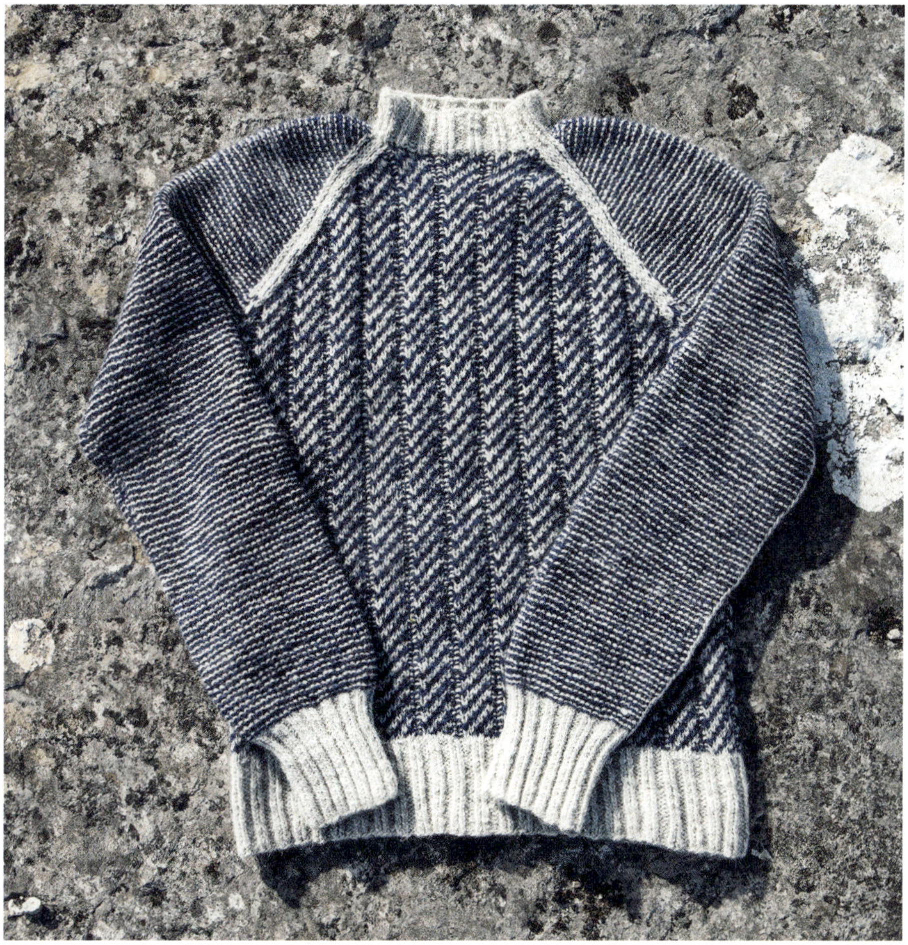

Gotland Nr. 5

Der Strumpf in der Sammlung in Visborg war hellgrau und blau. Schon als ich ihn im Frühling 2017 zum ersten Mal sah, beschloss ich, einen Pullover mit diesem Muster zu stricken. Es ist ein sowohl festes als auch weiches Strickstück – die kraus rechten Ärmel bieten eine interessante Struktur. Außerdem lässt sich das Muster entspannt stricken, man kann es schnell auswendig!

Material: Strikkegarn von Tant Kofta 220 m/100 g

GRÖSSE:	**S**	**M**	**L**	**XL**	**XXL**	**XXXL**
Wolle:						
HF	300 g	320 g	340 g	380 g	430 g	475 g
MF	250 g	275 g	300 g	325 g	370 g	410 g

Farbe: Silver (HF), Blåbär (MF)

Nadeln: Rundnadel 3 mm für die Rippen an Hals und Ärmeln, 3,5 mm fürs Muster und die Bund-Rippen.

Maschenprobe: 21 M × 28 Rd im Muster auf Nadeln 3,5 mm = 10 × 10 cm

Zubehör: Maschenmarkierer, Fäden oder Maschenhalter, um M stillzulegen, Stopfnadel zum Fädenvernähen, extra Nadeln für den Maschenstich

Tipp: Die Fäden am Rundenbeginn sorgfältig verkreuzen, nicht zu fest ziehen, sonst wird es zu eng und spannt.

Konstruktion: Der Pullover wird von unten nach oben und mit so wenig Nähten wie möglich gestrickt. Die Runde beginnt an der rechten Seite. Die Ärmel werden zunächst getrennt gestrickt und dann zusammen mit dem Körper. Im Armloch werden Ärmel- und Körpermaschen im Maschenstich verbunden. Die Ärmel werden mit zwei Farben kraus rechts gestrickt, das Vorder- und Rückenteil im Muster laut Strickschrift.

Raglanabnahmen: Bis 3 M vor der Raglanmarkierung stricken, 2 M re zus, 1 M re, MM, 1 M re, aaz = 2 M pro Raglannaht abgenommen und 8 M pro Runde.

Doppelte Abnahme: Bei den Abnahmen am Hals wollte ich nur mit HF abnehmen – deswegen werden dort Doppelabnahmen gestrickt. Wo bisher 2 M re zus gestrickt wurden, sind es jetzt 3 M re zus, und aaz wird durch aaaz ersetzt, siehe Seite 16.

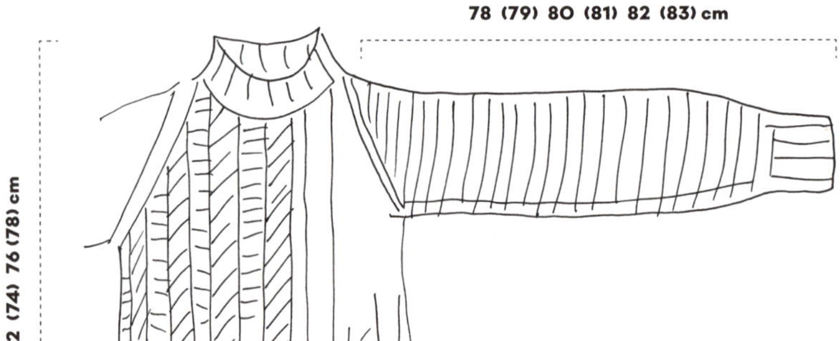
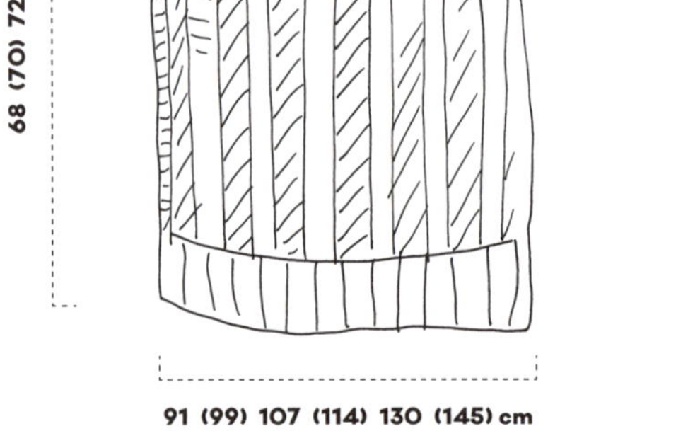

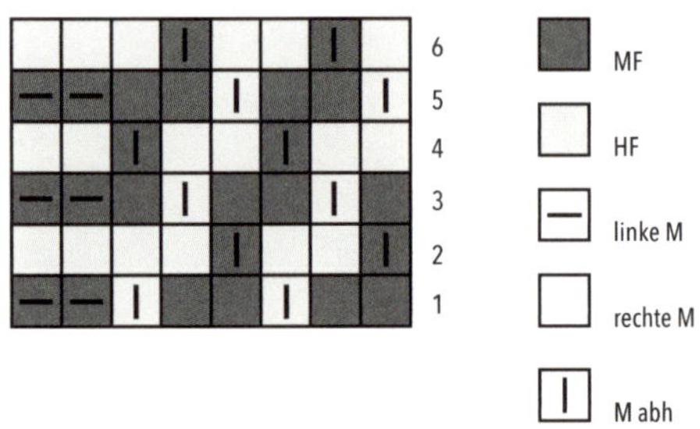

KÖRPER

Mit HF auf Nadelstärke 3,5 mm 192 (208) 224 (240) 272 (304) M anschlagen. Den Rundenbeginn und die Rd-Mitte markieren. 9 cm Rippen stricken: 2 M re verschr, 2 M li.

Dann im Muster laut Strickschrift stricken, bis die Arbeit 47 (48) 49 (50) 51 (52) cm misst. Maschen fürs Armloch stilllegen: 1 M rechts des MM und 7 M links des MM, insgesamt 8 M für jedes Armloch (damit das Muster am Körper und unter den Ärmeln passt).

Maschenaufteilung: 88 (96) 104 (112) 128 (144) (Vorderteil), 8 stillgelegte ÄrmelM, 88 (96) 104 (112) 128 (144) (Rückenteil), 8 stillgelegte ÄrmelM. Beiseitelegen und die Ärmel stricken.

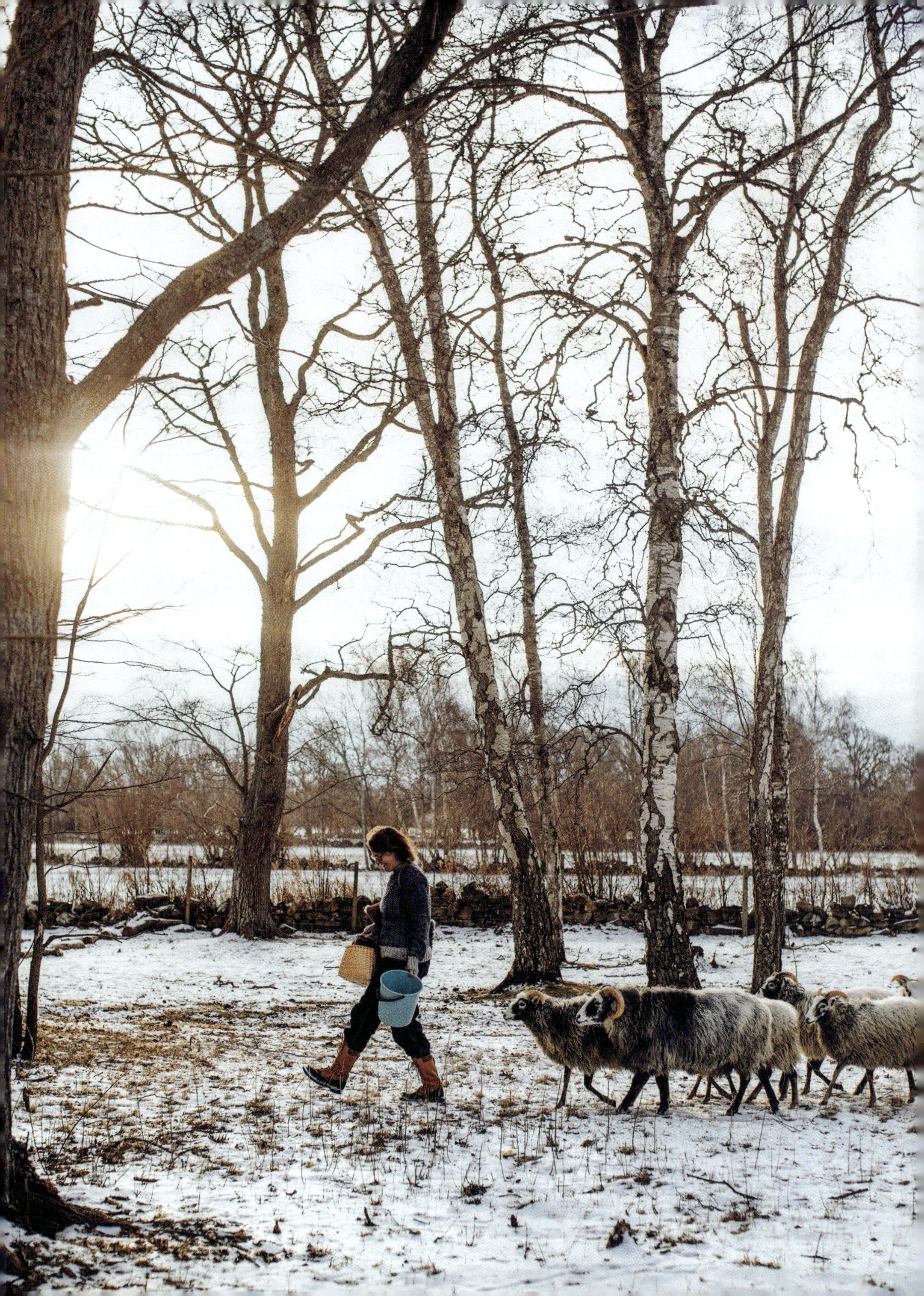

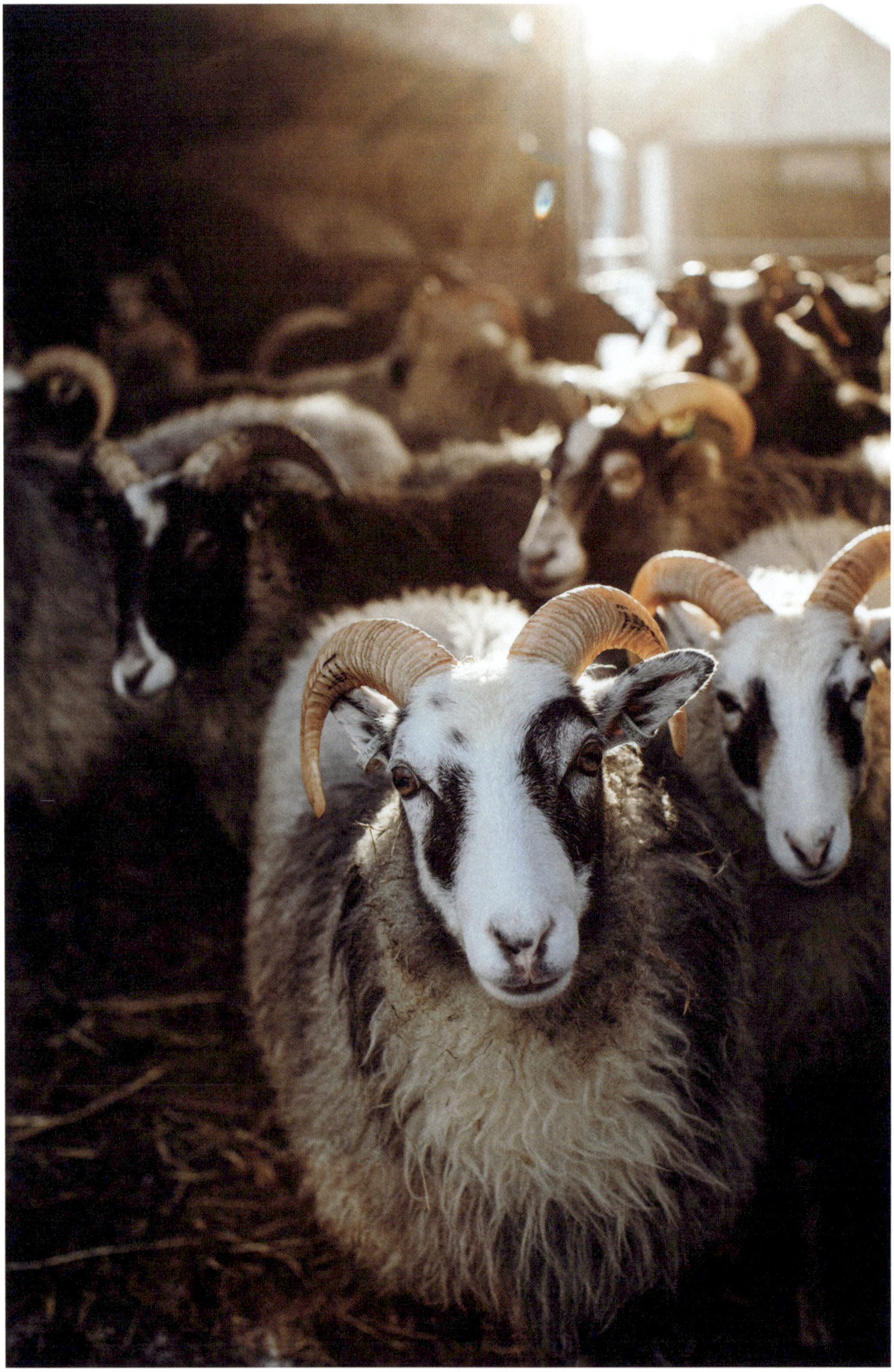

Lisa und Jonas leben auf Fagerdala in Fide, im Süden Gotlands, wo sie Guteschafe züchten. Sie haben 25 Mutterschafe mit Lämmern. Alle Mutterschafe haben Namen, und das Leitschaf heißt Esther Blenda Nordström. Die Schafe helfen dabei, das Naturreservat und die Strandwiesen offen zu halten. Sie sind fantastische Landschaftspfleger.

ÄRMEL

52 (56) 56 (60) 64 (64) M mit HF auf Nadelstärke 3 mm anschlagen. 9 cm verschränkte Rippen stricken - 2 M re verschr, 2 M li.

Auf Nadelstärke 3,5 mm wechseln und 1 Rd re. Die 1. M der Rd markieren, sie ist die untere Ärmelmitte und wird nur mit HF gestrickt, beidseitig dieser Masche werden die Zunahmen gestrickt.

In Runden nur mit MF wird die Mittelmasche mit dem Faden hinter der Arbeit abgehoben. Die Ärmel werden kraus rechts gestrickt - also 1 Rd re mit HF und 1 Rd li mit MF. Zugenommen wird immer in HF-Runden. In der 2. Rd nach den Rippen beidseitig der Mittelmasche je 1 M zunehmen: MittelM stricken, rechts neigend zun, bis RdEnde im Muster stricken, links neigend zunehmen. 2 M zugenommen.

Die Zunahmen nach 9 (6) 5 (4) 2 (1,5) cm wdh und dann im Abstand von 11 (8) 7 (6) 4 (3,5) cm noch 4 (4) 6 (6) 8 (10)-mal wdh = 64 (68) 72 (76) 84 (88) M. In 55 (55) 54 (54) 53 (53) cm Höhe - darauf achten, in derselben Farbe wie beim Vorder- und Rückenteil zu enden - 8 M in der unteren Ärmelmitte stilllegen. Dass die Ärmel in den größeren Größen kürzer sind, liegt daran, dass die Passe dort länger ist. Beiseitelegen und einen zweiten Ärmel stricken.

PASSE

Die Ärmel sowie Vorder- und Rückenteil auf eine Nadel schieben - die Ärmelmaschen an die stillgelegten M an Vorder- und Rückenteil anpassen = 288 (312) 336 (360) 408 (448) M. An allen Übergängen zwischen Vorder- und Rückenteil und Ärmeln MM setzen: 4 MM. Weiter wie bisher an Vorder- und Rückenteil bzw. den Ärmel im Muster stricken, bis die Arbeit 49 (50) 51 (52) 53 (54) cm misst. Jetzt wie zu Beginn beschrieben die Raglanabnahmen stricken.

Die Raglanmaschen (die Abnahmen und die 2 M beidseitig der MM) nur mit HF stricken. In Runden mit nur MF werden die Raglanmaschen abgehoben. Darauf achten, dass an Vorder- und Rückenteil und an den Ärmeln in unterschiedlichen Abständen abgenommen wird und dass nach einer Weile gleichzeitig der Halsausschnitt geformt wird - vor dem Stricken alles durchlesen.

Ärmelabnahmen: In jeder 4. Rd 7 (6) 5 (5) 2 (2)-mal, dann in jeder 2. Rd 12 (15) 18 (20) 27 (29)-mal.

Vorder- und Rückenteilabnahmen: In jeder 2. Rd 25 (25) 25 (26) 25 (23)-mal, dann Doppelabnahmen 1 (2) 3 (4) 6 (10)-mal.

HALS UND HALSAUSSCHNITT

Wenn die Arbeit 62 (64) 66 (68) 70 (72) cm misst und die letzte Rd eine Strickschrift-Rd mit MF ist, 20 (22) 24 (26) 28 (30) M in der vorderen Mitte stilllegen. Die Runde zu Ende stricken. Die Fäden abschneiden und die R jetzt an der rechten Halsseite (so wie man den Pullover trägt) beginnen.

Weiter im Muster und mit Raglanabnahmen stricken, aber jetzt in R, gleichzeitig für den Halsausschnitt an jeder Seite bei Reihenbeginn mit HF wie folgt abnehmen:
4-mal 2 M, 4-mal 1 M, d.h. an jeder Seite 6 M abgenommen. Weiter Raglanabnahmen, ohne Abnahmen am Halsausschnitt stricken, bis alle Raglanabnahmen gestrickt sind = 72 (78) 84 (86) 104 (110) M.

Auf Nadelstärke 3 mm wechseln. Nun wieder in der Rd stricken. 1 Rd re mit HF, dabei an allen MM die Raglanabnahmen stricken, seitlich am Hals ca. 5 M aufnehmen, die stillgelegen M stricken und an der anderen Halsseite ca. 5 M aufnehmen. 1 Rd re, dabei ca. 22 (26) 30 (30) 46 (50) M gleichmäßig verteilt abnehmen: 72 (76) 80 (84) 88 (92) M. 4 cm Rippen 2 M re verschr, 2 M li stricken. Locker im Rippenmuster abketten.

AUSARBEITEN

Die Ärmelnaht im Maschenstich schließen (siehe Seite 12). Alle Fäden vernähen, den Pullover vorsichtig mit Wollwaschmittel waschen und liegend trocknen lassen, dabei kann man ihn sanft mit den Händen in Form und auf Maß ziehen.

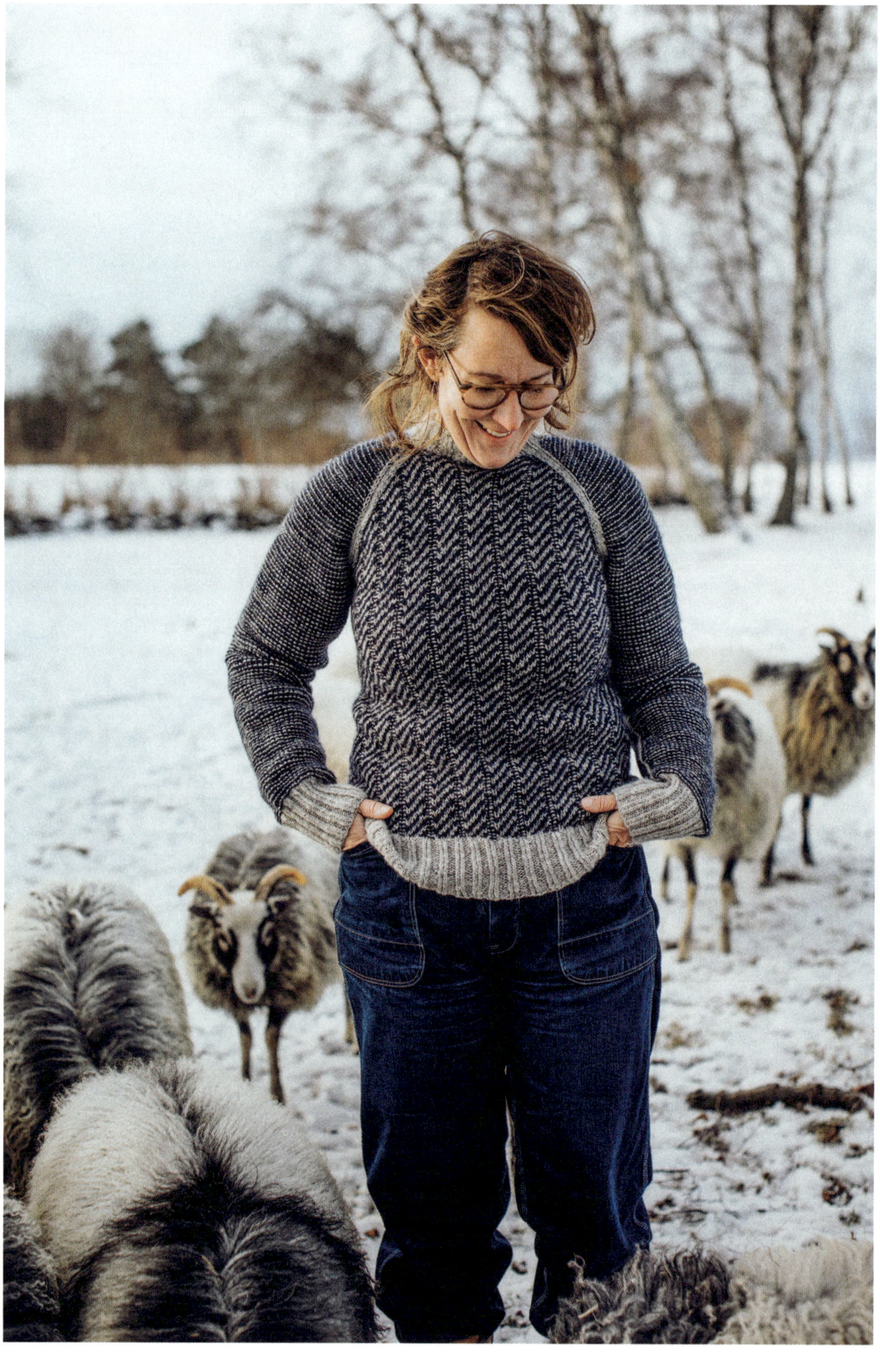

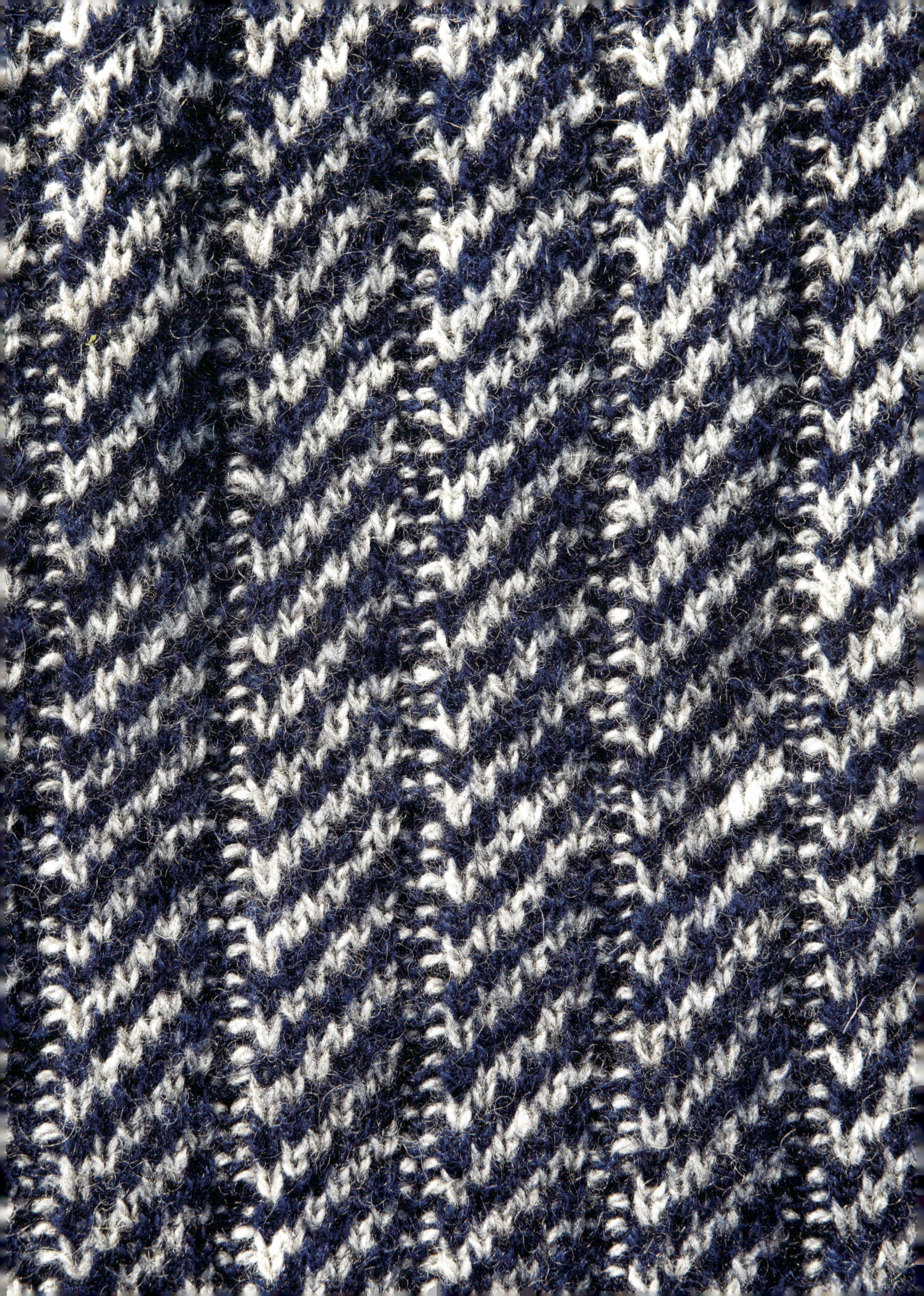

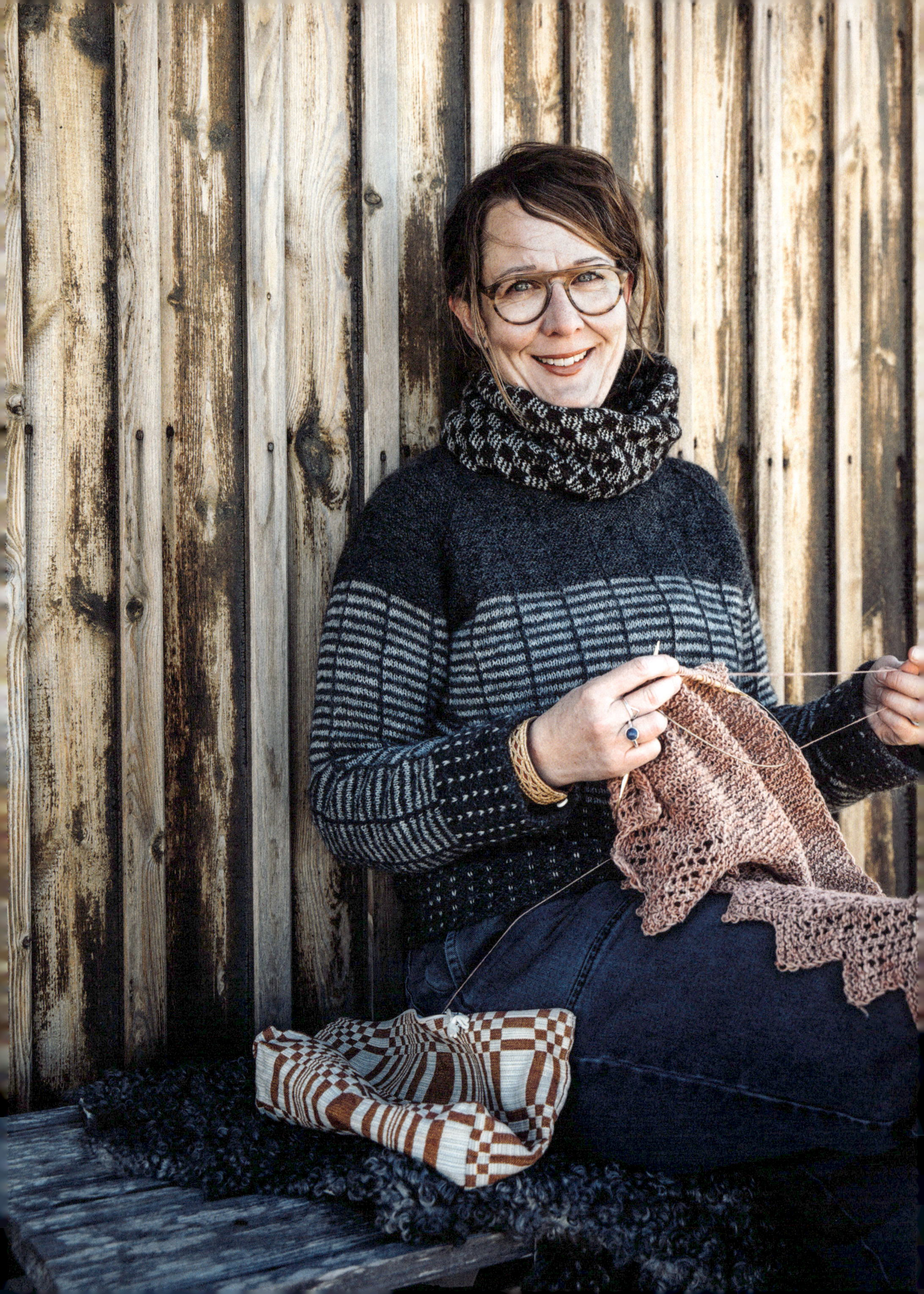

Die Garne

Hier nun all die Garne, die ich benutzt habe. Möchten Sie andere verstricken, denken Sie ans Material und stricken Sie eine Maschenprobe. Selbst bei gleicher Lauflänge können das Spinnen, das Material oder die andere Wolle einen großen Unterschied machen. Manche Wollarten sind einfach fülliger, man kann wählen – soll die Jacke leicht und weich sein oder glänzen und schön fallen? Überlegen Sie, lernen Sie das Material kennen und stricken Sie etwas zum Lieben, Leben und Pflegen.

THE BIRLINN YARN COMPANY

Seit 2015 betreibt Meg Rodger vom Hof Sunhill auf Berneray im Harrissund, Äußere Hebriden, The Birlinn Yarn Company. 4 Ply ist eine Mischung aus Wolle von Hebridian- und Cheviot-Schafen. Ein rustikales und gleichzeitig weiches Garn, gut für Strukturmuster, aber auch Einstrickmuster mit rechten und linken Maschen. Die Wolle wird mit Biofarben in Tönen der grandiosen Hebridenlandschaft auf Grau gefärbt und passt toll zu den ungefärbten Tönen. Alle tragen regionale Namen, die zum Träumen anregen: Duileasg /Dulse, Sgeir/Reef, Sileigh/Shillay, Monadh/Moor, Mòine-dhon/Peaty Brown und Our Canach/Bog Cotton zum Beispiel.

› 4 Ply Hebridean Colours & Natural Colours (100 % Wolle von Hebridian und Cheviot) 300 m /100 g

GOTLANDS SPINNERI

In Fardhem im Süden Gotlands liegt Gotlands Spinneri. Hier werden Garne und Kammzüge hergestellt, vor allem aus der Wolle von Gotlandschafen. Die Schafe, von denen diese schöne, glänzende Wolle stammt, findet man auf gotländischen Höfen. Die Wolle wird auf der Insel gewaschen, gefärbt und gesponnen, also ein echt regionales Produkt! Hier werden verschiedene Garnqualitäten gesponnen – die Wolle stammt vom Gotlandschaf und von Leicester, mit den natürlichen Farbtönen Weißgrau, Hellgrau, Mittelgrau und Dunkelgrau.

› Töis (100 % Wolle von Gotlandschaf und Leicester), 345 m/100 g

JAMIESON & SMITH

Die Firma zum Veredeln der heimischen Shetlandwolle gibt es seit den 1930ern. Heute sammelt sie Wolle von über 700 Kleinbauern auf allen Inseln ein und sortiert sie dann in dem Gebäude mit den hübschen, grünen Türen in Lerwick. Die Wolle ist wie fürs mehrfarbige Stricken gemacht, aber eignet sich auch für einfarbiges. Laut Etikett dünn, aber doch füllig. Die Qualität namens 2 Ply Jumper Weight gibt es in 90 Farben. Die Beschreibung der Farben dient nur der Deutlichkeit, was zählt, ist die Nummer. Das ist ein Bestseller, aus reiner Shetlandwolle gesponnen.

Das andere Garn heißt Shetland Supreme Jumper Weight und ist eine ungefärbte, reine Shetlandwolle in 9 Farbnuancen mit traditionellen Namen: White, Gaulmogot, Katmollet, Mooskit, Sholmit, Moorit, Shaela, Yuglet und Shetland Black. Es hat Nummern und Namen.

Bei mehreren Strickstücken im Shetlandkapitel habe ich die beiden Garne gemischt – das geht ganz wunderbar, obwohl sich die Lauflänge unterscheidet.

› 2 Ply Jumper Weight (100 % Shetlandwolle), 460 m/100 g
› Shetland Supreme Jumper Weight, (100 % ungefärbte Shetlandwolle), 344 m/100 g

LIMMO-DESIGN

Lillemor Elfgren hat ihre Firma Limmo-Design 2006 gegründet. Seit 2009 färbt sie von Hand und hat ein Wollgeschäft in Brån, westlich von Umeå. Sie nutzt mehrere Wollqualitäten zum Färben – Wollgarne wie auch Strumpfwolle und andere – und hat ein ausgewähltes Sortiment konventionell gesponnener Garne, Zubehör und Fasern und mehr. Das pure Woll- und Farbvergnügen!

› Handgefärbte Sockenwolle (75 % Wolle 25 % Polyamid), 420 m/100 g

› Trekking sockgarn (75 % Wolle, 25 % Polyamid), 420 m/100 g

› Strikkegarn (100 % norwegische Wolle), 220 m/100 g

Die Grundfarben bei Strikkegarn haben leicht unterschiedliche Eigenschaften:

› Vit – 100 % Spelsau: glänzend und etwas rauer

› Silver – 75 % Crossbreed 25 % Norwegische Pelsull: weich, glattere Oberfläche

› Grå – 75 % Norwegische Pelsull 25 % Crossbreed: glänzend, weich, wollige Oberfläche

› Grafitgrå – 100 % Norwegische Pelsull: glänzend, weich mit wolliger Oberfläche

TUKUWOOL

Das, was heute Tukuwool ist, wurde 2014 als Hobbyunternehmen gegründet und besteht in der heutigen Form seit 2016 in Jyväskylä in Finnland. Tukuwool steht für in Finnland gefärbte Garne aus finnischer Wolle. Die dünne »Fingering«-Qualität und die Strumpfwolle gibt es in denselben Farben, durch das Nylon ist die Sockenwolle etwas dunkler.

› Tukuwool Sock (80 % finnische Wolle, 10 % Nylon), 320 m/100 g

TANT KOFTA

Seit 2013 färbt Lotta Blom beruflich auf ihrem Hof in Romelanda nördlich von Kungälv. Sie färbt mit Säurefarben auf ihren Lieblingswollbasen von hoher Qualität. 2017 erhielt ich die Chance, zusammen mit Lotta eine Farbkarte mit 35 gefärbten und drei neutralen Nuancen aus der nordischen Natur zu erstellen. Wir nennen sie Färgespel, die Farben heißen u.a. Blåbär, Humleblomster Mylla und Strandråg. Von den Qualitäten in Lottas Laden habe ich einen dünnen, einfädigen Tweed aus Merino ausgewählt und zwei Qualitäten, die Lotta selbst färbt.

› Soft Donegal Tweed (100 % Merinowolle), 380 m/100 g

ULLRIKE BY ANKI

In Turku, direkt übers Meer mir gegenüber, gibt es Ullrike . Anki Sipilä verkauft seit 2015 Ullrike by Anki Qualitätswolle mit handwerklichem Charakter. Die Wolle wird von ihr von Hand gefärbt, in einer Farbpalette, die von der umgebenden Natur, besonders den Schären, inspiriert ist. Ich habe mich bei einem Besuch bei ihr in Turku in die perlmuttschimmernde, graublaue, einfädige Merinowolle verliebt, aber auch in ihre Turku-Kollektion, in der wichtige und historische Orte Pate für Farbe und Namen von toller Sockenwolle standen.

› Single SW Merino (100 % SW Merino) 366 m/100 g

YLLET

Mitten in Visby befindet sich Yllet Inredning, wo man seit 1982 selbstproduzierte Wollgarne aus weicher und glänzender Gotlandwolle mit etwas Falklandmerino kaufen kann. Hier gibt es auch viele Wollqualitäten, die ich mag. Alles gesponnen und gefärbt in Hjelholts Uldspinderi in Dänemark.

› Gotlandsgarn 2 (100 % Gotlandschaf und Falklandmerino), 400 m/100 g

WEBSITE: birlinnyarn.co.uk · gotlandsspinneri.se · limmo-design.se · shetlandwoolbrokers.co.uk tantkofta.se · tukuwool.com · uaazikebyanki.com · ylletinredning.se

Danke!

Damit so ein Buch so gut wie möglich wird, sind viele daran beteiligt. Euch will ich danken!

Danke an meine kleine Familie – Ny Björn, Helmi, Valdar und dem Autorinnendackel Britta. Für Inspiration, Geduld, und weil wir unser sicherer Hafen sind.

Meiner lieben Verlegerin Annelie Lindqvist und allen vom Bokförlaget Semic Danke. Dank an meine Lektorin Anna Bäfverfeldt und an Susanne Hovenäs, die so großartig übernommen hat, als Anna aufhörte. Der besten Grafikdesignerin Moa Edlund für Feingefühl, Stil und Eleganz. Das Bücherschreiben wird mit euch zuverlässig, klar und kreativ.

Dank an Linnea Ronström, weil das Titelfoto zu dem wurde, was es sein sollte. Wortlose, reiche Poesie, das Schilf wiegt sich, man hört die Wellen und das Lachen. Danke!

Für Wolle möchte ich Lotta Blom (Tant Kofta), Frida Asplund (Yllet Inredning), Tukuwool, Meg Rodger (The Birlinn Yarn Company), Lillemor Elfgren (Limmo-Design), Anki Silipää (Ullrike by Anki), allen bei Gotlands Spinneri und Elisabeth Nicholson (Knit One Purr One) danken, für die tolle Wolle, um halt- und tragbare Kleidungsstücke zu stricken, in denen man leben kann.

Vielen Dank an Meg Rodger für die tollen Fotos aus Berneray.

Dank an das Gotlands Museum und den Handarbeitsbund von Gotland, weil ich die Sammlungen nutzen und darüber erzählen darf.

Wilma Malcolmson, die Königin des Fair-Isle-Strickens für ihre Unterstützung und Sprachhilfe.

Danke, liebe Viktoria Olsson, Cristine Österholm, Patricia Holmén, Odette Irakoze, Ulla Persson, Valdar Åberg und nicht zuletzt unserem kleinen Dackel dafür, dass ihr als Models die Stricksachen präsentiert.

Ich möchte mich auch bei Jenny Andersson und Hans Bulthuis von Ullkontoret, Lisa und Jonas in Fide, dem Restaurant Vår Fru in Visby bedanken, weil wir dort fotografieren durften.

Danke den Schafscherern Simon Ronström und Johan Myr von Byssegårda in Hogrän, weil wir euren Arbeitstag begleiten durften.

Ulla Persson und Linnea Öhman für eine professionelle und genaue Korrektur und Cristine Österholm und Ulla Persson für unbezahlbare Strickhilfe!

Dank an Elisabeth Nicholson von Red Fox Travel für richtig tolle Einsätze bei unseren Woll-, Kultur- und Wanderreisen! Das ist die unschlagbare Art zu reisen und entdecken. Achtsam und neugierig!

Danke Bonnier Rights, die meine Bücher ins Ausland bringen und an Sveriges Författarfond für Mittel zur Arbeitsruhe.

Ich möchte mich auch bei meinen Kollegen und Kolleginnen in der Welt der Handarbeiten bedanken. Meine wertvollen Diskutantinnen – Katarina, Kerstin, Lotta H, Frida, Ulla und Maria fürs Anfeuern, Probleme lösen und Freundschaft. Weil ich mit euch Gedanken, Ideen, Erfahrungen, Zweifel und Freude teilen darf!

Und schließlich – Danke euch allen, die ihr mich ansporn, die stricken und da sind. Danke für die Gemeinschaft durch dick und dünn, und weil ihr mir Rückmeldung gebt und mit mir strickt.

Danke!

/Erika

Liebe Leser:innen, wir freuen uns, dass wir Sie mit diesem Buch inspirieren und Teil Ihrer kreativen Reise sein dürfen. Noch mehr Inspiration, originelle Ideen und besondere Themen finden Sie auf unserer Verlagsseite www.stiebner.com.

Lassen Sie uns zusammen kreativ werden!

Wir sind immer offen für Ihre Anregungen, Wünsche und Kritik – schreiben Sie uns gerne unter verlag@stiebner.com. Da geteilte Freude bekanntlich doppelte Freude ist: Zeigen Sie uns Ihre kreativen Ideen und fertige Projekte auf Social Media! Markieren Sie uns mit @stiebnerverlag oder nutzen Sie die folgenden Hashtags:
#StiebnerVerlag #StiebnerKreativ #KüstenMaschen

Erstmals erschienen unter dem Titel »Stickat från kust till kust« bei Bokförlaget Semic, Stockholm, Schweden

2. Auflage 2024

Diese Ausgabe wurde mit einer Lizenzvereinbarung mit Bonnier Rights, Stockholm, Schweden, produziert.

Text & Illustrationen: Erika Åberg / **Fotos:** Linnea Ronström / **Übersetzung aus dem Schwedischen:** Christine Heinzius / **Cover:** Danai Afrati, Stiebner Verlag / **Layout:** Moa Edlund / **Projektleitung und Lektorat:** Stefanie Klapetek, Stiebner Verlag
Gedruckt bei Polygraf print, Slowakei

MIX
Aus verantwortungsvollen Quellen
FSC® C023577

ISBN 978-3-8307-2140-6

Bibliografische Information der Deutschen Nationalbibliothek: Die Deutsche Nationalbibliothek verzeichnet diese Publikation in der Deutschen Nationalbibliografie; detaillierte bibliografische Daten sind im Internet über http://dnb.dnb.de abrufbar.

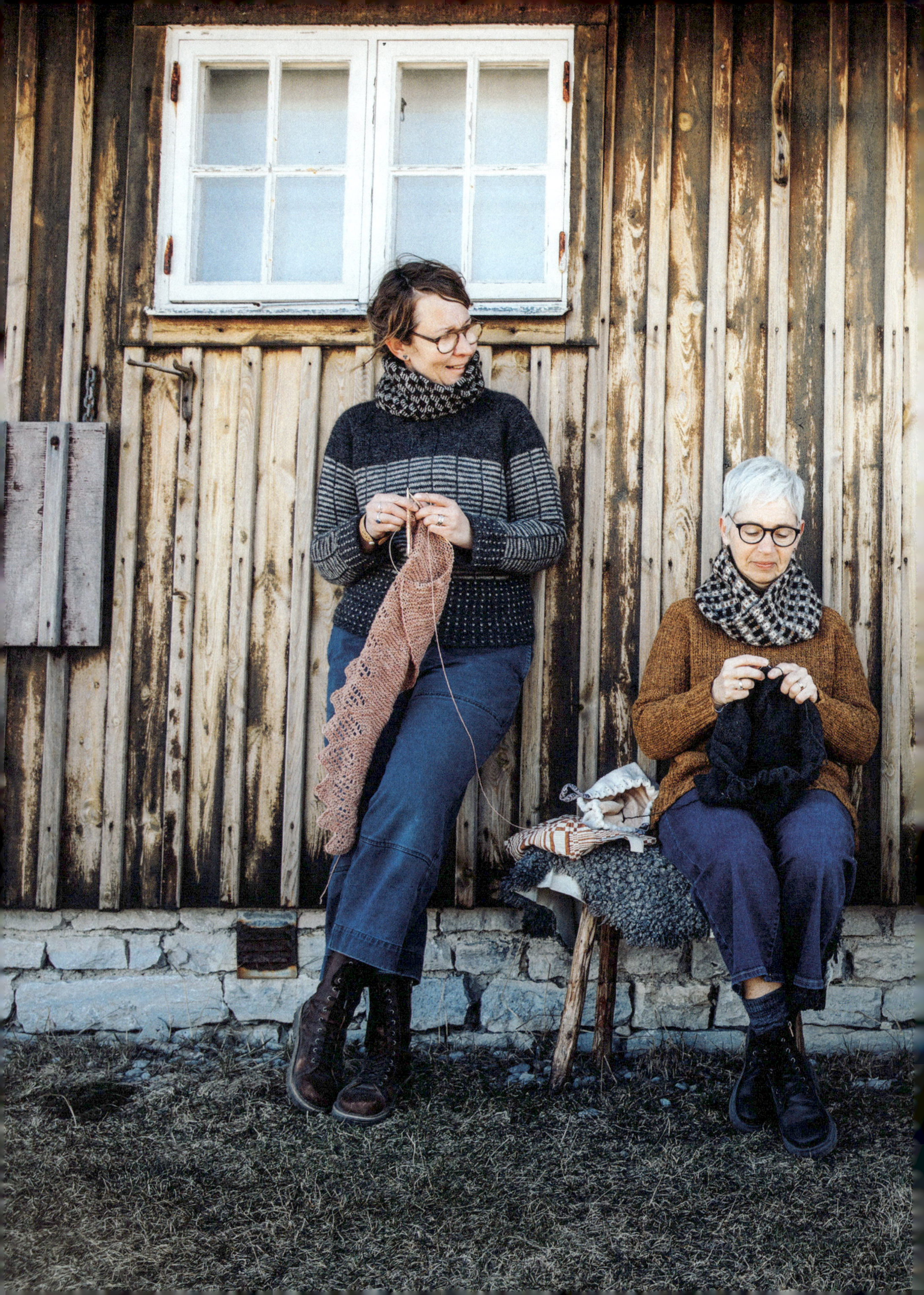